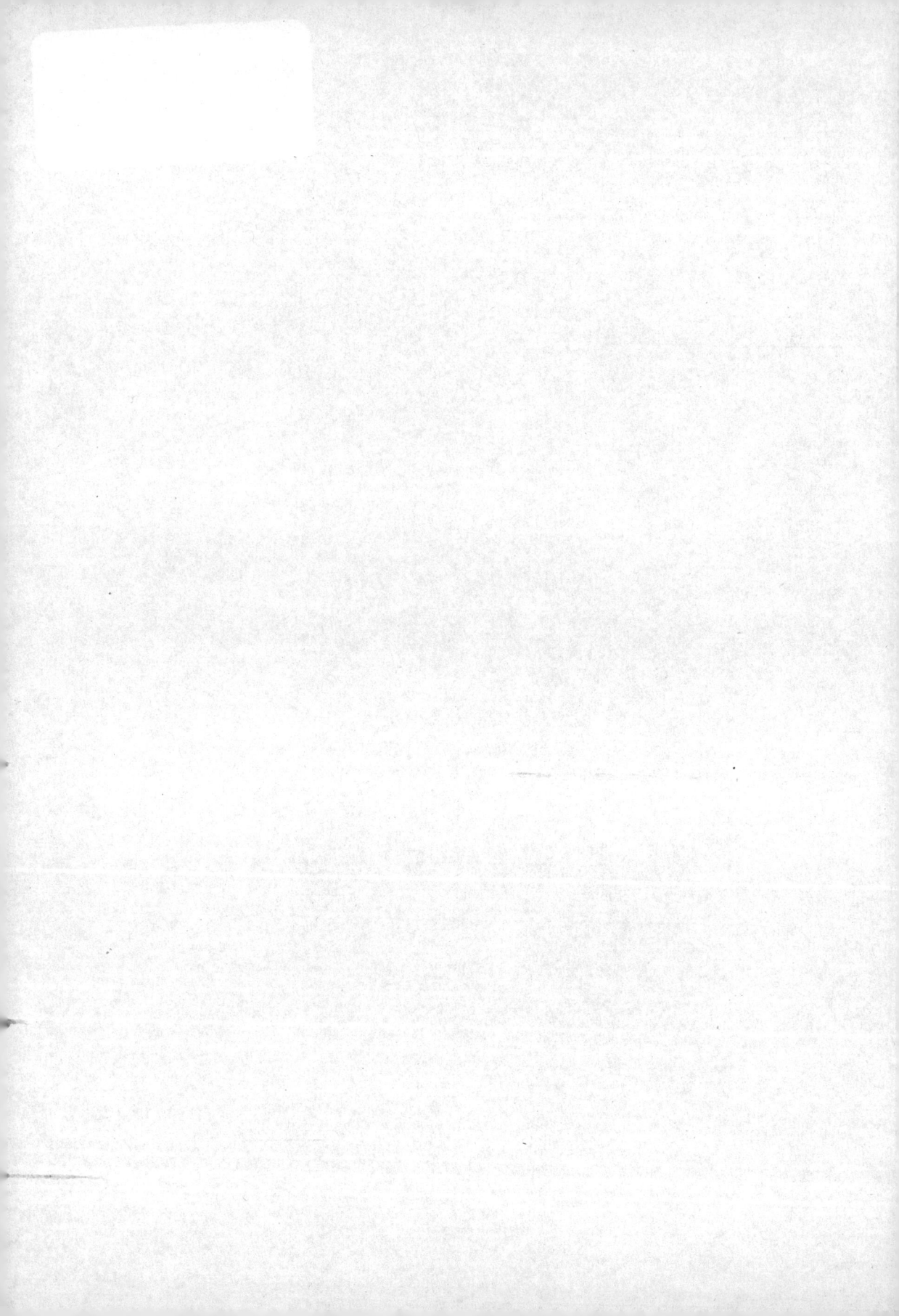

21 世纪高等院校财经类专业核心课程规划教材

会计信息系统实训

刘　薇/主编

经济科学出版社

图书在版编目（CIP）数据

会计信息系统实训/刘薇主编 . —北京：经济科学
出版社，2016.1
21 世纪高等院校财经类专业核心课程规划教材
ISBN 978 - 7 - 5141 - 6463 - 3

Ⅰ.①会… Ⅱ.①刘… Ⅲ.①会计信息 - 财务管理系
统 - 高等学校 - 教材 Ⅳ.①F232

中国版本图书馆 CIP 数据核字（2015）第 318817 号

责任编辑：杜 鹏
责任校对：杨 海
版式设计：齐 杰
责任印制：邱 天

会计信息系统实训

刘 薇/主编

经济科学出版社出版、发行 新华书店经销
社址：北京市海淀区阜成路甲 28 号 邮编：100142
总编部电话：010 - 88191217 发行部电话：010 - 88191522
网址：www. esp. com. cn
电子邮件：esp@ esp. com. cn
天猫网店：经济科学出版社旗舰店
网址：http：//jjkxcbs. tmall. com
北京万友印刷有限公司印装
710 × 1000 16 开 21.25 印张 450000 字
2016 年 2 月第 1 版 2016 年 2 月第 1 次印刷
印数：0001— 4000 册
ISBN 978 - 7 - 5141 - 6463 - 3 定价：36.00 元
（图书出现印装问题，本社负责调换。电话：010 - 88191502）
（版权所有 侵权必究 举报电话：010 - 88191586
电子邮箱：dbts@ esp. com. cn）

前　言

　　会计信息系统既是一门跨学科的课程，又是一门专业理论、方法、实践都很强的课程，学习难度较大。大量会计信息系统理论的学习容易造成理论与实践脱节，也容易使学生感到枯燥和难以理解，进而失去学习的兴趣和信心。本教材主要针对会计信息系统的实训部分，竭力将知识传授、能力培养、素质教育融为一体，立足于将理论教学与实践教学相结合，重视应用技能的训练。在写作模式上采用实验与企业案例结合的方法，强调通过实践掌握理论，帮助读者理解企业会计信息化的过程、应用深度以及应用中的实际问题。

　　基于企业不同的规模、行业和管理需求，会计信息化应用深度也有所区别。本教材基于这种差异提炼总结出最具有代表性的三种不同的会计信息化应用方案，即核算型财务应用方案、管理型财务应用方案和财务业务一体化应用方案。这三种不同会计信息化应用方案涉及不同业务循环。循环一——核算型财务应用方案主要监控和管理企业的财务资金循环。循环二——管理型财务应用方案主要涉及企业人力资源成本管理、重要资产核算与管理，并针对企业的应收款项、应付款项进行深入而详细的核算和管理。循环三——财务业务一体化应用方案更是深入到企业的销售与收款循环、采购与付款循环、生产循环，还涉及企业存货核算与管理等，已经突破了企业财务部门信息化的樊篱，将信息化的触角深入到了企业的经营业务层面，通过本实训教材，读者亲自动手实际操作，可以体会到这种信息化应用的质的飞跃。

　　本教材突出以下特色：

　　1. 问题导向。本教材摒弃了传统实训教材仅仅介绍软件操作和模块的使用，而是从企业实际管理需求出发，针对三种典型的不同管理需求设计软件解决方案，使课程实训与企业实际问题紧密衔接，做到言之有物、有的放矢。

2. 情境设计。用一个具体企业的案例穿针引线，通过该企业面临的具体管理问题，选择所有业务数据尽量仿真企业实际，还原管理原貌，同时兼顾效率，精炼了最具有典型性的经济业务，既尽量真实又具有代表性，使实训在最短的时间内做到高仿真、情境化、超高效，还可以实现分岗位实训。

3. 精巧数据。本教材在实训资料数据的设计方面独辟蹊径。三个不同的业务循环和应用方案数据做到前后一致、互相印证，使读者深入体会到不同应用方案所提供的管理信息的颗粒度差异。从循环一——核算型财务应用方案所提供信息的简单和概括，到循环二——管理型财务应用方案提供信息的深入和具体，到循环三——财务、业务一体化提供信息的全面和立体，读者在循序渐进的操作中能够深切体会到信息系统所提供管理信息颗粒度的细化以及信息对管理决策的支持作用。

4. 模块组合。三个应用方案设计逐层深入，读者既可以按教材顺序循序渐进，也可以根据企业不同的管理需求选择应用不同的方案进行针对性的实践练习和体验，并借此深入理解会计信息化应用深度的差异。教师可以根据学生的层次和课时的具体情况做出灵活的组合和选择。

5. 拓宽思维。通过本教材的实训练习，读者不仅可以在财务部门从事简单的财务核算工作，也可以胜任工资核算与管理、固定资产核算与管理、应收款项核算与管理、应付款项核算与管理等专门财务核算管理岗位的工作，甚至可以承担采购管理、销售管理、仓库管理等相关部门的信息化管理工作，不仅拓宽了就业范围，也增强了读者的企业全局观，拓展了管理思维和视野。

6. 夯实理论。本教材突破以往此类教材设计的实训仅仅局限于财务层面的记账、算账和报账的限制，通过循环三——财务、业务一体化方案实训的精心设计，从单纯监控企业资金流转变为对资金流、物流、信息流全程全方位地控制和管理，使信息系统提供的信息更加全面、立体、完整。通过具体案例实践操作，使读者对于企业管理信息系统 MIS 和企业资源计划 ERP 等相关抽象理论和概念具备真实、具体而深刻的感受。

本教材写作框架的提出、方案的制定、审阅由兰州财经大学刘薇副教授完成，实训一由兰州财经大学李希富教授编写，实训三、实训四、实训六、实训七由兰州财经大学董姚娣老师编写，实训五、实训八以及附录 1 部分综合实训循环一、二、三由兰州财经大学长青学院康淑英老师编写，实训二、实训九到实训十五以及附录 2 部分由刘薇老师编写。本教材是兰州财经大学 2013 重点教学改革项目"基于情境式会计专业实验教学体系建设研究"的研究成果。本教材在编写过程中得到了兰州财经大学会计学院南星恒教授、孔龙教授的支持，并且由李希富教授对整个教材进行审校，在此深表感谢！

　　本教材主要为高等院校会计、财务管理、资产评估、审计以及经济管理相关专业教学使用，针对的主要是大学本科水平的学生。另外，通过内容选取和安排，也可以适应研究生和专科教学的需要。本教材也可以作为会计人员、财务人员、业务人员会计信息系统应用培训和业务培训的学习资料。

　　信息技术的飞速发展，使得会计信息系统的变革和演化已经呈现并将继续发展。由于编者水平有限，实训教材编写难度大，教材中疏漏、不足之处难免，敬请读者指正，也欢迎来信交流，E - mail：lzliu_vivi@126.com。

编　者

2016 年 1 月

目 录

循环一

核算型财务应用

企业财务核算型管理需求及软件应用方案

问题的提出

企业背景资料如下：

北京华润公司，位于北京市顺义区天竺镇府前二街1号，是一家从事科技产品生产的小型工业企业，现拥有资产320多万元，年销售300多万元。现在因为会计部门手工记账已经不能满足企业管理要求，企业急需实现会计核算电算化。

北京华润公司具体管理要求如下：

（1）会计部门账务处理电算化，甩掉传统手工记账模式，即记账、算账全部由计算机自动化处理。

（2）财务报表能够根据总账生成，月末实现财务报表数据由计算机自动生成，即实现会计报账自动化。

（3）企业管理者可以通过电子手段实时监控企业的总账、明细账、日记账以及经营状况。

根据企业的管理需求，经过选择与比较，确定用友U872为北京华润公司实现会计电算化的应用软件，并启用总账模块和报表模块两个基础模块初步实现会计核算电算化。

北京华润公司会计电算化具体应用方案如下：

（1）建立北京华润公司会计账套，经过分析整理企业管理要求和业务实际，确定总账账套按存货、客户、供应商进行分类，并且涉及外币核算，会计科目级次为4-2-2-2，录入建账基础档案和期初科目余额并试算平衡。

（2）会计人员根据发生的经济业务利用用友软件填制电子记账凭证，对电子记账凭证进行会计审核，审核后的凭证根据要求自动化记账，形成企业的总账、明细账、日记账和辅助账，实现数出一门。财务部门账务处理电算化，甩掉传统手工记账模式，即记账、算账全部由计算机自动化处理。

（3）每月至少进行一次《银行对账单》与企业电子账簿的银行对账，自动生成并输出《银行余额调节表》。

（4）月末结转业务由计算机软件根据用户定义自动生成记账凭证，在总账系统审核、记账，实现计算机自动结转。

（5）财务电子报表可以由用户自行设计，《资产负债表》、《利润表》、《现金流量表》等常用报表可以利用报表模板自动生成。

（6）企业管理者也可以通过电子手段实时监控企业的总账、明细账、日记账以及辅助账等经营状况。

启用模块：总账管理系统、报表管理系统

上述核算型财务应用方案具体软件操作如循环一中的实训一到实训六所示。

实训一　系统管理及基础档案

【实训目的】

促进学生熟练掌握账套操作、财务分工、基础档案以及总账系统初始化工作。

【实训内容】

1. 新建账套、账套输出、账套引入。
2. 财务分工。
3. 设置基础档案。
4. 总账系统初始化。

【实训准备】

正确安装用友 ERP － U8 管理软件，将计算机系统日期修改为 2015 年 1 月1 日。

【实训资料】

1. 账套信息。

账套号：999

注：教师可以要求学生用自己的学号作为账套号，方便检查学生实训进度和进行实训考核。

核算单位：北京华润公司

单位地址：北京市顺义区天竺镇府前二街 1 号

税　　　号：493678294431621

法人代表：刘前进

邮　　　编：101312

电　　　话：010 － 87694281

启用日期：2015 － 01 － 01

企业类型：工业企业

行业性质：2007 新会计制度科目

基础分类信息：存货、客户、供应商分类，外币核算

会计科目编码方案：4222

其余选项使用系统默认值。

2. 用户及权限信息。

用户编号	用户姓名	口令	角色	权限
9991	汪刚	1	账套主管	全部权限
9992	陈亮	2	出纳	出纳、总账—凭证—出纳签字
9993	赵红	3	总账会计	总账、存货核算
9994	杨露	4	应收应付会计	应付款管理、应收款管理
9995	王芳	5	资产管理、薪酬管理会计	固定资产、薪资管理
9996	刘丽	6	仓库保管	库存管理
9997	罗颂	7	销售主管	销售管理
9998	孙联湘	8	采购主管	采购管理

3. 基础档案。

（1）部门档案、人员类别及人员档案。

部门编码	部门名称	成立日期
1	综合部	2015 - 1 - 1
101	总经理办公室	2015 - 1 - 1
102	财务部	2015 - 1 - 1
2	销售部	2015 - 1 - 1
201	销售一部	2015 - 1 - 1
202	销售二部	2015 - 1 - 1
203	销售三部	2015 - 1 - 1
204	销售四部	2015 - 1 - 1
3	供应部	2015 - 1 - 1
4	制造部	2015 - 1 - 1
401	产品研发	2015 - 1 - 1
402	制造车间	2015 - 1 - 1
5	仓库	2015 - 1 - 1

人员类别编号	人员类别
10	在职人员
101	管理人员
102	经营人员
103	生产人员

人员编码	姓名	行政部门编码	人员类别	性别	操作员	业务员	业务或费用部门	营业员
101	陈伟清	101	管理人员	男		是	101	
102	汪刚	102	管理人员	男	是	是	102	
103	陈亮	102	经营人员	男	是	是	102	
104	赵红	102	经营人员	女	是	是	102	
105	杨露	102	经营人员	男	是	是	102	
106	王芳	102	经营人员	女	是	是	102	
201	罗颂	201	管理人员	男	是	是	201	
202	宋佳	202	经营人员	女		是	202	
203	孙建	203	经营人员	男		是	203	
204	王华	204	经营人员	男		是	204	
301	孙联湘	3	管理人员	男	是	是	3	
401	周月	401	经营人员	女				
402	李彤	402	生产人员	女				
501	刘丽	5	管理人员	女	是	是	501	

（2）地区分类。

地区编码	地区名称
01	东北地区
02	华北地区
03	华东地区
04	华南地区
05	西北地区
06	西南地区
07	华中地区

（3）客户分类及客户档案。

分类编码	分类名称
01	事业单位
01001	学校
01002	机关
02	企业单位
02001	工业
02002	商业
02003	金融
03	其他

客户编码	客户名称	客户简称	所属分类	所属地区	税号	开户银行	银行账号	地址	信用额度
001	北京希望学校	希望学校	01001	02	1200098847 32788	工行	73853654	北京市海淀区上地路1号	200 000
002	天津通达公司	通达公司	02002	02	1200084567 32310	工行	69325581	天津市南开区华苑路1号	1 000 000
003	上海万邦证券公司	万邦证券	02003	03	3101065487 65432	工行	36542234	上海市徐汇区天平路8号	1 000 000
004	哈尔滨飞机制造厂	哈飞	02001	01	1083698560 03251	中行	43810548	哈尔滨市平房区和平路116号	1 000 000

（4）供应商分类及供应商档案。

分类编码	分类名称
01	硬件供应商
02	软件供应商
03	材料供应商
04	其他

供应商编码	供应商名称	供应商简称	所属分类码	所属地区	税号	开户银行	银行账号	地址
001	北京迅杰有限公司	北京迅杰	01	02	110567453698462	中行	48723367	北京市朝阳区十里堡8号
002	北京联想分公司	北京联想	02	02	110479865267583	中行	76473293	北京市海淀区开拓路108号
003	南京多媒体教学研究所	多媒体研究所	02	03	320888465372657	工行	55561278	南京市湖北路100号
004	上海信息记录纸厂	记录纸厂	03	03	310103695431012	工行	85115076	上海市浦东新区东方路1号甲

【实训要求】

以系统管理员 admin 的身份，进行增加操作员、建立账套、财务分工、备份账套、引入账套操作。

以账套主管"9991 汪刚"的身份，进行系统启用、基础档案设置、账套数据修改操作。

【操作指导】

1. 启动系统管理。

（1）执行"开始"｜"程序"｜"用友 ERP－U8"｜"系统服务"｜"系统

管理"命令，启动系统管理。

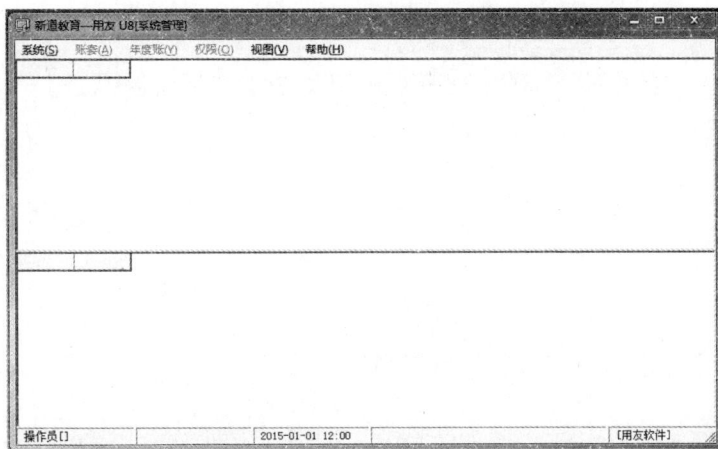

（2）执行"系统" |"注册"命令，打开"登录"系统管理对话框。

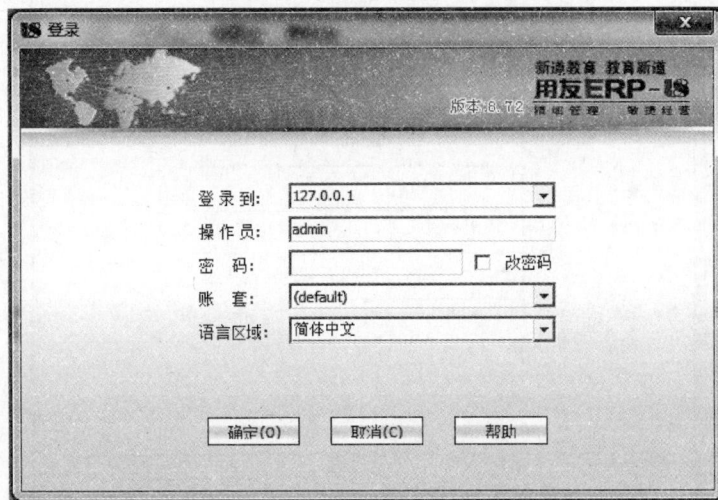

（3）以系统管理员身份 admin 登录系统管理，选择系统默认账套（default），单击"确定"按钮。

注：系统中预先设定了一个系统管理员 Admin，第一次运行时，系统管理员密码为空，考虑实际教学环境，建议不设置系统管理员密码。

2. 增加操作员。

（1）执行"权限" |"用户"命令，进入"用户管理"窗口。

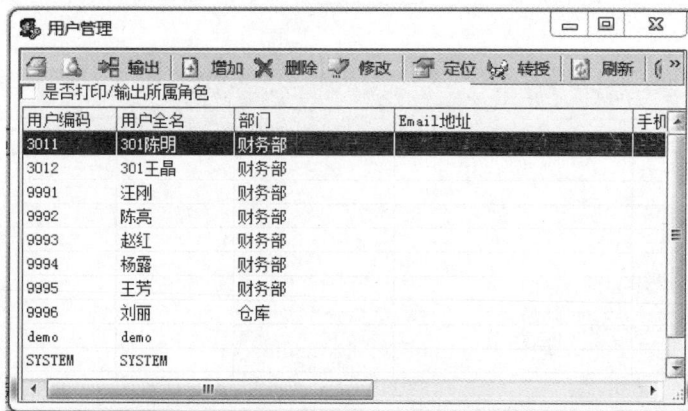

（2）单击工具栏中的"增加"按钮，打开"增加用户"对话框，输入实训资料中的操作员。

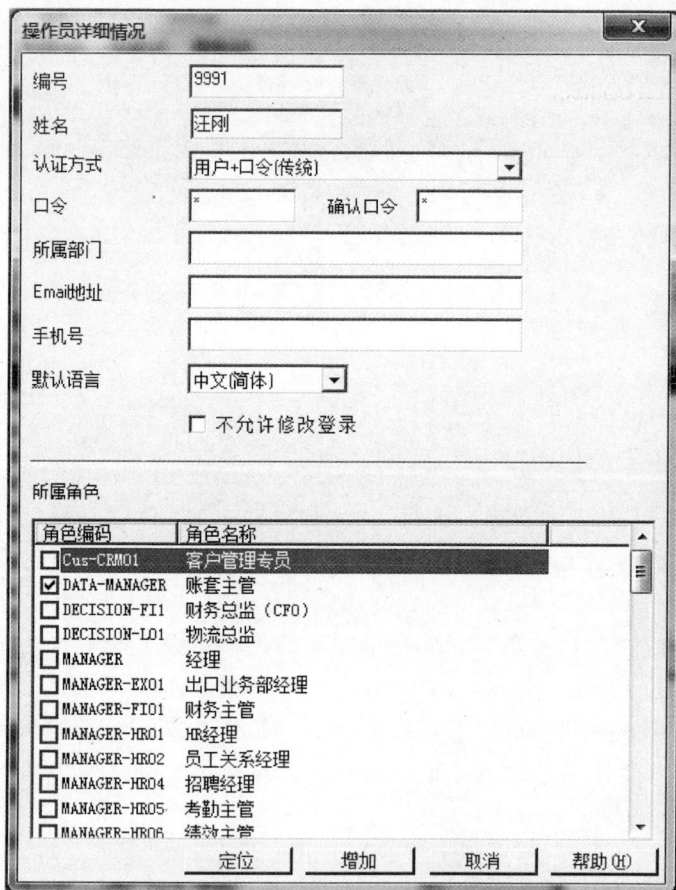

（3）单击"取消"按钮结束，返回"用户管理"窗口，所有用户以列表方式显示。再单击工具栏上的"退出"按钮，返回"系统管理"窗口。

3. 建立账套。

（1）执行"账套"｜"建立"命令，打开"创建账套"对话框。

（2）按实训资料输入账套信息。特别留意账套号、账套路径和启用日期信息，确保正确。点击"下一步"按钮。

（3）按实训资料输入单位信息。

（4）按实训资料输入核算类型信息。选择"9991 汪刚"作为账套主管，特别留意行业性质，按行业预置科目，确保选择正确。点击"下一步"按钮。

（5）确定基础信息。存货、客户、供应商进行分类管理，包括外币核算。点击"完成"按钮，确认创建账套。

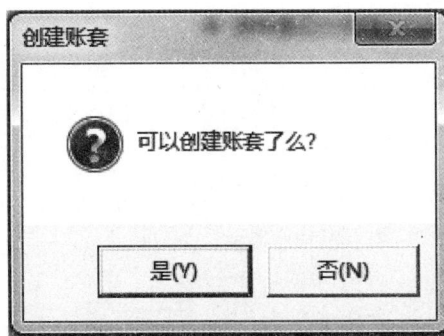

（6）按实训资料确定分类编码方案。修改科目级次为"4－2－2－2"，点击"确定"按钮后，点击"取消"按钮退出。

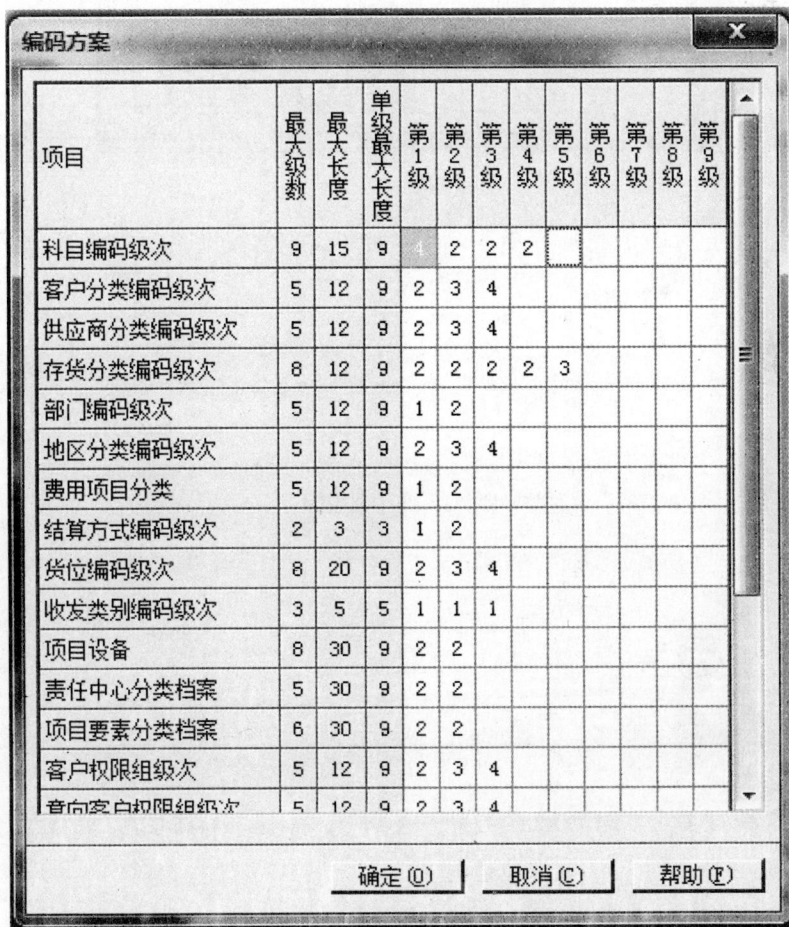

项目	最大级数	最大长度	单级最大长度	第1级	第2级	第3级	第4级	第5级	第6级	第7级	第8级	第9级
科目编码级次	9	15	9	4	2	2	2					
客户分类编码级次	5	12	9	2	3	4						
供应商分类编码级次	5	12	9	2	3	4						
存货分类编码级次	8	12	9	2	2	2	2	3				
部门编码级次	5	12	9	1	2							
地区分类编码级次	5	12	9	2	3	4						
费用项目分类	5	12	9	1	2							
结算方式编码级次	2	3	3	1	2							
货位编码级次	8	20	9	2	3	4						
收发类别编码级次	3	5	5	1	1	1						
项目设备	8	30	9	2	2							
责任中心分类档案	5	30	9	2	2							
项目要素分类档案	6	30	9	2	2							
客户权限组级次	5	12	9	2	3	4						
意向客户权限组级次	5	12	9	2	3	4						

（7）按实训资料定义数据精度。

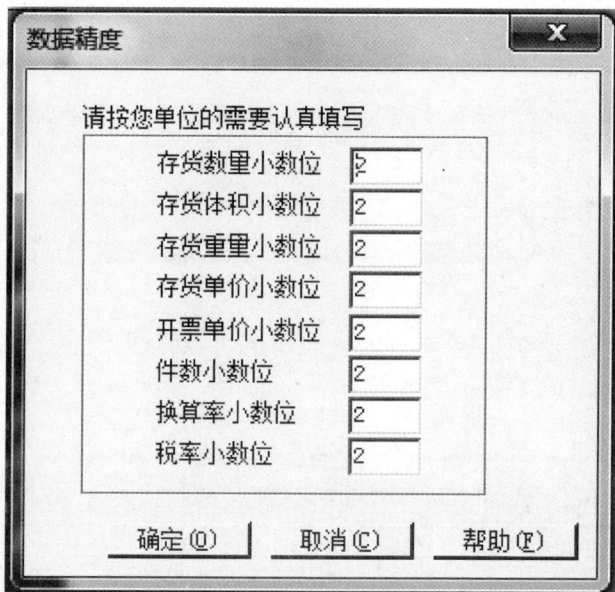

（8）进行系统启用，启用总账系统，报表系统无须用户启用。注意启用日期为"2015 – 01 – 01"。

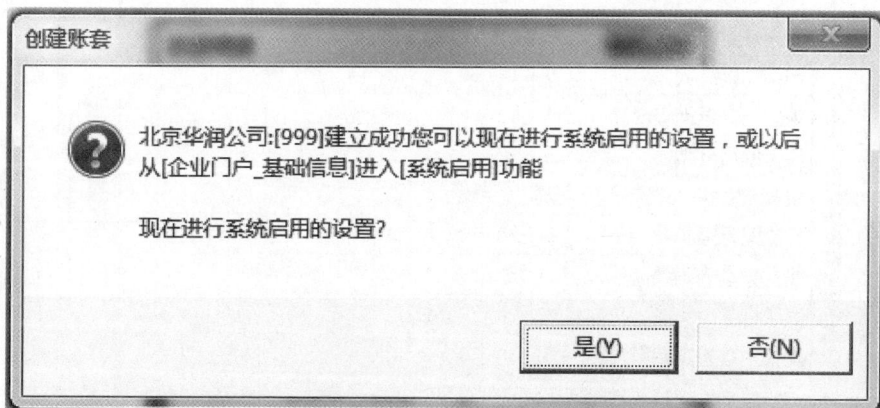

注：系统启用也可以在以后进入"企业门户"｜"基础信息"｜"系统启用"进行。

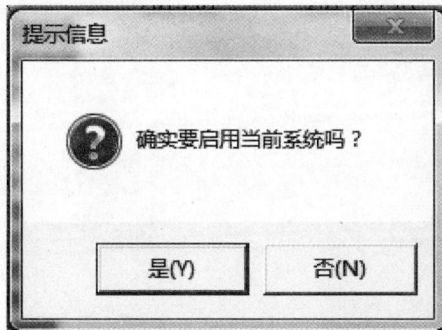

4. 财务分工。

（1）执行"权限"｜"权限"命令，进入"操作员权限"窗口。

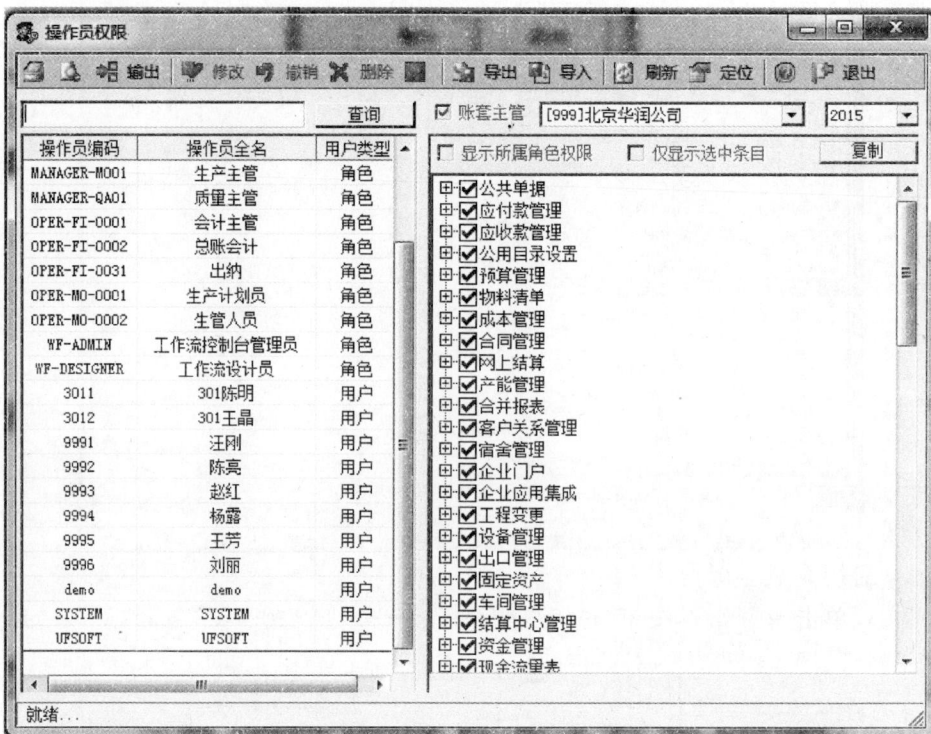

（2）选择999账套；2015年度。

（3）从操作员列表框中选择"9991 汪刚"，选中"账套主管"复选框，确定"9991 汪刚"具有账套主管权限。

（4）选择"9992 陈亮"，选择999账套。单击工具栏中的"修改"按钮，选中"总账"前的"＋"图表，展开"总账"、"凭证"项目，选中"出纳签字"签字权限，再选中"总账"下的"出纳"权限，单击"保存"按钮返回。

（5）同理，设置其他用户的操作权限。单击工具栏上的"退出"按钮，退回系统管理。

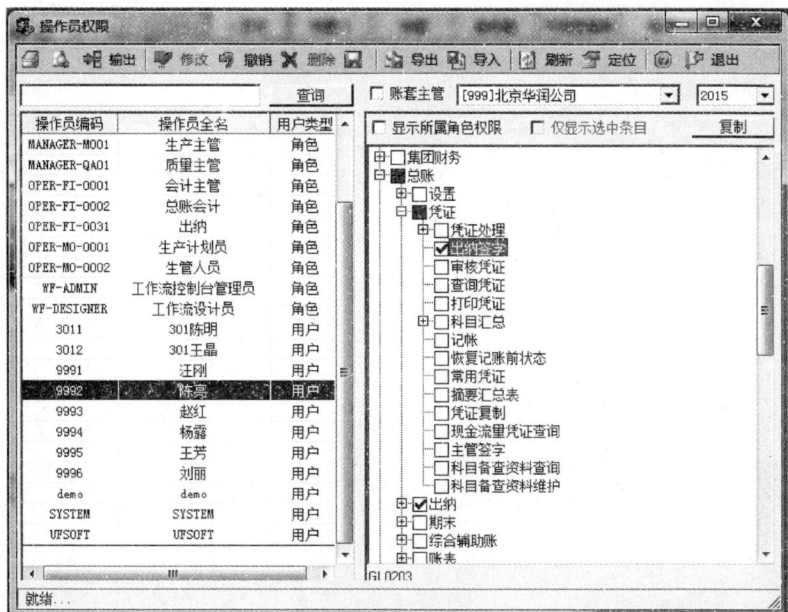

5. 启用企业应用平台。

（1）单击"开始"按钮，执行"程序"｜"用友 ERP – U8"｜"企业应用平台"命令，打开"登录"对话框。

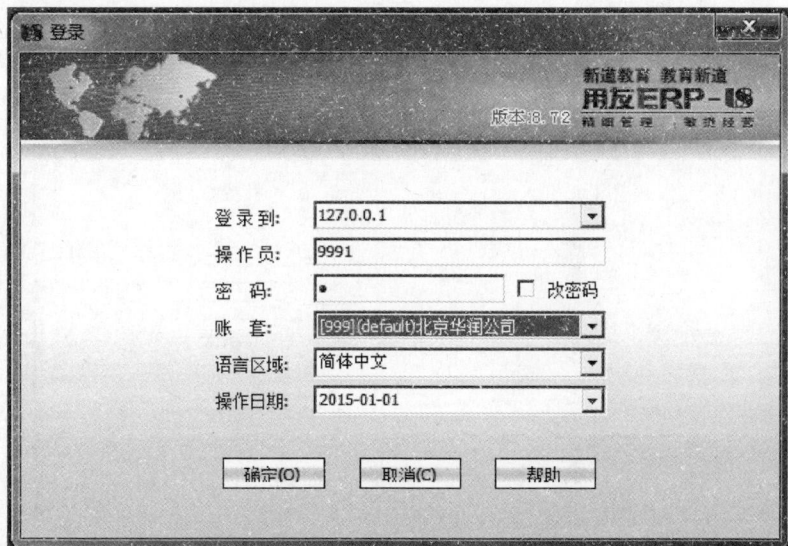

（2）输入操作员 9991；输入密码 1；选择 999 账套；输入操作日期"2015 – 01 – 01"，单击"确定"按钮，进入企业应用平台主界面。

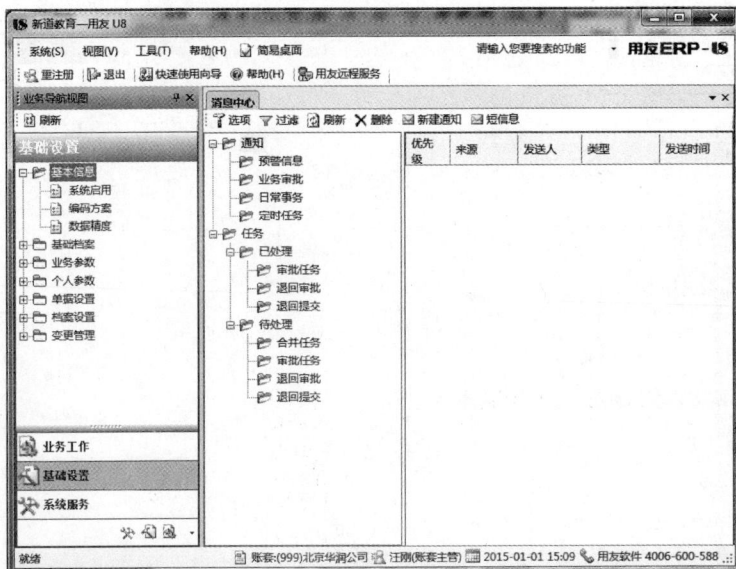

6. 设置部门档案、人员类别、人员档案。

■ 设置部门档案

（1）在"基础设置"选项卡中，执行"基础档案"｜"机构人员"｜"部门档案"命令，进入"部门档案"窗口。

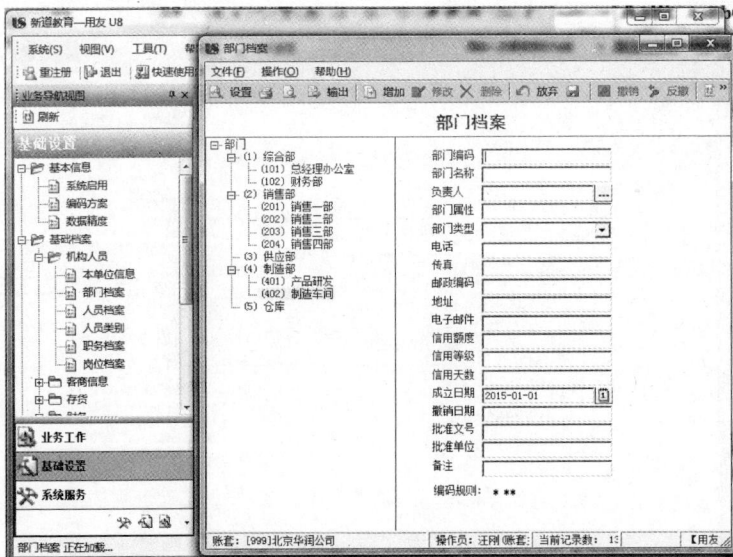

（2）单击"增加"按钮，录入部门编码"1"、部门名称"综合部"，单击"保存"按钮。依次录入其他的部门档案。

■ 设置人员类别

（1）在"基础设置"选项卡中，执行"基础档案"｜"机构人员"｜"人员类别"命令，进入"人员类别"窗口。

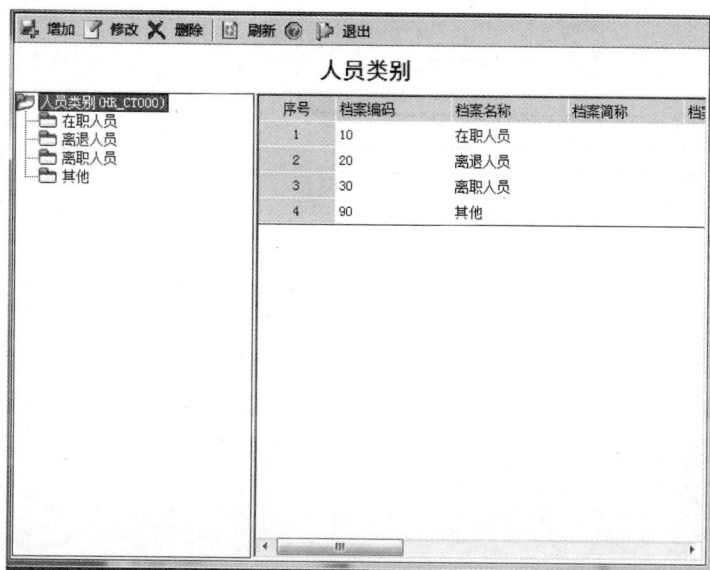

（2）选中"在职人员"，点击"增加"，依次增加"在职人员"类别下的下级人员类别。

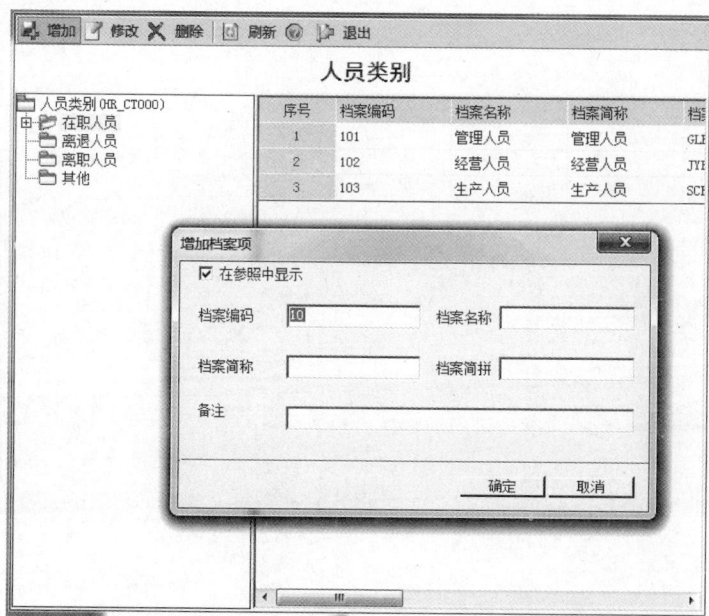

■ 设置人员档案

（1）在"基础设置"选项卡中，执行"基础档案"｜"机构人员"｜"人员档案"命令，进入"部门人员列表"窗口。

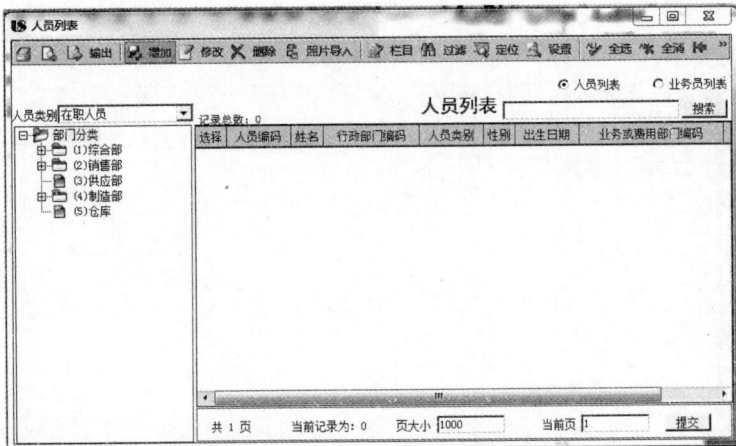

（2）单击"增加"按钮，按实训资料依次录入人员信息，单击"保存"按钮。

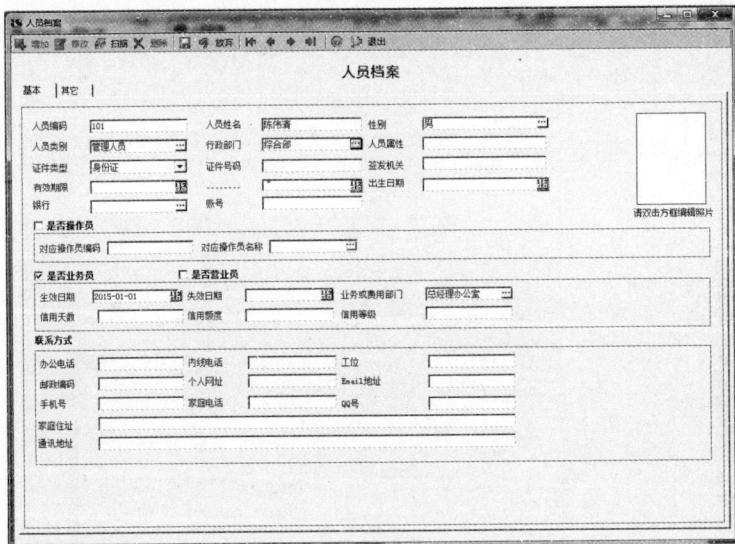

7. 设置地区分类。

（1）在"基础设置"选项卡中，执行"基础档案"｜"客商信息"｜"地区分类"命令，进入"地区分类"窗口。

（2）单击"增加"按钮，录入分类编码"01"、分类名称"东北地区"，单击"保存"按钮，依次输入其他地区分类。

8.设置客户分类及客户档案。

■ **设置客户分类**

（1）在"基础设置"选项卡中，执行"基础档案"｜"客商信息"｜"客户分类"命令，进入"客户分类"窗口。单击"增加"按钮，按实训资料输入客户分类信息。

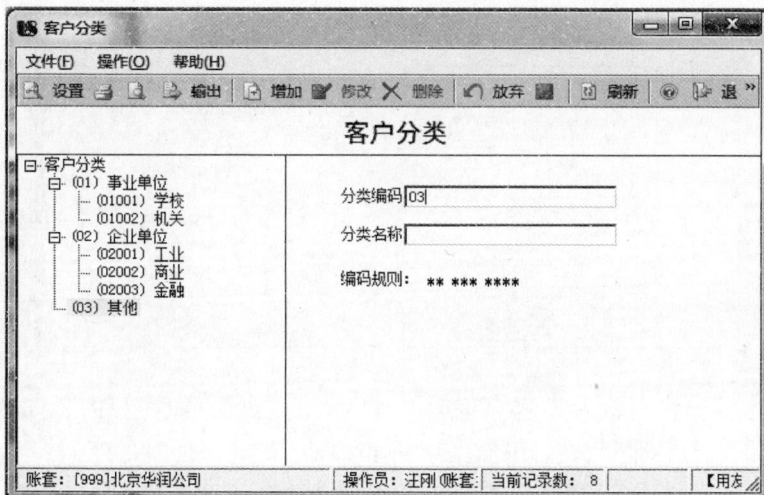

（2）单击"保存"按钮，同理依此录入其他的客户分类。

■ **设置客户档案**

（1）在"基础设置"选项卡中，执行"基础档案"｜"客商信息"｜"客户档案"命令，进入"客户档案"窗口。窗口分为左右两部分，左窗口显示已经设置的客户分类，单击鼠标选中某一客户分类，右窗口中显示该分类下所有的客户列表。

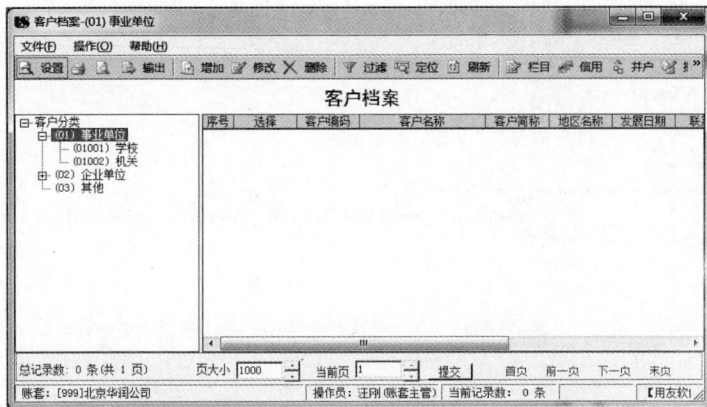

（2）单击"增加"按钮，打开"增加客户档案"窗口。窗口共包括4个选项卡，即"基本"、"联系"、"信用"、"其他"，用于对客户不同的属性分别归类记录。

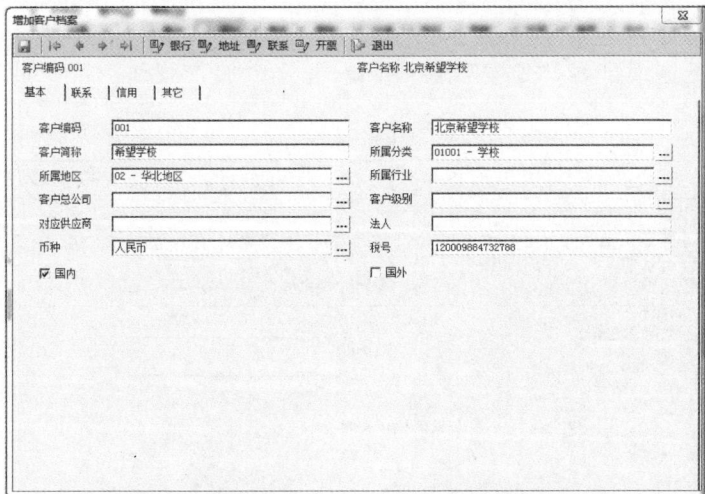

（3）按实训资料输入"客户编码"、"客户名称"、"客户简称"、"所属分类"、"税号"、"地址"、"信用额度"等相关信息。单击"保存"按钮。

（4）单击"银行"按钮，打开"客户银行档案"窗口，录入客户的开户银行和银行账号信息，保存并退出。

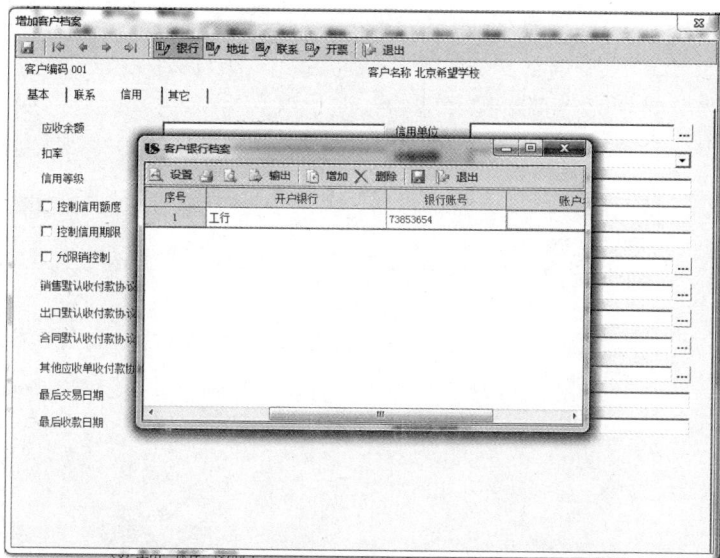

（5）依此方法依次录入其他的客户档案。

9. 设置供应商分类及供应商档案。

■ **设置供应商分类**

（1）在"基础设置"选项卡中，执行"基础档案"｜"客商信息"｜"供应商分类"命令，进入"供应商分类"窗口。单击"增加"按钮，按实训资料输入供应商分类信息。

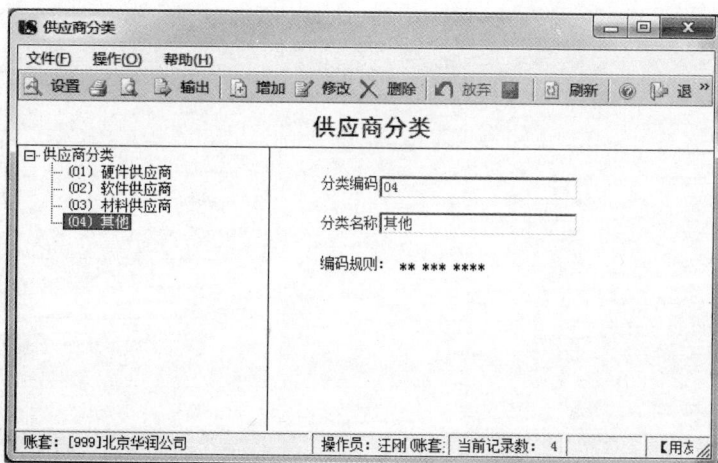

（2）单击"保存"按钮，同理依次录入其他的供应商分类。

■　**设置供应商档案**

（1）在"基础设置"选项卡中，执行"基础档案"｜"客商信息"｜"供应商档案"命令，进入"供应商档案"窗口。窗口分为左右两部分，左窗口显示已经设置的供应商分类，单击鼠标选中某一供应商分类，右窗口中显示该分类下所有的供应商列表。

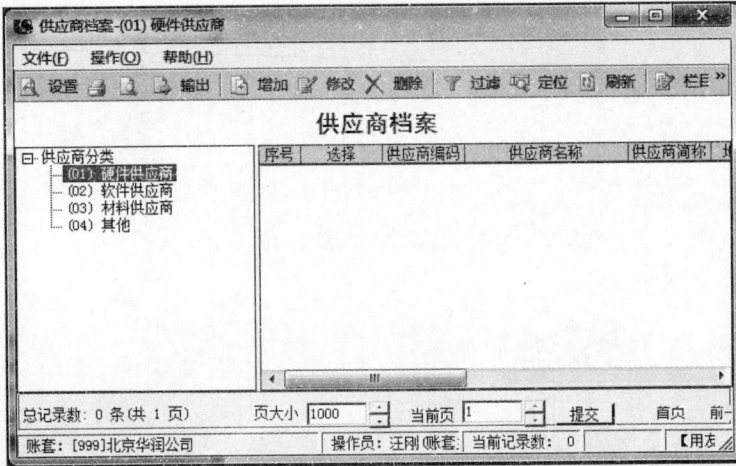

（2）单击"增加"按钮，打开"增加供应商档案"窗口。窗口共包括4个选项卡，即"基本"、"联系"、"信用"、"其他"，用于对供应商不同的属性分别归类记录。

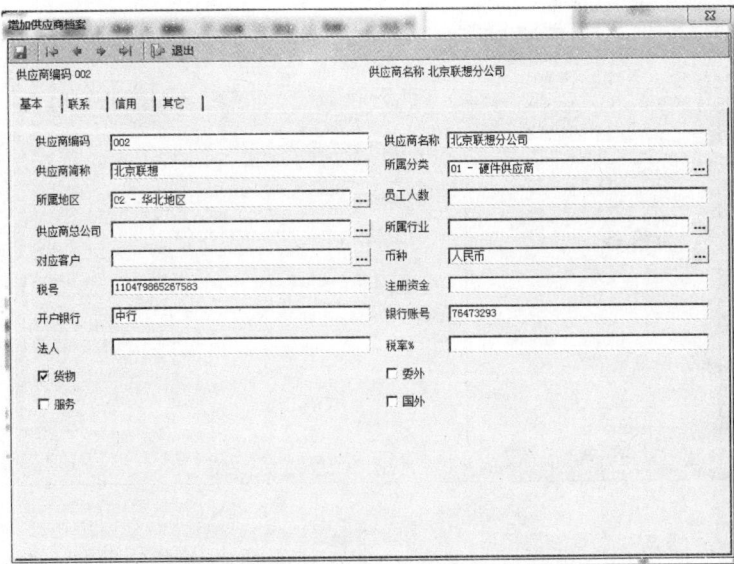

（3）按实训资料输入"供应商编码"、"供应商名称"、"供应商简称"、"所属分类"、"税号"、"地址"、"信用额度"等相关信息。单击"保存"按钮。

（4）按该方法依次录入其他的供应商档案。

10. 备份账套数据。

（1）以系统管理员（Admin）的身份注册进入系统管理，执行"账套"｜"输出"命令，打开"账套输出"对话框，选择需要输出的账套，单击"确认"按钮。

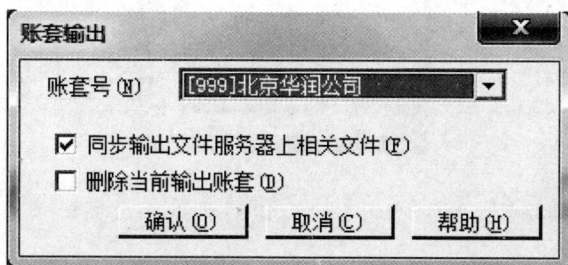

（2）系统提示"请选择账套备份路径"。

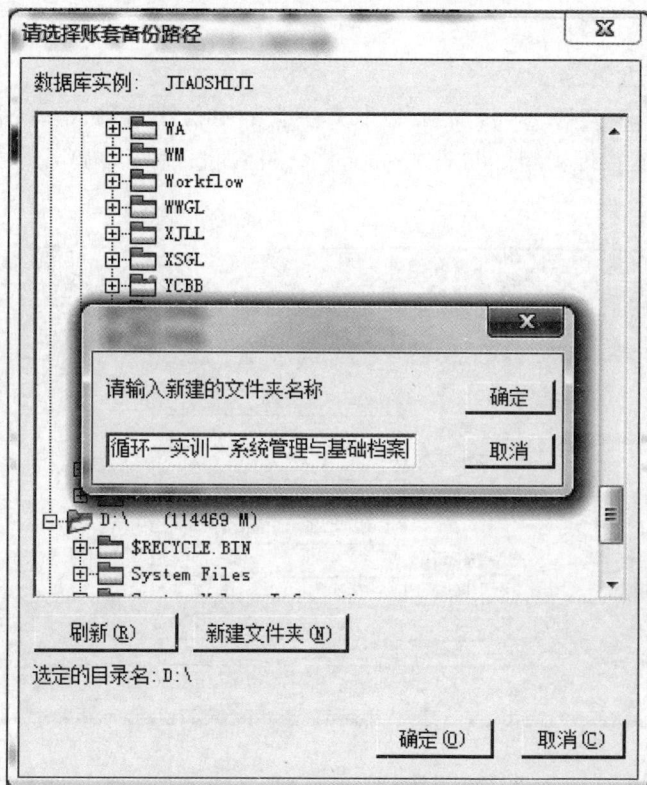

（3）备份完成后，系统弹出"输出成功！"信息提示对话框，单击"确定"按钮返回。

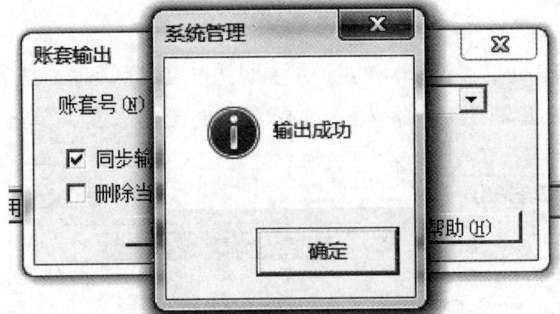

（4）打开备份路径，备份成功应该可以看到两个文件。

名称	修改日期	类型	大小
UFDATA.BAK	2015-01-01 18:39	BAK 文件	1,019,427...
UfErpAct.Lst	2015-01-01 18:43	LST 文件	1 KB

11. 修改账套数据。

如果需要修改建账参数，需要以账套主管的身份注册进入系统管理。

（1）在系统管理窗口，执行"系统"｜"注册"命令，打开"登录"系统管理对话框。

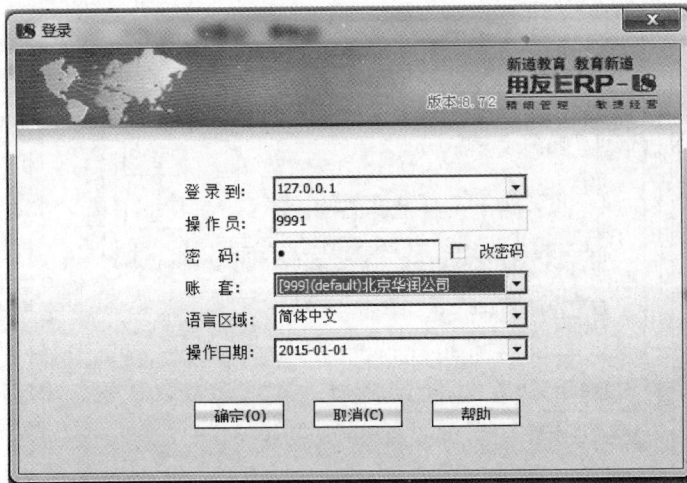

（2）在"操作员"文本框中输入9991或"汪刚"；在"密码"文本框中输

入 1，选择账套"999 北京华润公司"，会计年度为 2015 年。

（3）单击"确定"按钮，进入"系统管理"窗口，菜单中显示黑色字体的部分为账套主管可以操作的内容。

（4）执行"账套"｜"修改"命令，打开"修改账套"对话框，可修改的账套信息以白色显示，不可修改的账套信息以灰色显示。

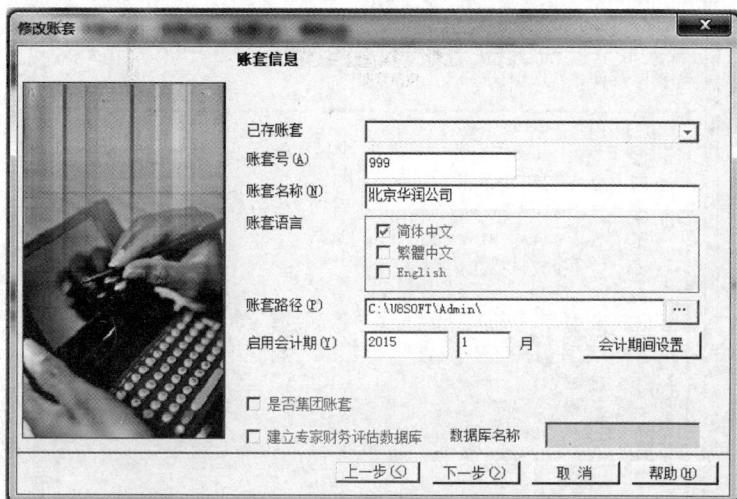

（5）修改完成后，单击"完成"按钮，系统提示"确认修改账套了吗？"信息，单击"是"按钮，确定"编码方案"和"数据精度"，单击"确认"按钮，系统提示"修改账套成功"信息。

（6）单击"确定"按钮，返回系统管理。

12. 引入账套数据。

（1）以系统管理员（Admin）的身份注册进入系统管理，执行"账套"｜"引入"命令，打开"请选择账套备份文件"对话框，选择备份账套的存放路径，选中备份文件，单击"确认"按钮。

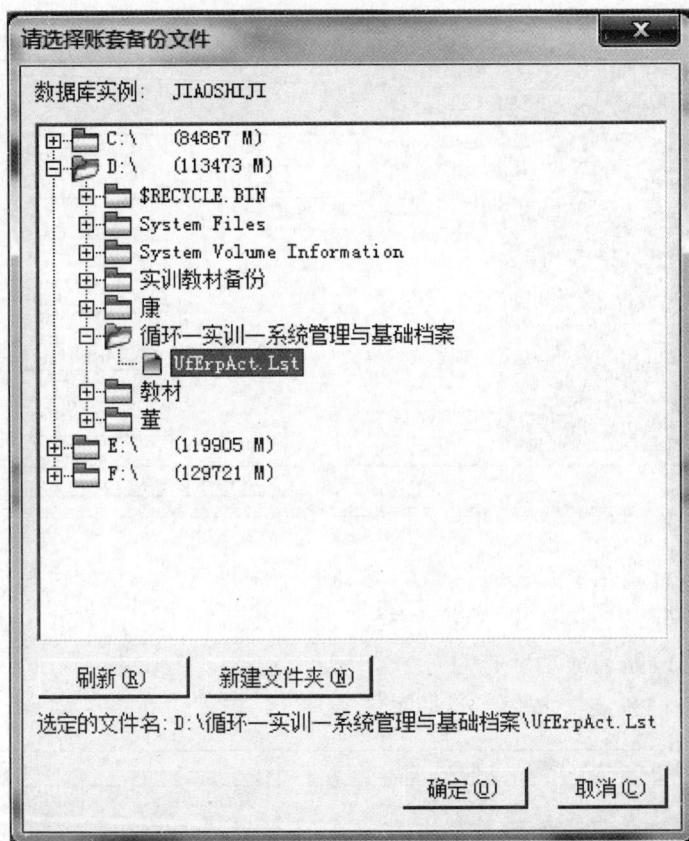

（2）选择账套引入目录，点击"确定"，然后点击"是"确定。

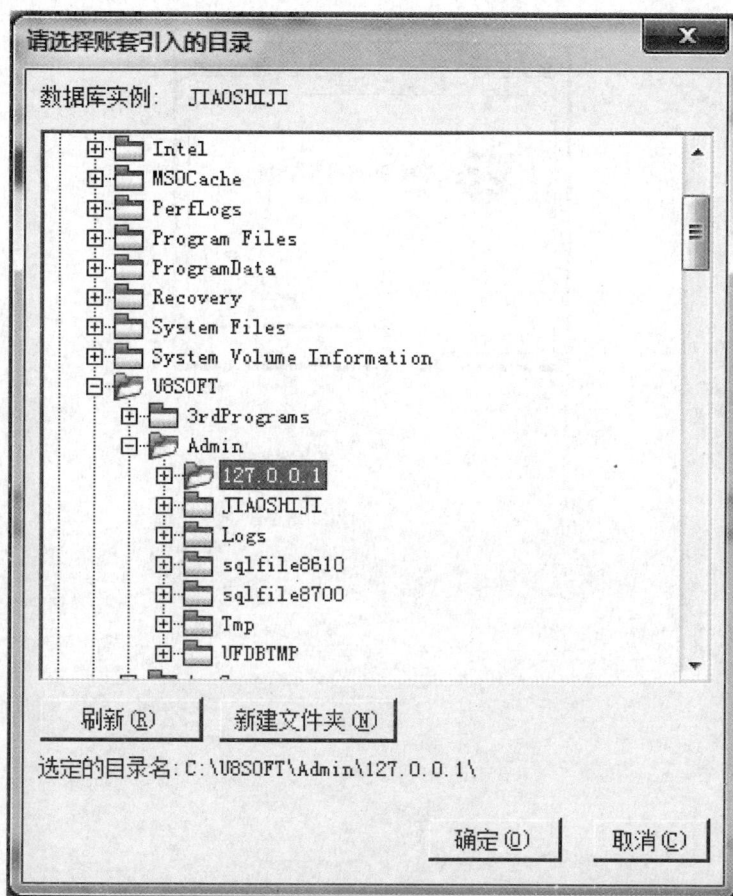

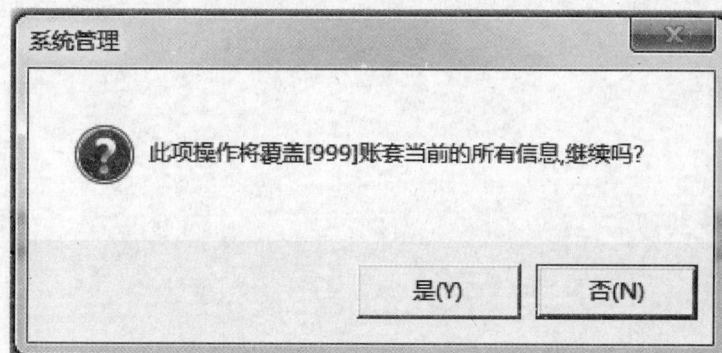

（3）引入完成后，系统弹出"引入成功！"信息提示对话框，单击"确定"按钮返回。

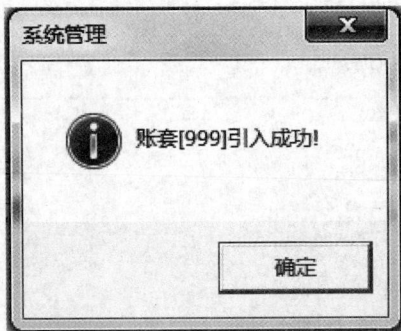

实训二　总账系统初始设置

【实训目的】

促进学生熟练掌握总账系统初始化工作。

【实训内容】

1. 设置凭证类别。
2. 录入总账科目期初余额。
3. 录入总账辅助账期初余额。
4. 试算平衡。

【实训准备】

引入"实训一　系统管理及基础档案设置"账套备份文件。

【实训资料】

1. 总账系统参数设置。

选项卡	参数设置
凭证	制单序时控制 支票控制 赤字控制 可以使用应收受控科目 可以使用应付受控科目 现金流量科目必录现金流量项目
账簿	默认
会计日历	1 月 1 日 ~ 12 月 31 日
其他	默认

2. 总账系统基础档案设置。
（1）外币和汇率。

币符	USD
币名	美元
固定汇率	6.175

（2）结算方式。

结算方式编码	结算方式名称	是否票据管理
1	现金结算	
2	支票结算	
201	现金支票	是
202	转账支票	是
3	商业汇票	
301	商业承兑汇票	
302	银行承兑汇票	
4	银行汇票	
5	委托收款	
6	托收承付	
7	汇兑	
8	现金缴款单	

（3）会计科目表。

类型	级次	科目编码	科目名称	外币币种	计量单位	辅助账类型	账页格式	余额方向
资产	1	1001	库存现金			日记	金额式	借
资产	1	1002	银行存款				金额式	借
资产	2	100201	工行存款			日记、银行	金额式	借
资产	2	100202	中行存款	美元		日记、银行	金额式	借
资产	1	1003	存放中央银行款项				金额式	借
资产	1	1011	存放同业				金额式	借
资产	1	1012	其他货币资金				金额式	借
资产	1	1021	结算备付金				金额式	借
资产	1	1031	存出保证金				金额式	借
资产	1	1101	交易性金融资产				金额式	借
资产	1	1111	买入返售金融资产				金额式	借
资产	1	1121	应收票据			客户往来	金额式	借
资产	1	1122	应收账款			客户往来	金额式	借

续表

类型	级次	科目编码	科目名称	外币币种	计量单位	辅助账类型	账页格式	余额方向
资产	1	1123	预付账款			供应商往来	金额式	借
资产	1	1131	应收股利				金额式	借
资产	1	1132	应收利息				金额式	借
资产	1	1201	应收代位追偿款				金额式	借
资产	1	1211	应收分保账款				金额式	借
资产	1	1212	应收分保合同准备金				金额式	借
资产	1	1221	其他应收款			个人往来	金额式	借
资产	1	1231	坏账准备				金额式	贷
资产	1	1301	贴现资产				金额式	借
资产	1	1302	拆出资金				金额式	借
资产	1	1303	贷款				金额式	借
资产	1	1304	贷款损失准备				金额式	贷
资产	1	1311	代理兑付证券				金额式	借
资产	1	1321	代理业务资产				金额式	借
资产	1	1401	材料采购				金额式	借
资产	2	140101	甲材料		公斤		数量金额式	借
资产	2	140102	乙材料		公斤		数量金额式	借
资产	1	1402	在途物资				金额式	借
资产	1	1403	原材料				金额式	借
资产	2	140301	甲材料		公斤		数量金额式	借
资产	2	140302	乙材料		公斤		数量金额式	借
资产	1	1404	材料成本差异				金额式	借
资产	1	1405	库存商品				金额式	借
资产	1	140501	A产品		件		数量金额式	借
资产	1	140502	B产品		件		数量金额式	借
资产	1	1406	发出商品				金额式	借
资产	1	1407	商品进销差价				金额式	贷
资产	1	1408	委托加工物资				金额式	借
资产	1	1411	周转材料				金额式	借
资产	1	1421	消耗性生物资产				金额式	借
资产	1	1431	贵金属				金额式	借
资产	1	1441	抵债资产				金额式	借
资产	1	1451	损余物资				金额式	借
资产	1	1461	融资租赁资产				金额式	借
资产	1	1471	存货跌价准备				金额式	贷

类型	级次	科目编码	科目名称	外币币种	计量单位	辅助账类型	账页格式	余额方向
资产	1	1501	持有至到期投资				金额式	借
资产	1	1502	持有至到期投资减值准备				金额式	贷
资产	1	1503	可供出售金融资产				金额式	借
资产	1	1511	长期股权投资				金额式	借
资产	1	1512	长期股权投资减值准备				金额式	贷
资产	1	1521	投资性房地产				金额式	借
资产	1	1531	长期应收款				金额式	借
资产	1	1532	未实现融资收益				金额式	贷
资产	1	1541	存出资本保证金				金额式	借
资产	1	1601	固定资产				金额式	借
资产	1	1602	累计折旧				金额式	贷
资产	1	1603	固定资产减值准备				金额式	贷
资产	1	1604	在建工程				金额式	借
资产	2	160401	人工费			项目核算	金额式	借
资产	2	160402	材料费			项目核算	金额式	借
资产	2	160403	其他			项目核算	金额式	借
资产	1	1605	工程物资				金额式	借
资产	1	1606	固定资产清理				金额式	借
资产	1	1611	未担保余值				金额式	借
资产	1	1621	生产性生物资产				金额式	借
资产	1	1622	生产性生物资产累计折旧				金额式	贷
资产	1	1623	公益性生物资产				金额式	借
资产	1	1631	油气资产				金额式	借
资产	1	1632	累计折耗				金额式	贷
资产	1	1701	无形资产				金额式	借
资产	1	1702	累计摊销				金额式	贷
资产	1	1703	无形资产减值准备				金额式	贷
资产	1	1711	商誉				金额式	借
资产	1	1801	长期待摊费用				金额式	借
资产	1	1811	递延所得税资产				金额式	借
资产	1	1821	独立账户资产				金额式	借
资产	1	1901	待处理财产损溢				金额式	借
负债	1	2001	短期借款				金额式	贷
负债	1	2002	存入保证金				金额式	贷
负债	1	2003	拆入资金				金额式	贷

续表

类型	级次	科目编码	科目名称	外币币种	计量单位	辅助账类型	账页格式	余额方向
负债	1	2004	向中央银行借款				金额式	贷
负债	1	2011	吸收存款				金额式	贷
负债	1	2012	同业存放				金额式	贷
负债	1	2021	贴现负债				金额式	贷
负债	1	2101	交易性金融负债				金额式	贷
负债	1	2111	卖出回购金融资产款				金额式	借
负债	1	2201	应付票据			供应商往来	金额式	贷
负债	1	2202	应付账款			供应商往来	金额式	贷
负债	2	220201	应付采购款			供应商往来	金额式	贷
负债	2	220202	暂估应付账款			供应商往来	金额式	贷
负债	1	2203	预收账款			客户往来	金额式	贷
负债	1	2211	应付职工薪酬				金额式	贷
负债	1	2221	应交税费				金额式	贷
负债	2	222101	应交增值税				金额式	贷
负债	3	22210101	进项税额				金额式	贷
负债	3	22210104	销项税额				金额式	贷
负债	2	222102	未交增值税				金额式	贷
负债	2	222103	应交所得税				金额式	贷
负债	2	222104	应交城建税				金额式	贷
负债	1	2231	应付利息				金额式	贷
负债	1	2232	应付股利				金额式	贷
负债	1	2241	其他应付款				金额式	贷
负债	1	2251	应付保单红利				金额式	贷
负债	1	2261	应付分保账款				金额式	贷
负债	1	2311	代理买卖证券款				金额式	贷
负债	1	2312	代理承销证券款				金额式	贷
负债	1	2313	代理兑付证券款				金额式	贷
负债	1	2314	代理业务负债				金额式	贷
负债	1	2401	递延收益				金额式	贷
负债	1	2501	长期借款				金额式	贷
负债	1	2502	应付债券				金额式	贷
负债	1	2601	未到期责任准备金				金额式	贷
负债	1	2602	保险责任准备金				金额式	贷
负债	1	2611	保户储金				金额式	贷
负债	1	2621	独立账户负债				金额式	借

续表

类型	级次	科目编码	科目名称	外币币种	计量单位	辅助账类型	账页格式	余额方向
负债	1	2701	长期应付款				金额式	贷
负债	1	2702	未确认融资费用				金额式	借
负债	1	2711	专项应付款				金额式	贷
负债	1	2801	预计负债				金额式	贷
负债	1	2901	递延所得税负债				金额式	贷
共同	1	3001	清算资金往来				金额式	借
共同	1	3002	货币兑换				金额式	借
共同	1	3101	衍生工具				金额式	借
共同	1	3201	套期工具				金额式	借
共同	1	3202	被套期项目				金额式	借
权益	1	4001	实收资本				金额式	贷
权益	1	4002	资本公积				金额式	贷
权益	1	4101	盈余公积				金额式	贷
权益	1	4102	一般风险准备				金额式	贷
权益	1	4103	本年利润				金额式	贷
权益	1	4104	利润分配				金额式	贷
权益	2	410415	未分配利润				金额式	贷
权益	1	4201	库存股				金额式	借
成本	1	5001	生产成本			项目核算	金额式	借
成本	2	500101	直接材料			项目核算	金额式	借
成本	2	500102	直接人工			项目核算	金额式	借
成本	2	500103	制造费用			项目核算	金额式	借
成本	2	500104	折旧费			项目核算	金额式	借
成本	2	500105	其他			项目核算	金额式	借
成本	1	5101	制造费用				金额式	借
成本	2	510101	工资				金额式	借
成本	2	510102	折旧费				金额式	借
成本	1	5201	劳务成本				金额式	借
成本	1	5301	研发支出				金额式	借
成本	1	5401	工程施工				金额式	借
成本	1	5402	工程结算				金额式	贷
成本	1	5403	机械作业				金额式	借
损益	1	6001	主营业务收入			项目核算	金额式	贷
损益	2	600101	A 产品		件		数量金额式	贷
损益	2	600102	B 产品		件		数量金额式	贷

类型	级次	科目编码	科目名称	外币币种	计量单位	辅助账类型	账页格式	余额方向
损益	1	6021	手续费及佣金收入				金额式	贷
损益	1	6031	保费收入				金额式	贷
损益	1	6041	租赁收入				金额式	贷
损益	1	6051	其他业务收入				金额式	贷
损益	1	6061	汇兑损益				金额式	贷
损益	1	6101	公允价值变动损益				金额式	贷
损益	1	6111	投资收益				金额式	贷
损益	1	6201	摊回保险责任准备金				金额式	贷
损益	1	6202	摊回赔付支出				金额式	贷
损益	1	6203	摊回分保费用				金额式	贷
损益	1	6301	营业外收入				金额式	贷
损益	1	6401	主营业务成本			项目核算	金额式	借
损益	2	640101	A产品		件		数量金额式	贷
损益	2	640102	B产品		件		数量金额式	贷
损益	1	6403	营业税金及附加				金额式	借
损益	1	6411	利息支出				金额式	借
损益	1	6421	手续费及佣金支出				金额式	借
损益	1	6501	提取未到期责任准备金				金额式	借
损益	1	6502	提取保险责任准备金				金额式	借
损益	1	6511	赔付支出				金额式	借
损益	1	6521	保单红利支出				金额式	借
损益	1	6531	退保金				金额式	借
损益	1	6541	分出保费				金额式	借
损益	1	6542	分保费用				金额式	借
损益	1	6601	销售费用				金额式	借
损益	1	6602	管理费用				金额式	借
损益	2	660201	工资				金额式	借
损益	2	660202	福利费				金额式	借
损益	2	660203	办公费				金额式	借
损益	2	660204	差旅费				金额式	借
损益	2	660205	招待费				金额式	借
损益	2	660206	折旧费				金额式	借
损益	2	660207	其他				金额式	借
损益	1	6603	财务费用				金额式	借
损益	1	6604	勘探费用				金额式	借

类型	级次	科目编码	科目名称	外币币种	计量单位	辅助账类型	账页格式	余额方向
损益	1	6701	资产减值损失				金额式	借
损益	1	6711	营业外支出				金额式	借
损益	1	6801	所得税费用				金额式	借
损益	1	6901	以前年度损益调整				金额式	借

（4）项目目录。

项目设置步骤	设置内容
项目大类	产品核算
核算科目	生产成本（5001） 　　直接材料（500101） 　　直接人工（500102） 　　制造费用（500103） 　　折旧费（500104） 　　其他（500105） 主营业务收入（6001） 主营业务成本（6401）
项目分类	1. 自行开发项目 2. 委托开发项目
项目编号及名称	101　　A 产品　　所属分类码1 102　　B 产品　　所属分类码1

（5）凭证类别。

凭证类别	限制类型	限制科目
收款凭证	借方必有	1001，100201，100202
付款凭证	贷方必有	1001，100201，100202
转账凭证	凭证必无	1001，100201，100202

3. 总账系统期初余额设置。

（1）总账科目余额表。

科目名称	方向	币别/计量	期初余额
库存现金（1001）	借		8 788. 32
银行存款（1002）	借		193 829. 16
工行存款（100201）	借		193 829. 16

续表

科目名称	方向	币别/计量	期初余额
应收票据 （1121）	借		351 000
应收账款 （1122）	借		158 100
其他应收款 （1221）	借		3 800
坏账准备 （1231）	贷		800
原材料 （1403）	借		452 400
甲材料 （140301）	借		320 000
乙材料 （140302）	借		132 400
库存商品 （1405）	借		1 750 000
A产品 （140501）	借		1 524 000
B产品 （140502）	借		226 000
固定资产 （1601）	借		260 860
累计折旧 （1602）	贷		47 120.91
无形资产 （1701）	借		58 500
短期借款 （2001）	贷		230 000
应付账款 （2202）	贷		234 000
应付职工薪酬 （2211）	贷		8 200
应交税费 （2221）	贷		13 200
应交增值税 （222101）	贷		13 200
其他应付款 （2241）	贷		2 100
实收资本 （4001）	贷		2 600 000
利润分配 （4104）	贷		119 022.31
未分配利润 （410415）	贷		119 022.31
生产成本 （5001）	借		17 165.74
直接材料 （500101）	借		10 000
直接人工 （500102）	借		4 000.74
制造费用 （500103）	借		2 000
折旧费 （500104）	借		1 165

（2）辅助账期初余额表。

会计科目：1403 原材料　　　　　　　　　　　　　　　　　　　余额：借 452 400 元

科目名称	数量	单价	金额
原材料 （1403）			452 400
原材料——甲材料 （140301）	4 000	80	320 000
原材料——乙材料 （140302）	13 240	10	132 400

会计科目：1405 库存商品 余额：1 750 000 元

科目名称	数量	单价	金额
库存商品（1405）			1 750 000.00
库存商品——A 产品（140501）	15 240	100	1 524 000.00
库存商品——B 产品（140502）	22 600	10	226 000.00

会计科目：1221 其他应收款 余额：3 800 元

日期	凭证号	部门	个人	摘要	方向	期初余额
2014 - 12 - 26	付 - 118	总经理办公室	陈伟清	出差借款	借	2 000
2014 - 12 - 27	付 - 156	销售一部	罗颂	出差借款	借	1 800

会计科目：1122 应收账款 余额：158 100 元

日期	凭证号	客户	摘要	部门	业务员	方向	金额	票号
2014 - 12 - 25	转 - 42	希望学校	销售 A 产品	销售二部	宋佳	借	99 600	27 339
2014 - 12 - 27	转 - 96	通达公司	销售 B 产品	销售二部	宋佳	借	58 500	76 531

会计科目：1122 应收票据 余额：351 000 元

日期	凭证号	客户	摘要	方向	金额	业务员	票号
2014 - 12 - 25	转 - 152	通达公司	销售 A 产品	借	351 000	王华	58 382

会计科目：220201 应付账款 余额：234 000 元

日期	凭证号	客户	摘要	方向	金额	业务员	票号
2014 - 11 - 20	转 - 45	迅杰公司	购买甲材料	借	234 000	孙联湘	36 931

会计科目：5001 生产成本 余额：借 17 165.74 元

科目名称	A 产品	B 产品	合计
直接材料（500101）	4 000.00	6 000.00	10 000.00
直接人工（500102）	1 500.00	2 500.74	4 000.74
制造费用（500103）	800.00	1 200.00	2 000.00
折旧费（500104）	500.00	665.00	1 165.00
合计	6 800.00	10 365.74	17 165.74

【实训结果】

总账期初试算平衡结果：

资产：3 189 356.57	负债：487 500
成本：17 165.74	所有者权益：2 719 022.31
资产类合计：3 206 522.31	权益类合计：3 206 522.31

期初试算平衡表

资产 = 借 3,1C9,356.57   负债 = 贷 487,500.00

共同 = 平   权益 = 贷 2,719,022.31

成本 = 借 17,165.74   损益 = 平

合计 = 借 3,206,522.31   合计 = 贷 3,206,522.31

试算结果平衡

确定   打印

【操作指导】

以账套主管"汪刚"的身份进行总账初始设置。

1. 登录总账。

（1）单击"开始"按钮，执行"程序" | "用友 ERP – U8" | "企业应用平台"命令，打开"登录"对话框。

U8 登录

版本 8.72

登录到：127.0.0.1

操作员：9991

密　码：● □ 改密码

账　套：[999](default)北京华润公司

语言区域：简体中文

操作日期：2015-01-01

确定(O)   取消(C)   帮助

（2）输入操作员 9991；输入密码 1；选择 9991 账套；输入操作日期"2015 – 01 – 01"，单击"确定"按钮。

（3）在"业务工作"选项卡中，单击"财务会计" | "总账"选项，展开总账下级菜单。

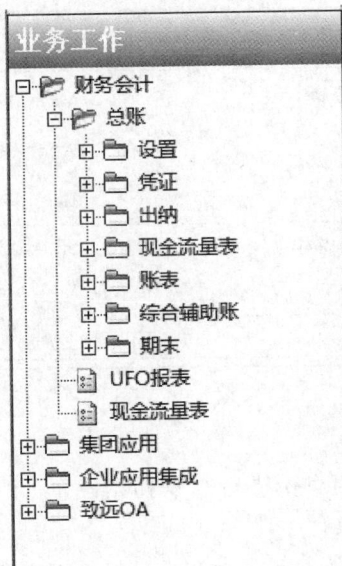

2. 总账系统参数设置。

（1）在企业应用平台"业务工作"选项卡中，执行"财务会计"｜"总账"｜"设置"｜"选项"命令，打开"选项"对话框。

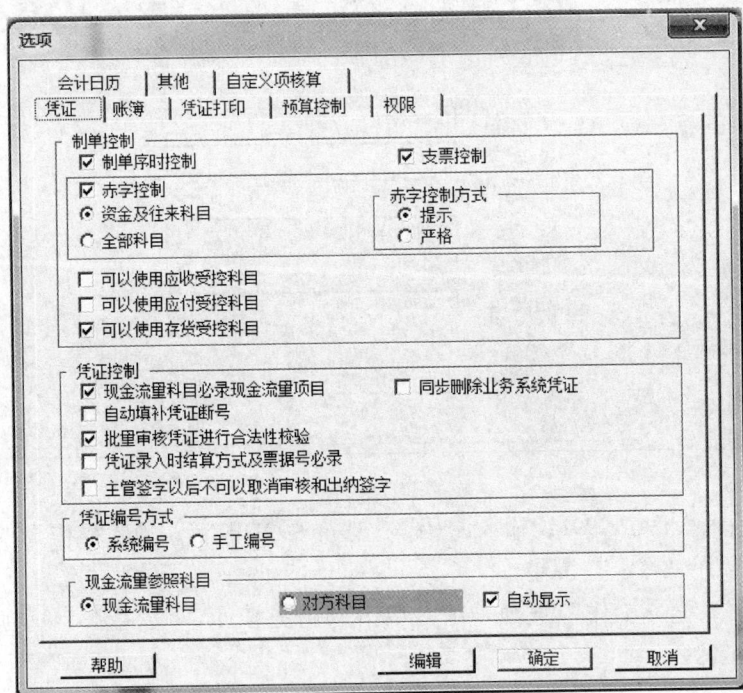

（2）单击"编辑"按钮，按实训资料修改总账参数设置，点击"确定"退出。

3. 设置外币及汇率。

（1）在企业应用平台"基础设置"选项卡中，执行"基础档案"｜"财务"｜"外币设置"命令，打开"外币设置"对话框。

（2）单击"增加"按钮，输入币符 USD、币名"美元"，单击"确认"按钮。

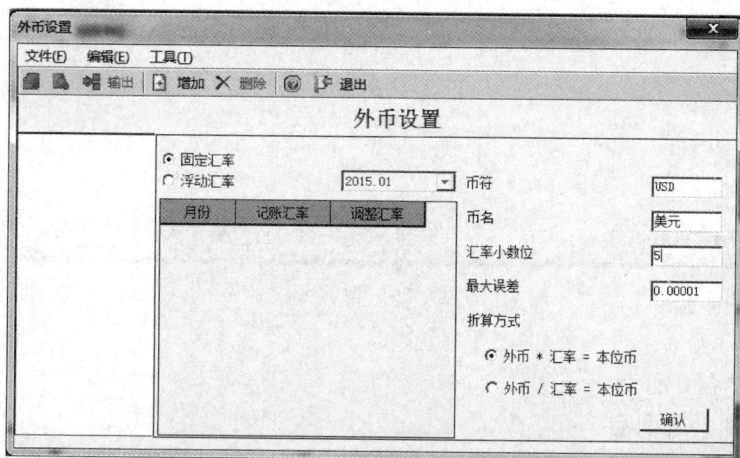

（3）输入"2015 – 01"月份的记账汇率 6.175，单击"退出"按钮。

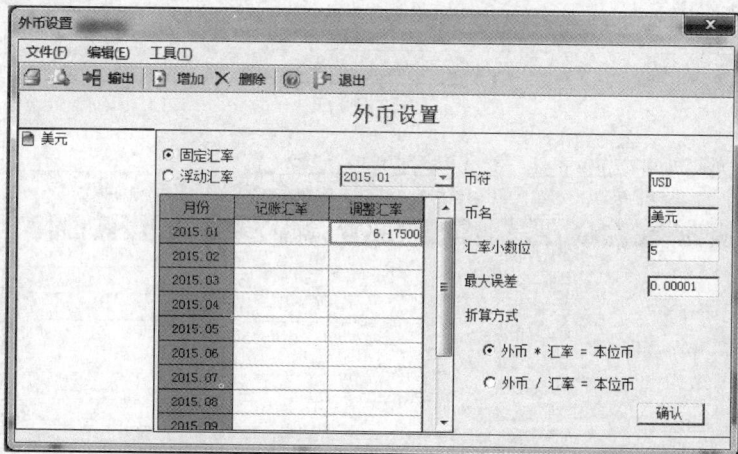

4. 设置结算方式。

（1）在企业应用平台"基础设置"选项卡中，执行"基础档案"｜"收付结算"｜"结算方式"命令，打开"结算方式"对话框。

（2）单击"增加"按钮，按实训资料依次输入结算方式，单击"确认"按钮。

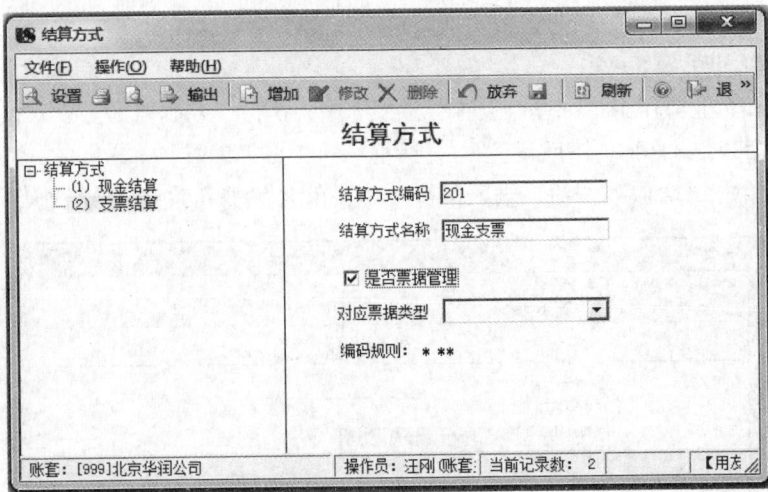

图 1-26 结算方式

5. 建立会计科目。

■ 增加会计科目

（1）在企业应用平台"基础设置"选项卡中，执行"基础档案"｜"财务"｜"会计科目"命令，进入"会计科目"窗口，显示所有"按新会计制度"预置的科目。

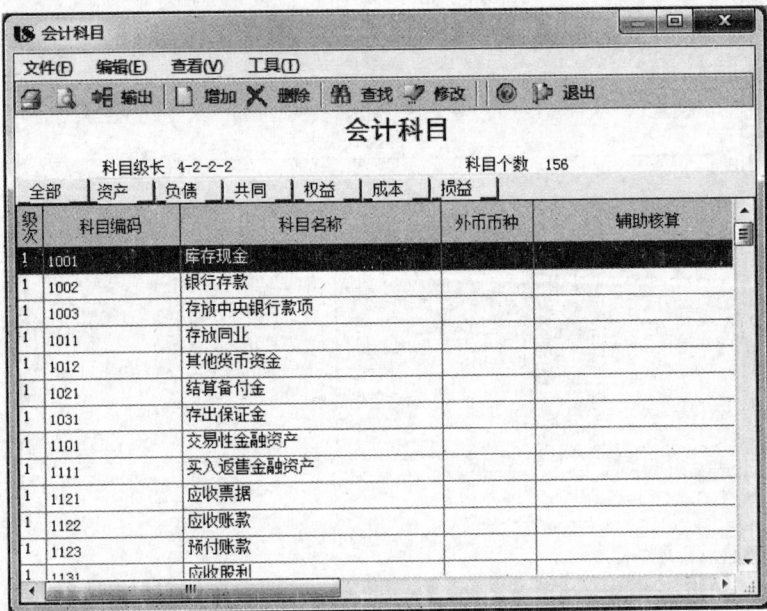

（2）单击"增加"按钮，进入"会计科目—新增"窗口。

（3）输入明细科目相关内容。输入编码100202，科目名称"工行存款"；选择"日记账"、"银行账"，单击"确定"按钮。

（4）继续单击"增加"按钮，输入实训资料中其他明细科目的相关内容，特别注意正确设定科目类型、辅助核算等属性选项，对后期的操作影响很大。

（5）全部输入完毕后，单击"关闭"按钮。

■ **修改会计科目**

（1）在"会计科目"窗口中，单击要修改的会计科目。

（2）单击"修改"按钮或双击该科目，进入"会计科目—修改"窗口。

（3）单击"修改"按钮，选中"日记账"复选框，单击"确定"按钮。

（4）按实训资料内容修改其他科目的辅助核算属性，修改完成后，单击"返回"按钮。

■ **删除会计科目**

（1）在"会计科目"窗口中，选择要删除的会计科目。

（2）单击"删除"按钮，系统提示"记录删除后不能修复！真的删除此记录吗？"信息。

（3）单击"确定"按钮，即可删除该科目。如果没有必要，不用删除预置的会计科目。

■ **指定会计科目**

（1）在"会计科目"窗口中，执行"编辑"｜"指定科目"命令，进入"指定科目"窗口。

（2）选择"现金科目"单选按钮，将"库存现金（1001）"由待选科目选入已选科目。

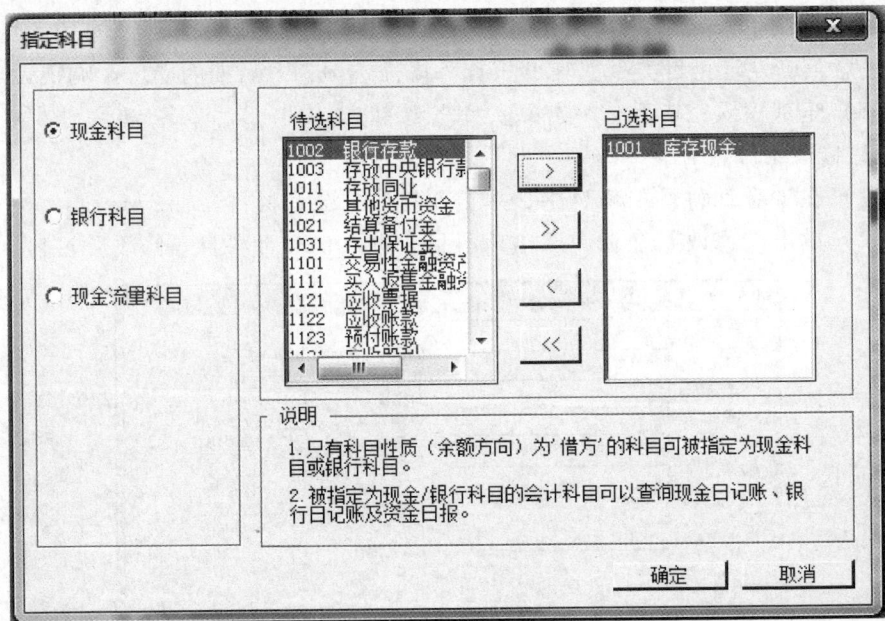

（3）选择"银行科目"单选按钮，将"银行存款（1002）"由待选科目选入已选科目。

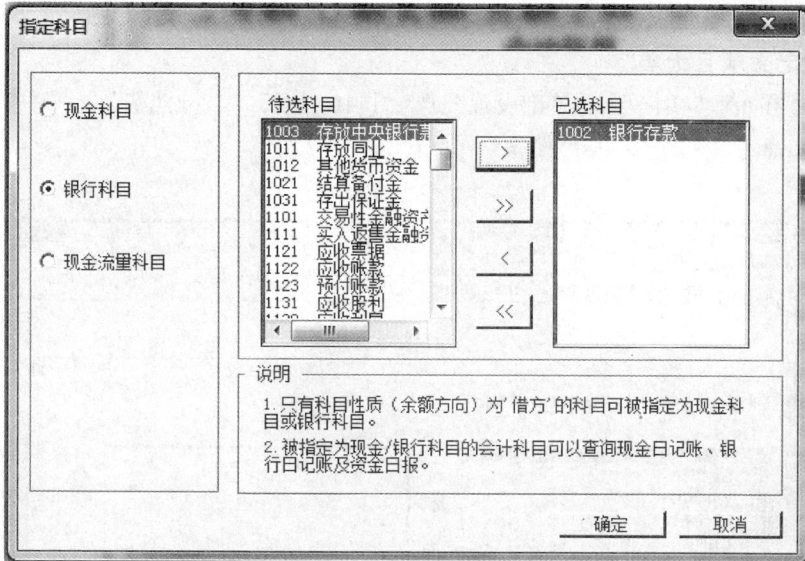

（4）选择"现金流量科目"单选按钮，将"现金（1001）、工行存款（100201）、中行存款（100202）、其他货币资金（1012）、交易性金融资产"由待选科目选入已选科目。

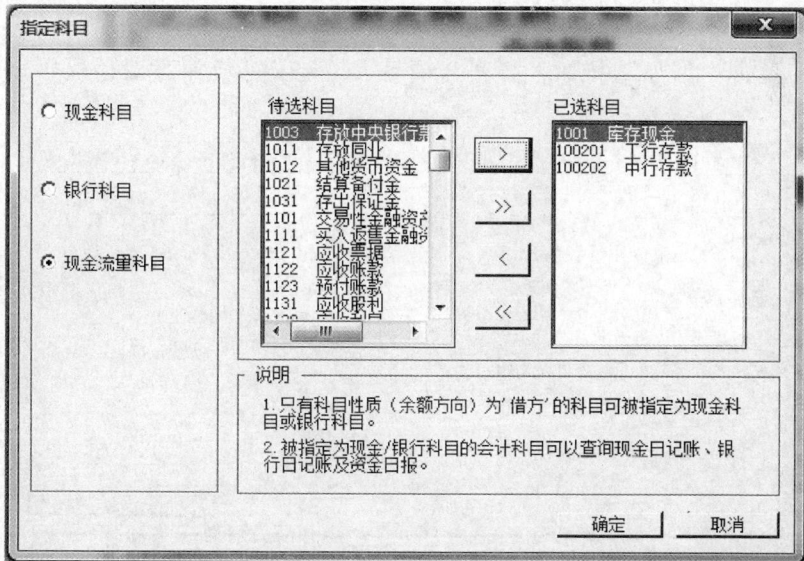

（5）选择"确定"按钮。

6. 设置项目目录。

■ **定义项目大类**

（1）在企业应用平台"基础设置"选项卡中，执行"基础档案"｜"财务"｜"项目目录"命令，打开"项目档案"窗口。

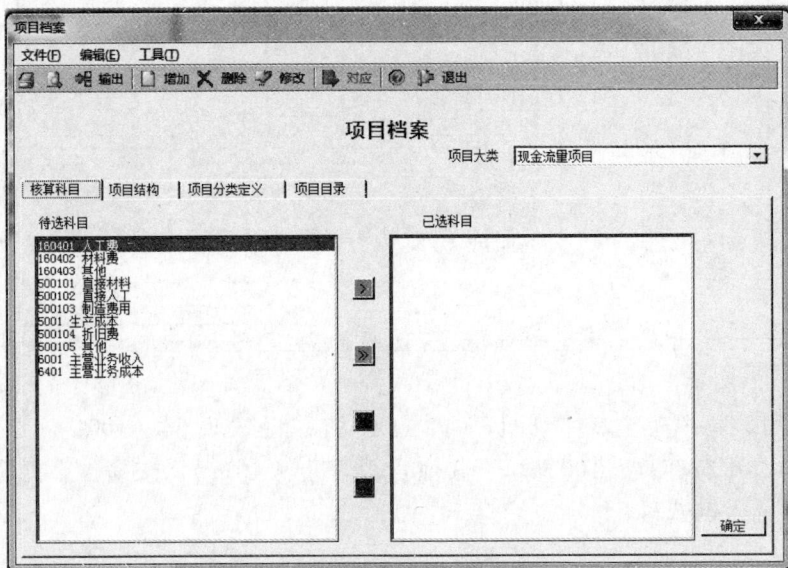

（2）单击"增加"按钮，打开"项目大类定义－增加"对话框。

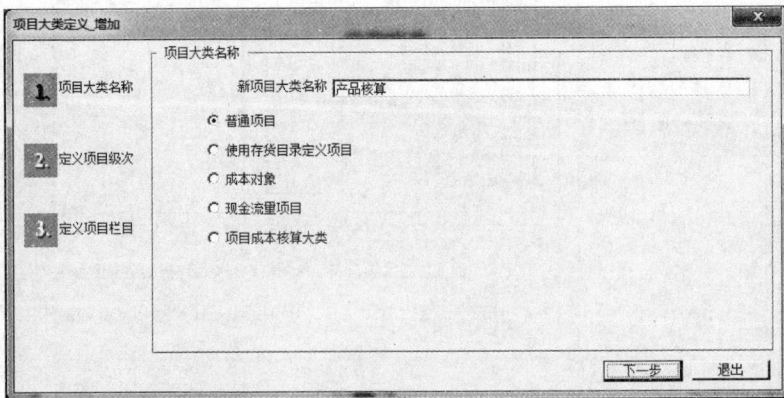

（3）输入新项目大类名称"产品核算"，单击"下一步"按钮，输入要定义的项目级次，本例采用系统默认值。

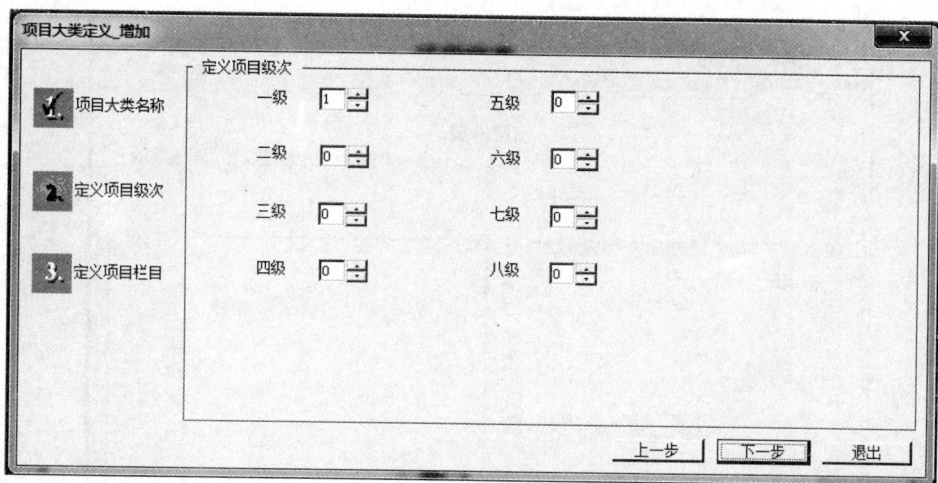

（4）单击"下一步"按钮，输入要修改的项目栏目，本例采用系统默认值。

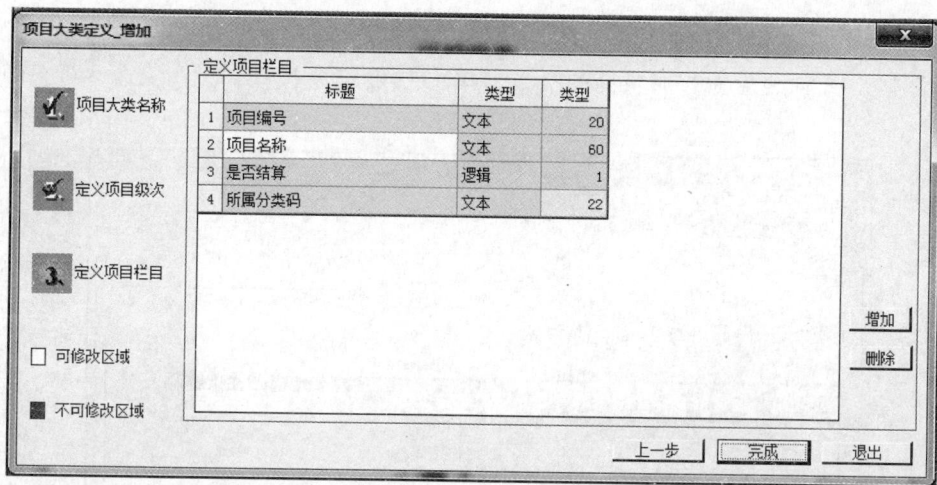

（5）单击"完成"按钮，返回"项目档案"窗口。检查窗口右上角"项目大类"下拉列表框中出现了新增的第三个项目大类"产品核算"。

■ 指定核算科目

（1）在"项目档案"窗口，修改右上角项目大类为"产品核算"，为这个项目大类指定核算科目。

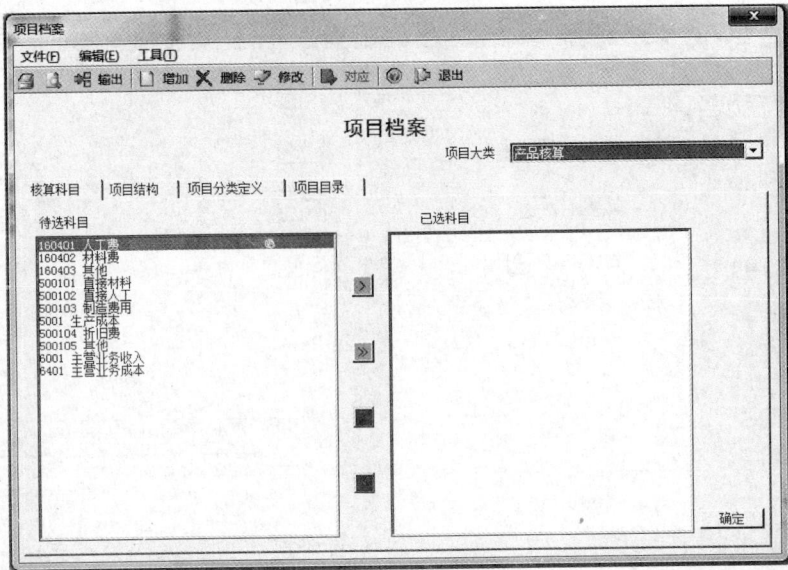

（2）单击"〉"按钮，将"生产成本"的明细科目及"主营业务收入"、"主营业务成本"选为参加核算的科目，单击"确定"按钮。

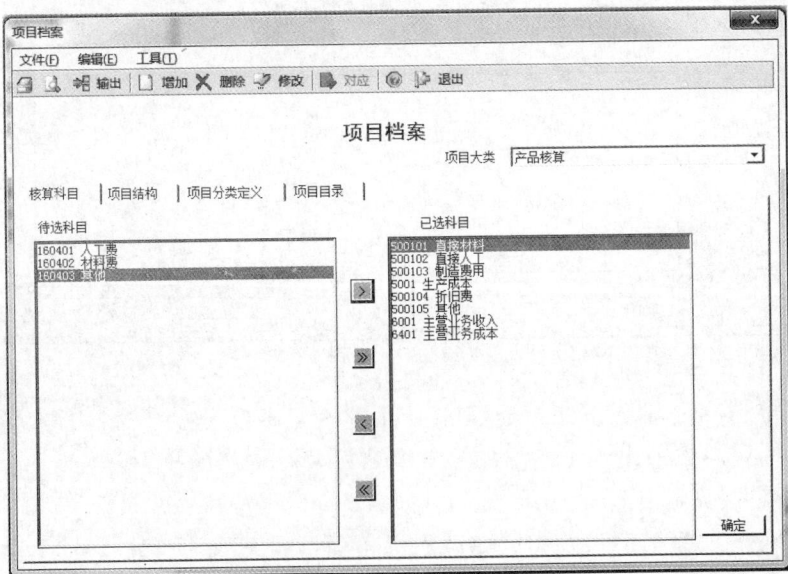

■ 定义项目分类

（1）在"项目档案"窗口中，打开"项目分类定义"选项卡，为"产品核算"项目大类设置项目分类。

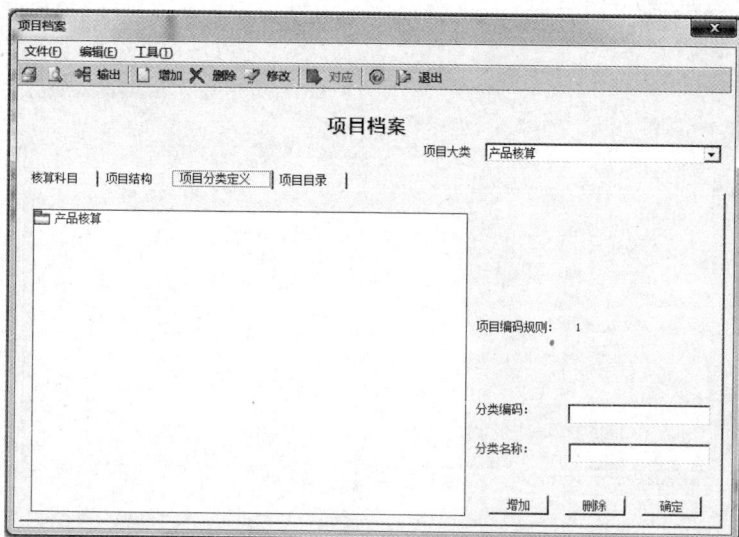

（2）单击右下角"增加"按钮，输入分类编码1；输入分类名称"自行开发项目"，单击"确定"按钮。

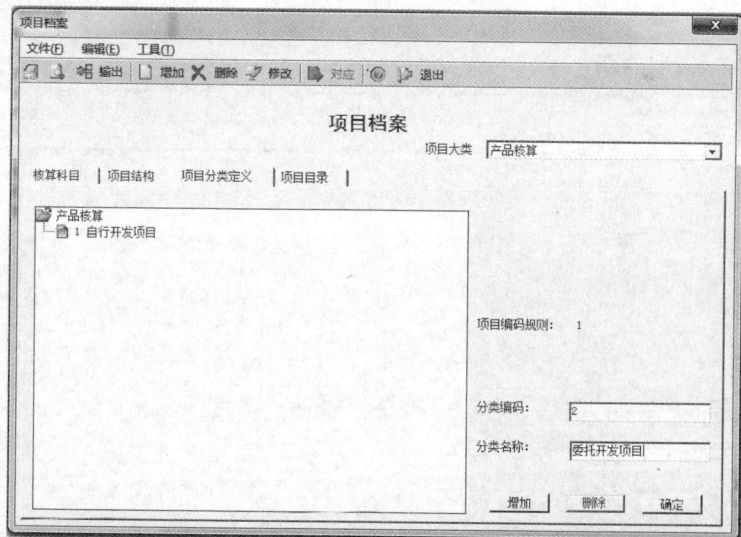

（3）同理，定义"2 委托开发项目"项目分类。

■ **定义项目目录**

（1）在"项目档案"窗口中，打开"项目目录"选项卡。

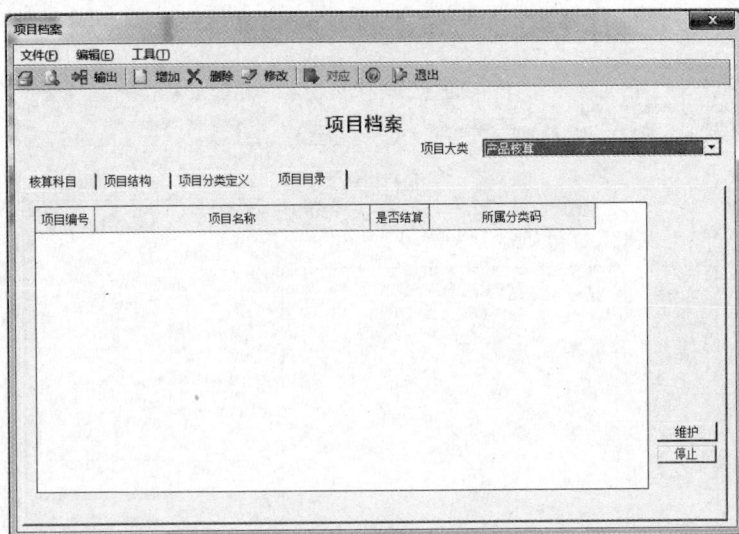

（2）单击右下角"维护"按钮，进入"项目目录维护"窗口。

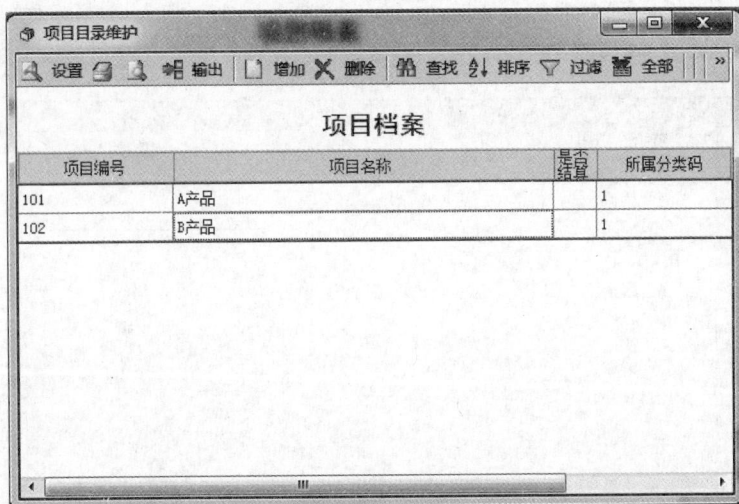

（3）单击"增加"按钮，输入项目编号1；输入项目名称"A产品"，选择所属分类码1。

（4）同理，继续增加项目编号2，项目名称"B产品"。

7. 设置凭证类别。

（1）在企业应用平台"基础设置"选项卡中，执行"基础档案"｜"财务"｜"凭证类别"命令，打开"凭证类别预置"对话框。

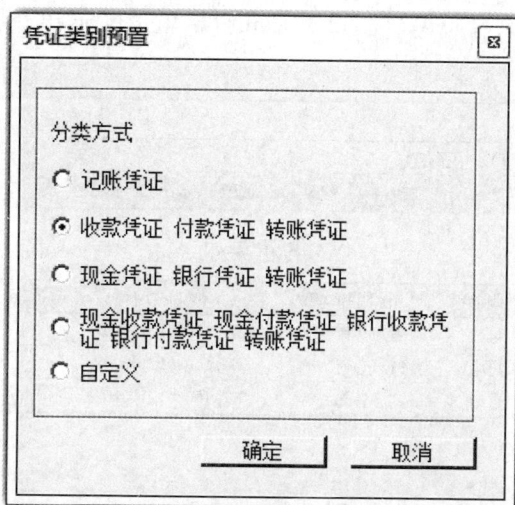

凭证类别预置

分类方式
○ 记账凭证
◉ 收款凭证 付款凭证 转账凭证
○ 现金凭证 银行凭证 转账凭证
○ 现金收款凭证 现金付款凭证 银行收款凭证 银行付款凭证 转账凭证
○ 自定义

确定　　取消

（2）选择"收款凭证、付款凭证、转账凭证"单选按钮。

（3）单击"确定"按钮，进入"凭证类别"窗口。

凭证类别

文件(F) 编辑(E) 工具(T)

输出 ｜ 增加 修改 删除 ｜ 退出

凭证类别

类别字	类别名称	限制类型	限制科目	调整期
收	收款凭证	无限制		
付	付款凭证	无限制		
转	转账凭证	无限制		

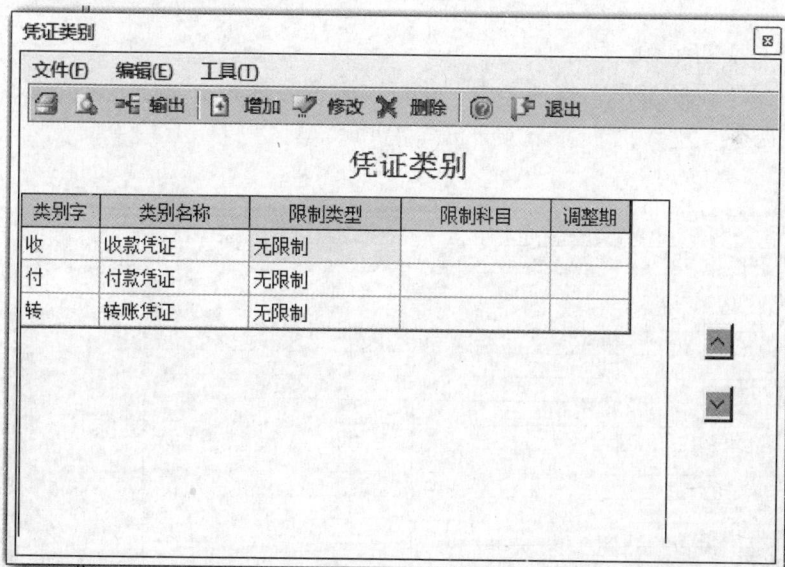

（4）单击工具栏上的"修改"按钮，单击收款凭证"限制类型"的下三角按钮，选择"借方必有"；在"限制科目"栏输入"1001、100201、100202"。

（5）设置付款凭证的限制类型"贷方必有"在"限制科目"栏输入"1001、100201、100202"；设置转账凭证的限制类型"凭证必无"，在"限制科目"栏输入"1001、100201、100202"。设置完成后，单击"退出"按钮。

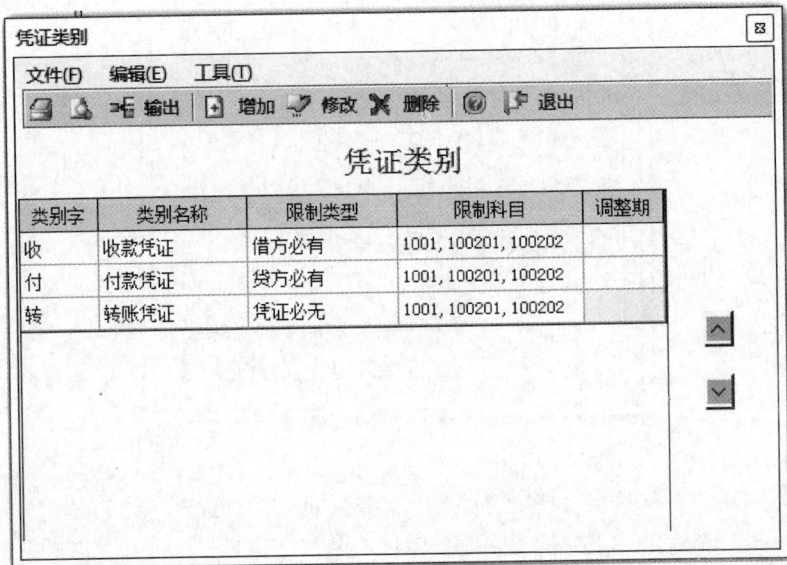

8. 输入期初余额。

（1）在"业务工作"选项卡中，执行"财务会计"|"总账"|"设置"|"期初余额"命令，进入"期初余额录入"窗口。

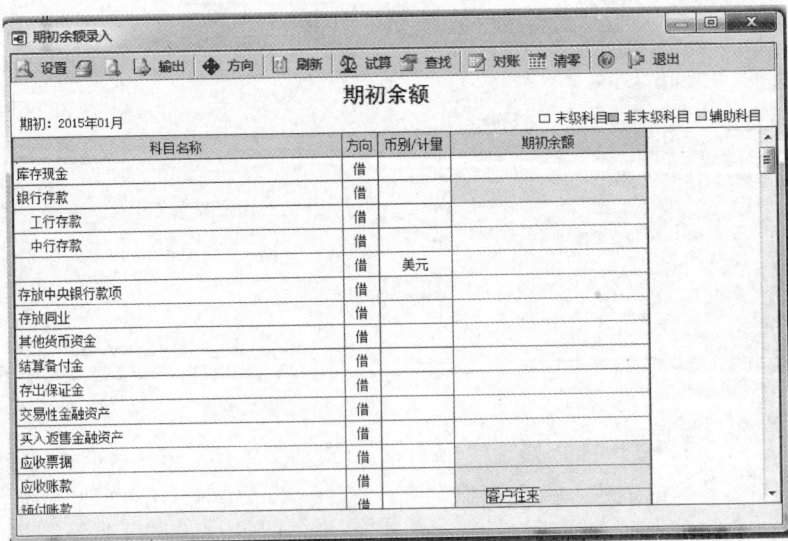

（2）直接输入末级科目（底色为白色）的期初余额。

（3）双击设置了辅助核算属性的科目（底色为黄色）的期初余额栏，进入"辅助期初余额"窗口。

（4）点击"往来明细"按钮，打开"期初往来明细"窗口，点击"增行"按钮，输入每笔业务的详细信息。

（5）点击"汇总"按钮，辅助账余额自动汇总到总账，完成后单击"退出"按钮。

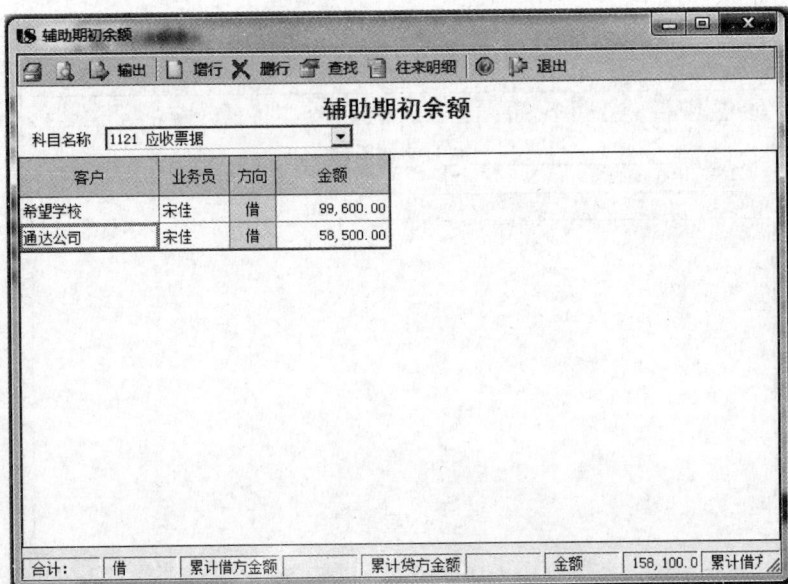

（6）输入所有科目余额后，单击"试算"按钮，打开"期初试算平衡表"对话框。

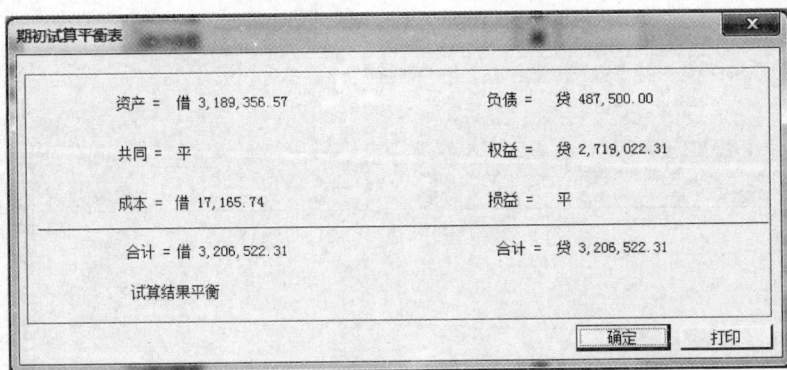

（7）若期初余额不平衡，则修改期初余额；若期初余额试算平衡，单击"退出"按钮。

注：

● 上级科目的累计发生额和期初余额自动计算填列。

- 普通科目期初余额栏底色为白色，直接输入末级科目的余额即可。
- 设置了辅助核算的科目底色显示为浅黄色，其累计发生额可直接输入，但期初余额的录入要到相应的辅助账中进行。
- 如果是年中建账，还需要输入科目累计发生额。

实训三　总账系统日常业务处理

【实验目的】

掌握总账日常处理相关操作。

【实验内容】

1. 填制记账凭证及凭证修改。
2. 出纳签字、审核记账凭证及取消。
3. 记账及取消记账。
4. 账表查询。

【实验准备】

引入"实训二　总账系统初始设置"账套备份文件

操作员"9993 赵红"负责填制记账凭证，"9992 陈亮"负责出纳签字，"9991 汪刚"负责主管签字和审核、记账、账表查询。

【实验资料】

北京华润公司1月份发生经济业务如下，收款凭证、付款凭证涉及现金流量的，请自行分析填列现金流量项目：

1. 1日，财务部陈亮从工商银行提现 5 000 元备用。

2. 2日，销售二部宋佳给哈尔滨飞机制造厂开出 No. 200104 增值税专用发票，销售 A 产品 13 000 件，无税单价 150 元，增值税 331 500 元，价税合计 2 281 500 元，会计部门确认应收账款。

3. 2日，仓库刘丽向哈尔滨飞机制造厂发出 A 产品 13 000 件，按单价 100 元结转已销产品成本。

4. 3日，财务部陈亮收到哈尔滨飞机制造厂的 No. 090112 工行转账支票，金额 2 281 500 元，归还货款。

5. 3日，销售二部宋佳以现金垫付哈尔滨飞机制造厂运费 800 元。客户尚未支付此笔款项。

6. 3 日，销售三部孙健向北京希望学校销售 B 产品 5 000 件，无税单价 16 元，开出 No. 10071 销售普通发票，同时收到客户以工商银行转账支票 No. 58479 支付的全部货款 80 000 元。

7. 3 日，仓库刘丽向北京希望学校发出 B 产品 5 000 件，按单价 10 元结转已销产品成本。

8. 5 日，仓库刘丽收到上海信息记录纸厂发来的货物乙材料 1 000 公斤，不含税单价 10 元，验收入材料二库。

9. 6 日，收到采购专用发票，票号 No. 784578，载明采购部孙联湘从上海信息记录纸厂采购的乙材料 1 000 公斤，不含税单价 10 元，价税合计 11 700 元，货款未付，财务部门确认应付账款。

10. 6 日，财务部陈亮收到工商银行传来 No. 9890116 汇兑收账通知，内列预收天津通达公司货款 58 500 元。

11. 8 日，将天津通达公司预收款 58 500 元冲抵其前欠货款。

12. 9 日，销售四部王华向上海万邦公司销售 B 产品 16 000 件，单价 16 元，增值税 43 520 元，价税合计 299 520 元，开出 No. 200105 增值税专用发票，后收到 No. 06356 为期 6 个月的商业承兑汇票 1 张。仓库随后发货，按单价 10 元结转已销产品成本。

13. 10 日，天津通达公司 No. 991225 银行承兑汇票 351 000 元到期，财务部陈亮向工商银行办理托收手续（签发日期 2014 年 10 月 8 日，到期日 2015 年 1 月 8 日）。

14. 13 日，财务部陈亮填制工行转账支票 No. 20113 向上海信息记录纸厂支付货款 11 700 元。

15. 14 日，因急需资金，财务部陈亮持上海万邦公司 No. 06356 为期 6 个月、金额 299 520 元的商业承兑汇票 1 张到市工商银行申请贴现，年贴现率 12%，同日办妥贴现手续（签发日期 2015 年 1 月 9 日，收到日期 2015 年 1 月 9 日，到期日 2015 年 7 月 9 日）。

16. 14 日，采购部孙联湘从南京多媒体研究所采购甲材料 500 公斤，单价 68.50 元，合计 34 250 元，收到采购普通发票，票号 No. 187954。孙联湘当即以转账支票形式支付货款，支票号 Z0142。

17. 14 日，制造车间向仓库领用甲材料 4 000 公斤，单价 80，用于生产 A 产品；领用乙材料 9 000 公斤，单价 10，用于生产 B 产品。

18. 15 日，仓库收到南京多媒体研究所发来的甲材料 500 公斤，单价 80 元，验收入材料一库。

19. 15 日，采购部孙联湘从北京联想分公司采购甲材料 200 公斤，单价 80 元，乙材料 100 公斤，单价 10 元，收到采购专用发票，票号 No. 87457。采购过程中发生一笔运输费 300 元，税率 7%，采购费用按重量分摊。收到相应的运费发票一张，票号 No. 784858。

20. 15 日，北京希望学校所欠货款 99 600 元经确认无法收回，经批准做坏账处理。

21. 16 日，仓库刘丽收到采购部孙联湘从北京联想分公司采购的甲材料 200 公斤，乙材料 100 公斤，验收入材料库。

22. 21 日，财务部购买扫描仪一台，价值 2 500 元，净残值率 4%，预计使用年限 5 年，陈亮使用工商银行转账支票支付，票号 No. 73642。

23. 28 日，制造车间产品完工入库。其中，A 产品 3 000 件，单位成本 100 元；B 产品 9 500 件，单位成本 10 元。

24. 28 日，制造部制造车间毁损微机一台，原值 6 490 元，已提折旧 1 246元。

25. 31 日，收到银行转来汇兑凭证收账通知，票号 No. 73971，本月已核销坏账北京希望学校 99 600 元又收回。

26. 31 日，按照应收账款余额百分比法以 0.5% 计提本月坏账准备（假定 1 月末计提坏账准备），本月应冲销多提的坏账准备 750 元。

27. 31 日，计算本月工资，其中，管理人员工资 26 350 元，销售人员工资 18 100 元，生成车间管理人员工资 5 050 元，生产工人工资 5 850 元，共计 55 350元。

28. 31 日，计提本月折旧费用 3 591.99 元。其中，管理费用 3 025.75 元，销售费用 462.40 元，制造费用 103.84 元。

29. 31 日，仓库刘丽收到北京迅杰公司提供的乙材料 2 000 公斤，验收入材料二库。到了月底，发票仍未收到，确定该笔货物暂估成本为单价 10 元，进行暂估记账处理。

【操作指导】

修改计算机系统日期为 2015 年 1 月 31 日，以 9993（赵红）的身份、2015 年 1 月 31 日的时间注册进入"企业应用平台"。

1. 填制凭证。

■ 增加凭证

注：请完整输入凭证的辅助核算信息。

（1）选择"业务工作"选项卡，执行"财务会计"｜"总账"｜"凭证"｜

"填制凭证"命令,进入"填制凭证"窗口。

(2)单击"制单"│"增加凭证"菜单,增加一张空白凭证。输入凭证表头信息。选择凭证类型"转账凭证";输入制单日期"2015 - 01 - 02";输入附单据数1。

(3)录入凭证表体信息。依次输入摘要、科目名称,弹出"辅助项"对话框,输入客户、业务员、票号、发生日期、数量、单价等辅助信息,单击"确定"按钮。

（4）单击"保存"按钮，系统弹出"凭证已成功保存！"信息提示框，单击"确定"按钮。

（5）业务涉及"库存现金"、"银行存款"这些现金流量科目的，在系统自动弹出，或者点击"流量"按钮后弹出的"现金流量录入修改"窗口，录入现金流量项目，点击"确认"退出。

现金流量录入修改

摘要	科目	方向	金额	项目编码	项目名称
收回货款	100201	借	93,600.00	01	销售商品、提供劳务收到

另存取数关系　重新取数　增加　删除　确定　取消

注：这是后期系统自动生成《现金流量表》的数据基础，必须录入！

票号登记

账户： 工行存款 (100201)

票号： 20113

领用日期 2015-01-13

领用部门 102 - 财务部

姓名 103 - 陈亮

收款人 上海记录纸厂

限额 11,700.00

用途 支付货款

备注

确定　取消

其他业务操作同上。在凭证填制过程中，若某科目为"银行科目"、"外币科目"、"数量科目"、"辅助核算科目"、"现金流量科目"，输完科目名称后，则需继续输入该科目的辅助核算信息。

2. 出纳签字、审核凭证。

■ **出纳签字**

更换操作员：

（1）企业应用平台窗口，执行左上角"重注册"命令，打开"登录"对话框。

（2）以"9992 陈亮"的身份、2015 年 1 月 31 日的日期注册进入企业应用平台，再进入总账管理系统。

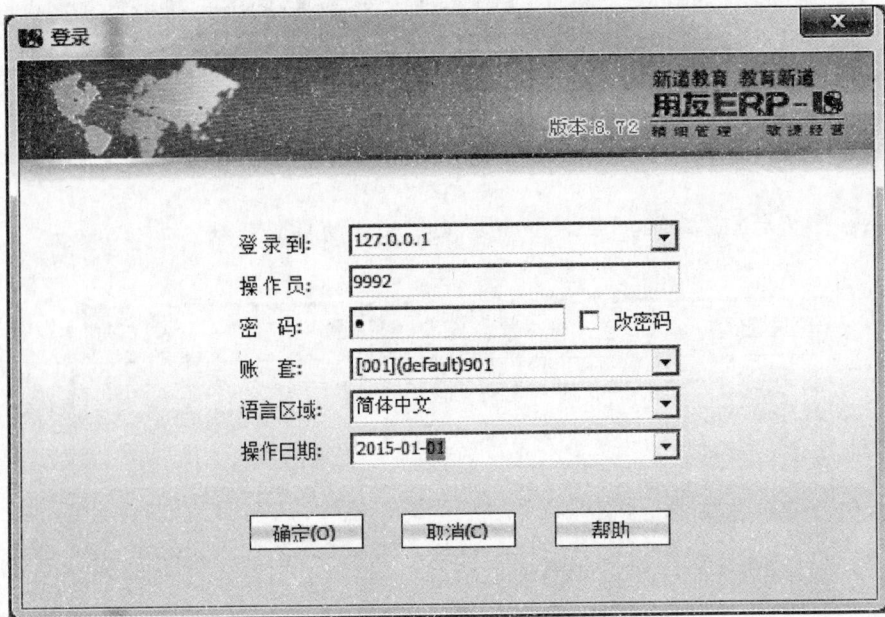

进行出纳签字：

（1）执行"凭证"｜"出纳签字"命令，打开"出纳签字"查询条件对话框。

（2）输入查询条件：选择"全部"单选按钮。

（3）单击"确认"按钮，进入"出纳签字"的凭证列表窗口。

（4）双击某一要签字的凭证或者单击"确定"按钮，进入"出纳签字"的签字窗口。

（5）单击"签字"按钮，凭证底部的"出纳"位置被自动签上出纳人姓名。

（6）单击"下张"按钮，对其他凭证签字，最后单击"退出"按钮。

■ 审核凭证

以"9991（汪刚）"的身份、2015 年 1 月 31 日的日期重新注册进入企业应用平台：

（1）执行"凭证"｜"审核凭证"命令，打开"凭证审核"查询条件对话框。

（2）输入查询条件，单击"确认"按钮，进入"凭证审核"的凭证列表窗口。

（3）双击要审核的凭证或单击"确定"按钮，进入"凭证审核"的审核凭证窗口。

（4）检查要审核的凭证，无误后，单击"审核"按钮，凭证底部的"审核"处自动签上审核人姓名。

（5）单击"下张"按钮，对其他凭证签字，最后单击"退出"按钮。

3. 凭证记账。

以"9991（汪刚）"的身份进行记账：

（1）执行"凭证"｜"记账"命令，进入"记账"窗口。

（2）选择要进行记账的凭证范围。例如，在付款凭证的"记账范围"栏中输入"1-4"，本例单击"全选"按钮，选择所有凭证，单击"下一步"按钮。

（3）显示记账报告，单击"下一步"按钮。

（4）记账，单击"记账"按钮，打开"期初试算平衡表"对话框，单击"确认"按钮，系统开始登录有关的总账、明细账、辅助账。登记完后，弹出"记账完毕"信息提示对话框。

（5）单击"确定"按钮，记账完毕。

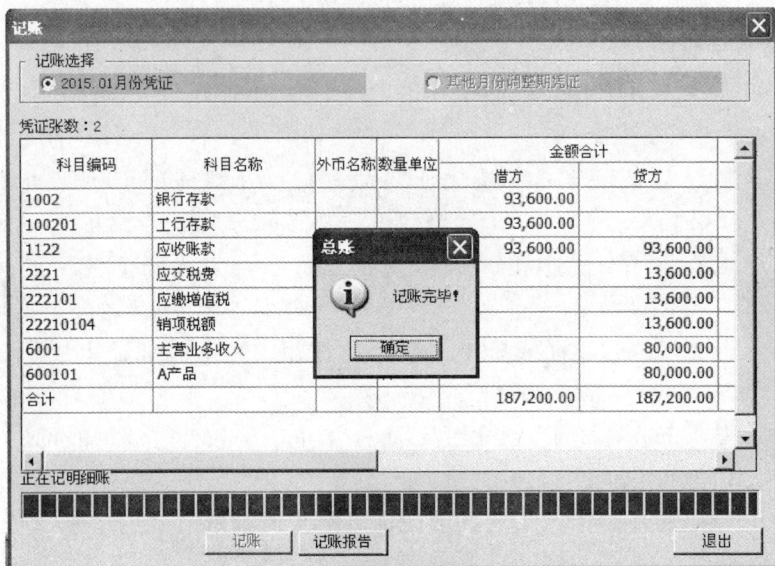

4. 账表查询。

以"9992（陈亮）"的身份重新注册进入企业应用平台。

■ 现金日记账

（1）执行"出纳"｜"现金日记账"命令，打开"现金日记账查询条件"对话框。

（2）选择科目"库存现金（1001）"，默认月份"2015-01"，单击"确认"按钮，进入"现金日记账"窗口。

（3）双击某行或将光标置于某行再单击"凭证"按钮，可查看相应的凭证。

（4）单击"总账"按钮，可查看此科目的三栏式总账，单击"退出"按钮。

■ 银行存款日记账

银行存款日记账查询与现金日记账查询操作基本相同，所不同的只是银行存款日记账设置了结算号栏，主要是对账时用。

■ **资金日报表**

（1）执行"出纳"｜"资金日报"命令，打开"资金日报表查询条件"对话框。

（2）输入查询日期。选中"有余额无发生也显示"复选框。

（3）单击"确认"按钮，进入"资金日报表"窗口，单击"退出"按钮。

■ **支票登记簿**

（1）执行"出纳"｜"支票登记簿"命令，打开"银行科目选择"对话框。

（2）选择科目"工行存款（100201）"，单击"确认"按钮，进入"支票登记"窗口。

（3）单击"增加"按钮。

（4）输入领用日期、领用部门、领用人、支票号、预计金额、用途，单击"保存"按钮，再在工具栏上单击"退出"按钮。

5. 账簿管理。

以"9991 汪刚"的身份重新注册进入企业应用平台。辅助账的查询只介绍部门账，其他账簿查询同此。

■ **查询基本会计核算账簿**

（1）执行"账表"｜"科目账"｜"总账"命令，可以查询总账。

（2）执行"账表"｜"科目账"｜"余额表"命令，可以查询发生额及余额表。

（3）执行"账表"｜"科目账"｜"明细账"命令，可以查询月份综合明细账。

■ **部门账**

部门总账：

（1）执行"账表"｜"部门辅助账"｜"部门总账"｜"部门三栏总账"命令，进入"部门三栏总账条件"窗口。

（2）输入查询条件：科目"招待费（660205）"，部门"总经理办公室"。

（3）单击"确认"按钮，显示查询结果。

（4）将光标置于总账的某笔业务上，单击"明细"按钮，可以联查部门明细账。

部门明细账：

（1）执行"账表"｜"部门辅助账"｜"部门明细账"｜"部门多栏式明细账"命令，进入"部门多栏明细账条件"窗口。

（2）选择科目6602，部门"总经理办公室"，月份范围"2015－01——2015－

01",分析方式"金额分析",单击"确认"按钮,显示查询结果。

(3)将光标置于多栏账的某笔业务上,单击"凭证"按钮,可以联查该笔业务的凭证。

部门收支分析:

(1)执行"账表"│"部门辅助账"│"部门收支分析",进入"部门收支分析条件"窗口。

(2)选择分析科目:选择所有的部门核算科目,单击"下一步"按钮。

(3)选择分析部门:选择所有的部门,单击"下一步"按钮。

(4)选择分析月份:起止月份"2015-01——2015-01",单击"完成"按钮,显示查询结果。

实训四　总账系统银行对账

【实验目的】
掌握总账银行对账相关操作。

【实验内容】
1. 银行对账单录入。
2. 自动对账与手工对账。
3. 银行存款余额调节表查询与输出。

【实验准备】
引入"实训三—总账系统日常业务处理"账套备份文件。

【实验要求】
以"9992 陈亮"的身份进行银行对账操作。

【实验资料】
1. 银行对账期初资料。

公司银行账的启用日期为 2015 - 01 - 01，工商银行人民币户企业日记账调整前余额为 193 829.16 元，银行对账单调整前余额为 2 133 829.16 元，未达账项一笔，系银行已收企业未收款 20 000 元。

2. 银行对账单。

1 月份银行对账单

日期	结算方式	票号	借方金额	贷方金额
2015 - 01 - 01	现金			5 000
2015 - 01 - 03	转账支票	090112	2 281 500	

续表

日期	结算方式	票号	借方金额	贷方金额
2015 – 01 – 03	转账支票	58 479	80 000	
2015 – 01 – 06	汇兑	9 890 116	58 500	
2015 – 01 – 13	银行承兑汇票	991 225	351 000	
2015 – 01 – 14			281 648.64	
2015 – 01 – 15	转账支票	784 578		11 700
2015 – 01 – 17	转账支票	187 954		34 250
2015 – 01 – 25	转账支票	73 642		2 500

【操作指导】

以"9992 陈亮"的身份注册进入企业应用平台。

■　输入银行对账期初余额

（1）在总账管理系统中，执行"出纳"｜"银行对账"｜"银行对账期初录入"命令，打开"银行科目选择"对话框。

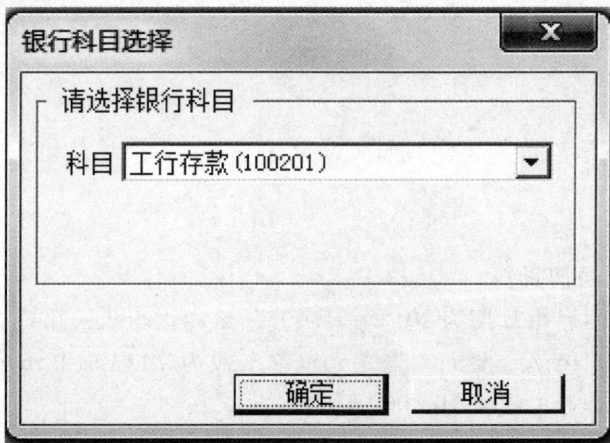

（2）选择科目"工行存款（100201）"，单击"确定"按钮，进入"银行对账期初"窗口。

（3）确定启用日期"2015 – 01 – 01"。

（4）输入单位日记账的调整前余额，输入银行对账单的调整前余额。

（5）单击"对账单期初未达项"按钮，进入"银行方期初"窗口。

（6）单击"增加"按钮，输入未达账项。

（7）单击"保存"按钮，再在工具栏上单击"退出"按钮。

■ **录入银行对账单**

（1）执行"出纳"｜"银行对账"｜"银行对账单"命令，打开"银行科目选择"对话框。

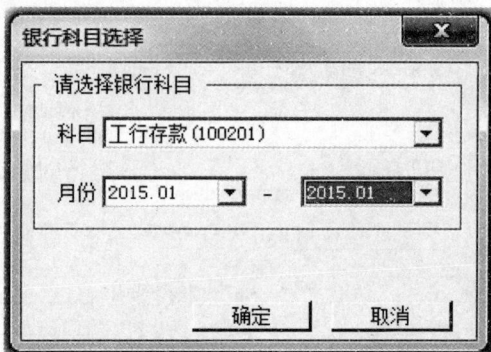

（2）选择科目"工行存款（100201）"，月份"2015-01—2015-01"，单击"确定"按钮，进入"银行对账单"窗口。

科目：工行存款（100201）

银行对账单

日期	结算方式	票号	借方金额	贷方金额	余额
2015.01.01	1			5,000.00	208,829.16
2015.01.03	202	090112	2,281,500.00		2,490,329.16
2015.01.03	202	58479	80,000.00		2,570,329.16
2015.01.06	7	9890116	58,500.00		2,628,829.16
2015.01.13	302	991225	351,000.00		2,979,829.16
2015.01.14			281,648.64		3,261,477.80
2015.01.15	202	784578		11,700.00	3,249,777.80
2015.01.21	202	187954		34,250.00	3,215,527.80
2015.01.25	202	73462		2,500.00	3,213,027.80

（3）单击"增加"按钮，输入银行对账单数据，单击"保存"按钮。

■ **银行对账**

自动对账：

（1）执行"出纳"｜"银行对账"｜命令，打开"银行科目选择"对话框。

（2）选择科目"工行存款（100201）"，月份"2015-01—2015-01"，单击"确定"，进入"银行对账"窗口。

科目：100201（工行存款）

		单位日记账						银行对账单				
票据日期	结算方式	票号	方向	金额	两清	凭证号数	摘要	日期	结算方式	票号	方向	金额
2015.01.01	1		贷	5,000.00		付-0001	提现备用	2014.12.31			借	20,000.00
2015.01.03	202	090112	借	2,281,500.00		收-0001	收到款项	2015.01.01	1		贷	5,000.00
2015.01.03	202	58479	借	90,000.00		收-0002	销售商品	2015.01.03	202	090112	借	2,281,500.00
2015.01.06	7	9890116	借	58,500.00		收-0003	收到款项	2015.01.03	202	58479	借	80,000.00
2015.01.10	302	991225	借	351,000.00		收-0004	汇付托收	2015.01.06	7	9890116	借	58,500.00
2015.01.13	202	20113	借	11,700.00		付-0003	支付货款	2015.01.13	302	991225	借	351,000.00
2015.01.14	301	06356	借	281,648.64		收-0005	贴现	2015.01.14			借	281,648.64
2015.01.21	202	187954	借	34,250.00		付-0004	采购材料	2015.01.15	202	784578	贷	11,700.00
2015.01.21	202	73462	借	2,500.00		付-0005	外购固定资产	2015.01.21	202	187954	贷	34,250.00
2015.01.31	7	73971	借	99,500.00		收-0006	托销收回	2015.01.25	202	73462	贷	2,500.00

（3）单击"对账"按钮，打开"自动对账"条件对话框。

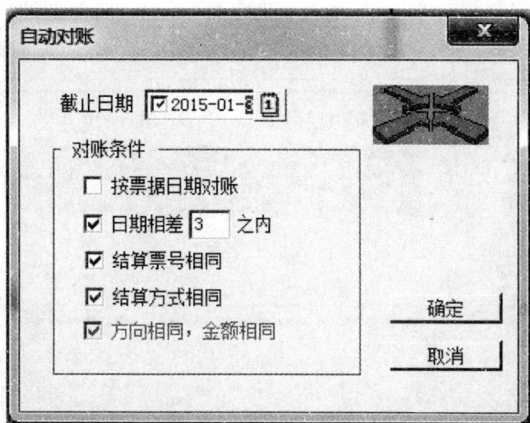

（4）输入截止日期"2015－01－31"，修改参数"日期相差3天之内"，默认系统提供的其他对账条件。

（5）单击"确定"，显示自动对账结果。

手工对账：

（1）在"银行对账"窗口，对于一些应勾对而未勾对的账项，可分别双击"两清"栏，直接进行手工调整。手工对账的标志为"Y"，以区别于自动对账标志。

（2）对账完毕，单击"检查"按钮，检查结果平衡，单击"确认"按钮。

对账平衡检查		
平衡检查	单位日记账	银行对账单
收入合计	3,052,648.64	3,052,648.64
支出合计	53,450.00	53,450.00

平衡　　　　　　　　　　　确定

■ 输出余额调节表

（1）执行"出纳"｜"银行对账"｜"余额调节表查询"命令，进入"银行存款余额调节表"窗口。

（2）选择科目"工行存款（100201）"。

（3）单击"查看"按钮或双击该行，即显示该银行账户的银行存款余额调节表。

银行存款余额调节表

🔍 设置　　　🔍　📤 输出　📋 详细　◎　🚪 退出

银行账户：工行存款(100201)　　　　　　　　　对账截止日期：　2015.01.31

单位日记账		银行对账单	
账面余额	3,292,627.80	账面余额	3,213,027.80
加：银行已收 企业未收	20,000.00	加：企业已收 银行未收	99,600.00
减：银行已付 企业未付	0.00	减：企业已付 银行未付	0.00
调整后余额	3,312,627.80	调整后余额	3,312,627.80

（4）单击"打印"按钮，打印银行存款余额调节表。（可选）

实训五　总账系统期末处理

【实训目的】

掌握总账期末处理相关操作，包括自动转账、对账、月末结账，了解期末结账控制措施。

【实训内容】

1. 自动转账定义。
2. 自动转账生成。
3. 转账凭证审核记账。
4. 期末对账、结账、反结账。

【实训准备】

引入"实训三　总账系统日常业务处理"账套备份文件，以操作员"9991汪刚"、2015 年 1 月 31 日的日期登录进行期末转账处理。

【实训资料】

期末转账：

1. 自动转账定义。

（1）自定义结转本月短期借款利息。短期借款利息金额为当月短期借款（2001）贷方金额的一定比例，假定比例为 0.2%。则会计分录为：

　　借：财务费用/利息支出（660301）　　　QM（2001，月）* 0.002

　　　　贷：应付利息（2231）　　　　　　　　　　　　　　　　JG（）

（2）自定义结转本月制造费用。金额取"制造费用"科目借方的发生额。结转分录为：

　　借：生产成本——制造费用（500103）

　　　　　　　　FS（510101，月，借）＋FS（510102，月，借）

　　　　贷：制造费用——工资　　　　　　　　FS（510101，月，借）

　　　　　　　　——折旧　　　　　　　FS（510102，月，借）

（3）期间损益结转，结转本年利润。

（4）计算所得税。

（5）所得税结转本年利润。

（6）本年利润结转未分配利润（假定1月末进行）。

2. 自动转账生成。

3. 期末对账、结账、反结账。

【操作指导】

1. 自动转账。

以"9991（汪刚）"的身份注册进入企业应用平台。

转账定义：

■　自定义结转——计短期借款利息

（1）在总账管理系统中，执行"期末"｜"转账定义"｜"自定义结转"命令，进入"自定义转账设置"窗口。

（2）单击"增加"按钮，打开"转账目录"设置对话框。

（3）输入转账序号"0001"，转账说明"计提短期借款利息"，选择凭证类别"转账凭证"。

（4）单击"确定"按钮，继续定义转账凭证分录信息。

（5）单击"增行"，选择科目编码660301，方向"借"；双击金额公式栏，选择参照按钮，打开"公式向导"对话框。

（6）选择"期末余额"函数，单击"下一步"按钮，继续公式定义。

（7）选择科目2001，其他默认，单击"完成"按钮，金额公式带回自定义转账设置窗口。将光标移至末尾，输入"＊0.002"，按Enter键确认。

（8）单击"增行"，确定分录的贷方信息。选择科目"应付利息2231"，方向"贷"，输入金额公式JG（）。

（9）单击"保存"按钮。

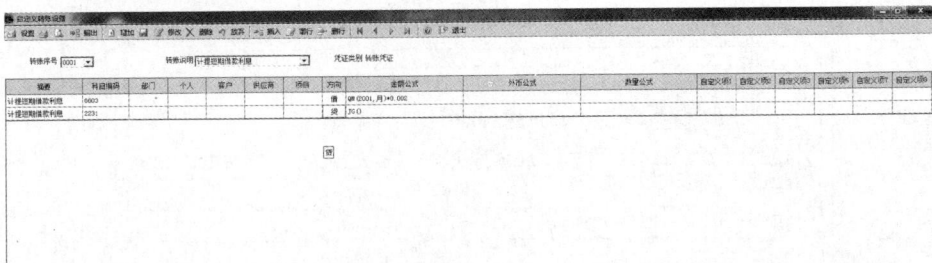

■ 自定义结转——结转本月制造费用

（1）在总账管理系统中，执行"期末"｜"转账定义"｜"自定义结转"命令，进入"自定义转账设置"窗口。

（2）单击"增加"按钮，打开"转账目录"设置对话框。

（3）输入转账序号"0002"，转账说明"结转制造费用"，选择凭证类别"转账凭证"。

（4）单击"确定"按钮，继续定义转账凭证分录信息。

（5）单击"增行"，选择科目编码 500103，方向"借"；项目"A 产品"，双击金额公式栏，选择参照按钮，打开"公式向导"对话框，利用"发生额 FS（）"函数，分别取制造费用明细科目本月借方发生额之和。

（6）单击"增行"，选择科目编码 510101，确定分录的贷方信息，取本科目借方发生额。

（7）单击"增行"，选择科目编码 510102，确定分录的贷方信息，取本科目借方发生额。

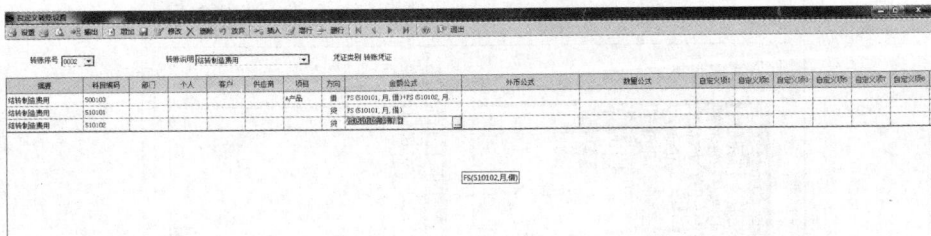

（8）保存，退出。

■ 期间损益结转

（1）在总账管理系统中，执行"期末"｜"转账定义"｜"期间损益"命令，进入"期间损益结转设置"窗口。

（2）选择凭证类别"转账凭证"，录入本年利润科目代码"4103"

期间损益结转设置

凭证类别 转 转账凭证 本年利润科目 4103

损益科目编号	损益科目名称	损益科目账类	本年利润科目编码	本年利润科目名称	本年利润科目账类
600101	A产品		4103	本年利润	
600102	B产品		4103	本年利润	
6011	利息收入		4103	本年利润	
6021	手续费及佣金收入		4103	本年利润	
6031	保费收入		4103	本年利润	
6041	租赁收入		4103	本年利润	
6051	其他业务收入		4103	本年利润	
6061	汇兑损益		4103	本年利润	
6101	公允价值变动损益		4103	本年利润	
6111	投资收益		4103	本年利润	
6201	摊回保险责任准备金		4103	本年利润	
6202	摊回赔付支出		4103	本年利润	
6203	摊回分保费用		4103	本年利润	
6301	营业外收...		4103	本年利润	

每个损益科目的期末余额将结转到与其同一行的本年利润科目中。若损益科目与之对应的本年利润科目都有辅助核算，那么两个科目的辅助账类必须相同。损益科目为空的期间损益结转将不参与

打印　预览　确定　取消

（3）点击"确定"按钮。

■ 计算所得税

■ 所得税结转本年利润

■ 本年利润结转未分配利润（假定1月末进行）

请自行分析完成。

2．转账生成。

■ 自定义转账生成

（1）执行"期末"｜"转账生成"命令，进入"转账生成"窗口。

（2）选择"自定义转账"单选按钮，选择编号"0001"转账，进行"Y"标识。

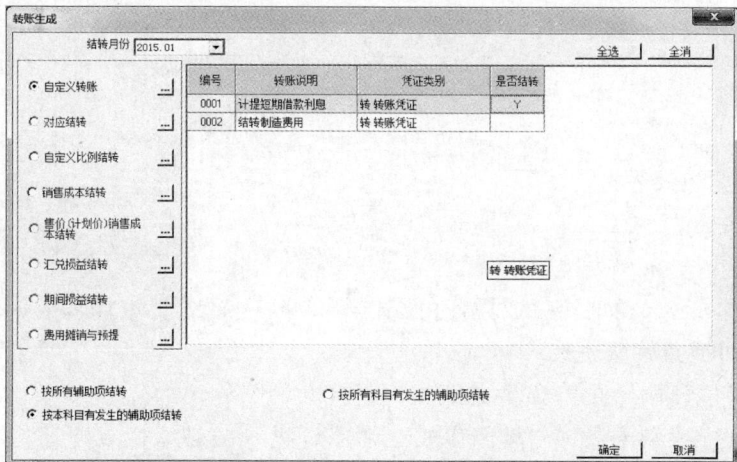

转账生成

结转月份 2015.01　　全选　全消

○ 自定义转账
○ 对应结转
○ 自定义比例结转
○ 销售成本结转
○ 售价（计划价）销售成本结转
○ 汇兑损益结转
○ 期间损益结转
○ 费用摊销与预提

编号	转账说明	凭证类别	是否结转
0001	计提短期借款利息	转 转账凭证	Y
0002	结转制造费用	转 转账凭证	

转 转账凭证

○ 按所有辅助项结转　　　　○ 按所有科目有发生的辅助项结转
○ 按本科目有发生的辅助项结转

确定　取消

（3）单击"确定"按钮，生成转账凭证。

（4）单击"保存"按钮，凭证左上角显示"已生成"字样，系统自动将当前凭证追加到未记账凭证中。

（5）重复以上操作，生成自动转账 0002 的结转制造费用的凭证。

（6）对以上自动结转生成凭证由操作员"9993 赵红"审核、记账。

■ **期间损益转账生成**

（1）以"汪刚"的身份生成期间损益自动转账凭证。

（2）执行"期末"｜"转账生成"命令，进入"转账生成"窗口。

（3）选择"损益结转"单选按钮。

（4）单击"全选"按钮，再单击"确定"按钮，生成转账凭证。

（5）单击"保存"按钮，系统自动将当前凭证追加到未记账凭证中。

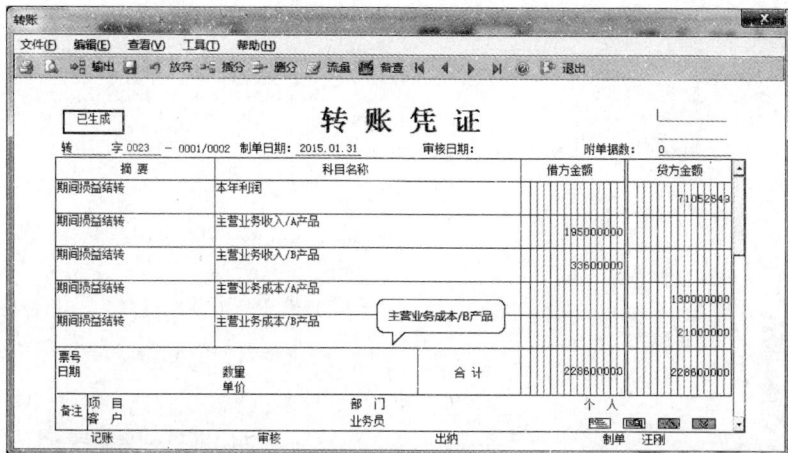

（6）以操作员"9993 赵红"身份登录，审核凭证，无误后，记账。

3. 期末对账、结账。

■ 对账

（1）执行"期末"｜"对账"命令，进入"对账"窗口。

（2）点击"对账"，显示对账结果"正确"。

■ 进行结账

（1）执行"期末"｜"结账"命令，进入"结账"窗口。

（2）单击要进行结账的月份"2015－01"，单击"下一步"按钮。

（3）单击"对账"按钮，系统对要结账的月份进行账账核对。

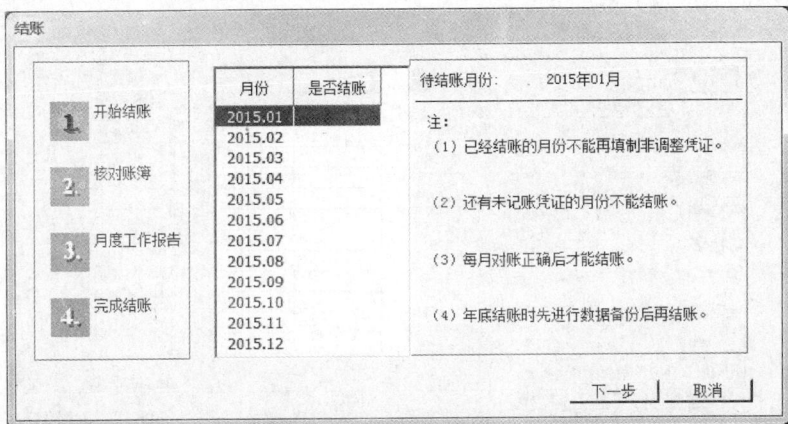

（4）单击"下一步"按钮，系统显示"2015年1月工作报告"。

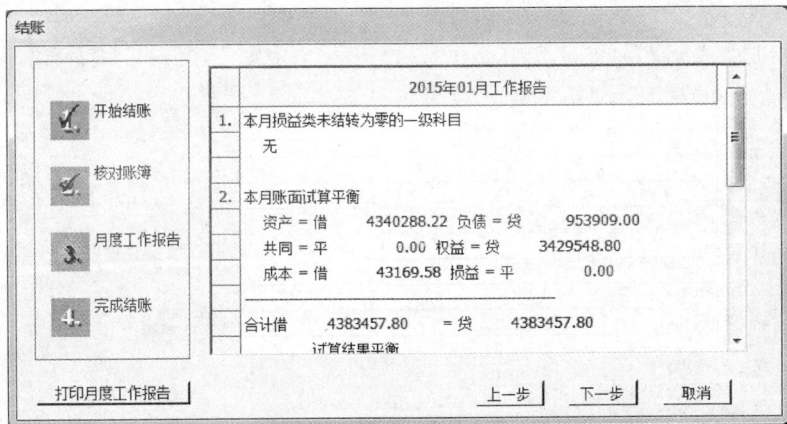

（5）查看工作报告后，单击"下一步"按钮，再单击"结账"按钮，若符合结账要求，系统将进行结账，否则不予结账。

■ 取消结账（可选作）

（1）执行"期末"｜"结账"命令，进入"结账"窗口。

（2）选择要取消结账的月份"2015－01"。

（3）按 Ctrl + Shift + F6 激活"取消结账"功能。

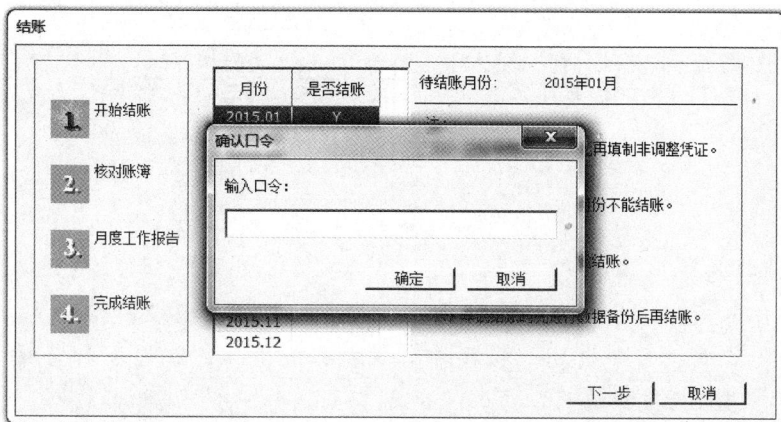

（4）输入口令1，单击"确认"按钮，取消结账标志"Y"。

实训六 报表管理

【实训目的】

掌握自定义会计报表的规范格式及取数公式，熟悉报表的格式及公式定义，并生成报表数据、保存报表。学习常用报表相关操作，掌握报表模板的使用方法，体会利用报表模板进行编报的快捷与方便。

【实训内容】

1. 报表格式定义。

2. 定义单元计算公式、报表审核公式、报表舍位平衡公式。

3. 报表数据处理。

4. 报表输出与保存。

5. 利用报表模板编制新会计准则下《利润表》。

6. 利用报表模板编制新会计准则下《资产负债表》。

7. 利用报表模板编制新会计准则下《现金流量表》。

【实训准备】

引入"实训五 总账系统期末处理"账套备份文件。

【实训资料】

1. 自定义内部报表：货币资金表。

（1）报表格式。

货币资金表

编制单位：　　　　　　　　　　年　月　日　　　　　　　　　单位：元

项目	行次	期初数	期末数
现金	1	C4	D4
银行存款	2	C5	D5
合计	3	C6	D6

制表人：

说明：

■ 表头。标题"货币资金表"设置为黑体、14 号、居中。

单位名称和年、月、日应设置为关键字。

■ 表体。表体中文字设置为楷体、12 号、居中。

■ 表尾。"制表人："设置为宋体、10 号、右对齐第 4 栏。

（2）报表公式。

现金期初数：C4 = QC（"1001"，月）

现金期末数：D4 = QM（"1001"，月）

银行存款期初数：C5 = QC（"1002"，月）

银行存款期末数：D5 = QM（"1002"，月）

期初数合计：C6 = C4 + C5

期末数合计：D6 = D4 + D5

2. 常用报表格式参见报表模板，公式自行分析。

【实训要求】

以账套主管"9991（汪刚）"的身份进行 UFO 报表管理操作。

【操作指导】

一、自定义报表

1. 启动 UFO 报表管理系统。

（1）以"9991（汪刚）"的身份进入企业应用平台，执行"财务会计"｜"UFO 报表"命令，进入报表管理系统。

（2）执行"文件"｜"新建"命令，建立一张空白报表，报表名默认为 reportl。

2. 报表格式定义。

查看空白报表底部左下角的"格式/数据"按钮，使当前状态为格式状态。

■ 设置报表尺寸

（1）执行"格式"｜"表尺寸"命令，打开"表尺寸"对话框。

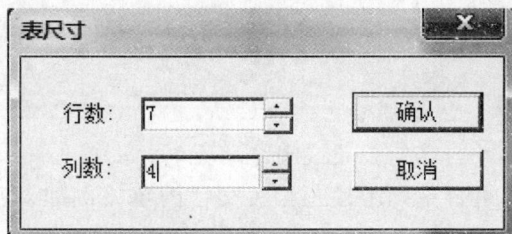

（2）输入行数 7、列数 4，单击"确认"按钮。

■ 定义组合单元

（1）选择需合并的区域 A1：D1。

（2）执行"格式"｜"组合单元"命令，打开"组合单元"对话框。

（3）选择组合方式"整体组合"或"按行组合"，该单元即合并成一个单元格。

（4）同此，定义 A2：D2 单元为组合单元。

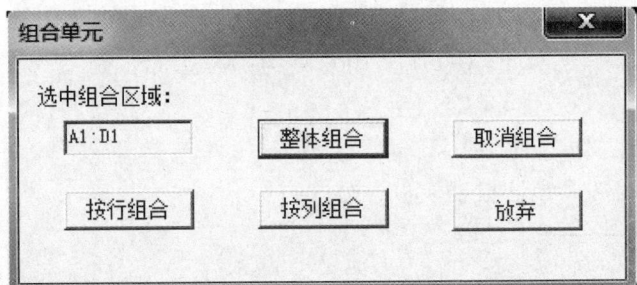

■ 画表格线

（1）选中报表需要画线的区域 A3：D6。

（2）执行"格式"｜"区域画线"命令，打开"区域画线"对话框。

（3）单击"网线"单选按钮，单击"确认"按钮，将所选区域画上表格线。

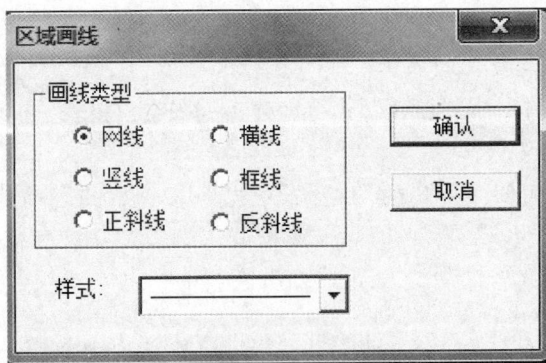

■ 输入报表项目

（1）选中需要输入内容的单元或组合单元。

（2）在该单元或组合单元中输入相关文字内容，例如，在 A1 组合单元中输入"货币资金表"字样。

■ **定义报表行高和列宽**

（1）选中需要调整的单元所在行 A1。

（2）执行"格式"｜"行高"命令，打开"行高"对话框。

（3）输入行高 7，单击"确认"按钮。

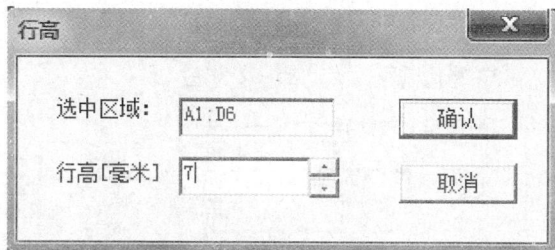

（4）选中需要调整的单元所在列，执行"格式"｜"列宽"命令，可设置该列的宽度。

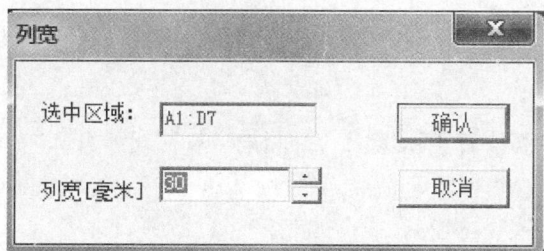

■ **设置单元风格**

（1）选中标题所在组合单元 A1。

（2）执行"格式"｜"单元属性"命令，打开"单元格属性"对话框。

（3）打开"字体图案"选项卡，设置字体为"黑体"、字号为 14。

（4）打开"对齐"选项卡，设置对齐方式为"居中"，单击"确定"按钮。

■ **定义单元属性**

（1）选定单元 D7。

（2）执行"格式"｜"单元属性"命令，打开"单元格属性"对话框。

（3）打开"单元类型"选项卡，选择"字符"选项，单击"确定"按钮。

■ **设置关键字**

（1）选中需要输入关键字的组合单元 A2。

（2）执行"数据"｜"关键字"｜"设置"命令，打开"设置关键字"

对话框。

（3）选择"年"单选按钮，单击"确定"按钮。

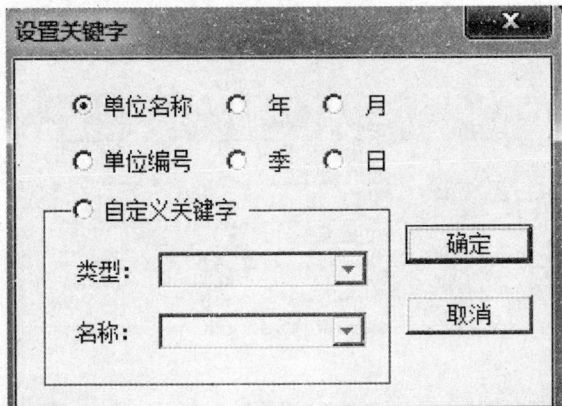

（4）同此，设置"年"、"月"、"日"关键字。

■ 调整关键字位置

（1）执行"数据"｜"关键字"｜"偏移"命令，打开"定义关键字偏移"对话框。

（2）在需要调整位置的关键字后面输入偏移量。年"－100"，月"－9"，日"－60"。

（3）单击"确定"按钮。

3. 报表公式定义

■ **定义单元公式——直接输入公式**

（1）选定需要定义公式的单元 C4，即"现金"的期初数。

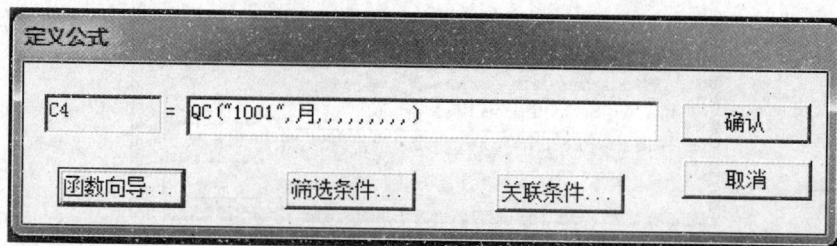

（2）执行"数据"｜"编辑公式"｜"单元公式"命令，打开"定义公式"对话框。

（3）在"定义公式"对话框中，直接输入总账期初函数公式：QC（"1001"，月），单击"确认"按钮。

■ **保存报表格式**

（1）执行"文件"｜"保存"命令。如果是第一次保存，则打开"另存为"对话框。

（2）选择保存文件夹的目录；输入报表文件名"货币资金表"，选择保存类型"＊.rep"，单击"保存"按钮。

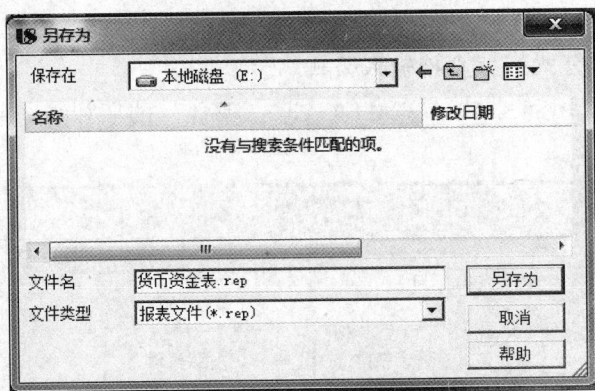

4. 报表数据生成。

（1）在数据状态下，执行"数据"｜"关键字"｜"录入"命令，打开"设置关键字"对话框。

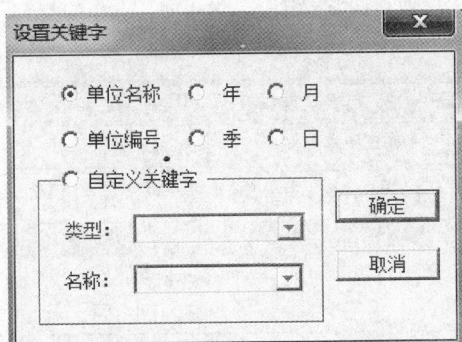

（2）输入关键字。单位名称：北京华润公司，年：2015，月：01，日：31。

（3）单击"确认"按钮，弹出"是否重算第1页？"提示对话框。

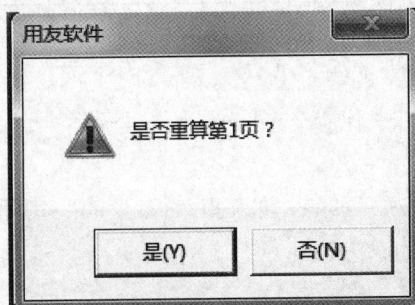

（4）单击"是"按钮，系统会自动根据单元公式计算1月份数据；单击"否"按钮，系统不计算1月份数据，以后可利用"表页重算"功能生成1月份数据。

	A	B	C	D
1			货币资金表	
2	编制单位：		年 月 日	单位：元
3	项目	行次	期初数	期末数
4	现金	1	8788.32	12988.32
5	银行存款	2	193829.16	3292627.80
6	合计		202617.48	3305616.12
7			制表人：	

二、生成常用报表

注：生成常用报表前请检查确认下列设置已经完成。

● 在科目表中指定核算现金流量的科目：库存现金、银行存款、其他货币资金、交易性金融资产。

● 根据需要增加现金流量项目核算的项目目录。

● 在填制凭证时录入指定科目相应的现金流量项目。

1. 调用报表模板生成资产负债表。

■ 调用资产负债表模板

（1）在格式状态下，执行"格式"│"报表模板"命令，打开"报表模板"对话框。

（2）选择所在的行业为"2007年新会计制度科目"，选择报表为"资产负债表"。

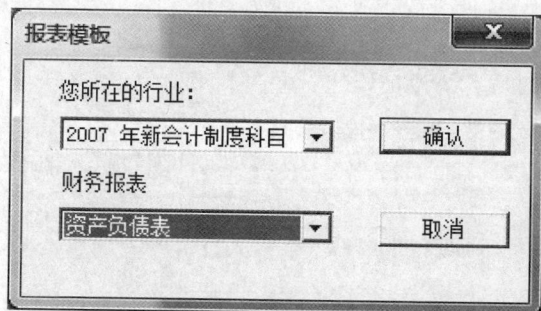

（3）单击"确认"按钮，系统弹出"模板格式将覆盖本表格！是否继续？"提示对话框。

（4）单击"确定"按钮，即可打开"资产负债表"模板。

▓ 调整报表模板

（1）单击"数据/格式"按钮，将"资产负债表"处于格式状态。

（2）根据本单位的实际情况，调整报表格式，修改报表公式。

（3）保存调整后报表模板。

▓ 生成资产负债表数据

（1）在数据状态下，执行"数据"｜"关键字"｜"录入"命令，打开"设置关键字"对话框。

（2）输入关键字。单位名称：北京华润公司，年：2015，月：01，日：31。

（3）单击"确认"按钮，弹出"是否重算第1页？"提示对话框。

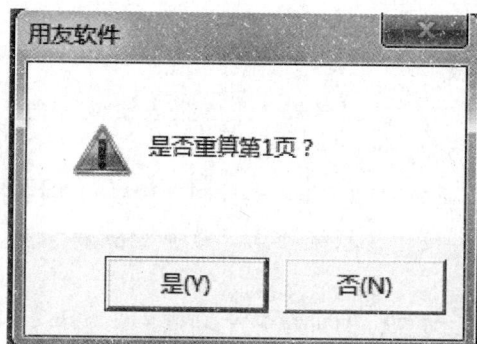

（4）单击"是"按钮，系统会自动根据单元公式计算1月份数据；单击"否"按钮，系统不计算1月份数据，以后可利用"表页重算"功能生成1月份数据。

（5）单击工具栏上的"保存"按钮，将生成的报表数据保存。

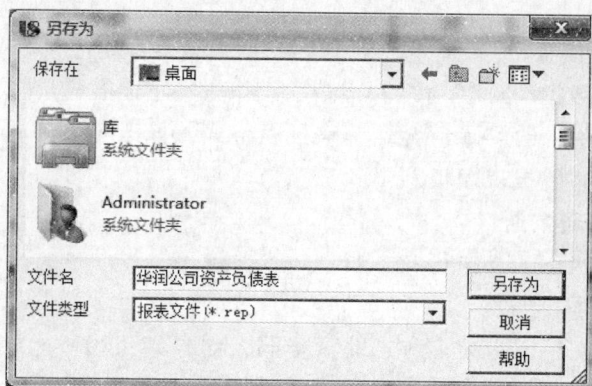

2. 调用报表模板生成利润表。

■ **调用利润表模板**

（1）在格式状态下，执行"格式"｜"报表模板"命令，打开"报表模板"对话框。

（2）选择所在的行业为"2007 年新会计制度科目"，财务报表为"利润表"。

（3）单击"确认"按钮，系统弹出"模板格式将覆盖本表格！是否继续？"提示对话框。

（4）单击"确定"按钮，即可打开"利润表"模板。

■ **调整报表模板**

（1）单击"数据/格式"按钮，将"利润表"处于格式状态。

（2）根据本单位的实际情况，调整报表格式，修改报表公式。

（3）保存调整后报表模板。

■ **生成利润表数据**

（1）在数据状态下，执行"数据"｜"关键字"｜"录入"命令，打开"设置关键字"对话框。

（2）输入关键字。单位名称：北京华润公司，年：2015，月：01。

（3）单击"确认"按钮，弹出"是否重算第 1 页？"提示对话框。

（4）单击"是"按钮，系统会自动根据单元公式计算 1 月份数据；单击"否"按钮，系统不计算 1 月份数据，以后可利用"表页重算"功能生成 1 月份数据。

（5）单击工具栏上的"保存"按钮，将生成的报表数据保存。

	A	B	C	D

利润表

编制单位：　　　　　　　　　2015 年　　　　　1 月

会企02表

单位：元

项　目	行数	本期金额	上期金额
一、营业收入	1	2,286,000.00	
减：营业成本	2	1,510,000.00	
营业税金及附加	3		
销售费用	4	18,562.40	
管理费用	5	29,375.75	
财务费用	6	18,331.36	
资产减值损失	7		
加：公允价值变动收益（损失以"－"号填列）	8		
投资收益（损失以"－"号填列）	9		
其中：对联营企业和合营企业的投资收益	10		
二、营业利润（亏损以"－"号填列）	11	709730.49	
加：营业外收入	12		
减：营业外支出	13		
其中：非流动资产处置损失	14		
三、利润总额（亏损总额以"－"号填列）	15	709730.49	
减：所得税费用	16	177,631.62	
四、净利润（净亏损以"－"号填列）	17	532098.87	
五、每股收益	18		
（一）基本每股收益	19		
（二）稀释每股收益	20		

3. 调用报表模板生成现金流量表主表

■ 调用现金流量表模板

（1）在格式状态下，执行"格式"｜"报表模板"命令，打开"报表模板"对话框。

（2）选择所在的行业为"2007 年新会计制度科目"，财务报表为"现金流量表"。

（3）单击"确认"按钮，系统弹出"模板格式将覆盖本表格！是否继续？"提示对话框。

（4）单击"确定"按钮，即可打开"现金流量表"模板。

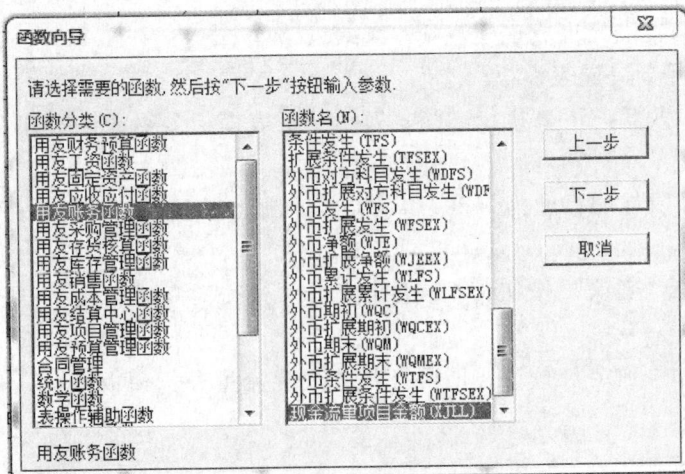

现金流量表的报表界面（上半部分）

■ 调整报表模板

（1）单击"数据/格式"按钮，将"现金流量表"处于格式状态。

（2）采用引导输入方式调整报表格式。

（3）单击选中 C6 单元格。

（4）单击"fx"按钮，打开"定义公式"对话框。

（5）单击"函数向导"按钮，打开"函数向导"对话框。

（6）在"函数分类"列表框中选择"用友账务函数"，在右边的"函数名"列表框中选择"现金流量项目金额（XJLL）"，单击"下一步"按钮，打开"用友账务函数"对话框。

（7）单击"参照"按钮，打开"账务函数"对话框。

（8）单击"项目大类"右侧的参照按钮，打开"现金流量项目"选项。

（9）双击选择与 C6 单元左侧相对应的项目，单击"确定"按钮，返回"用友账务函数"对话框。

（10）单击"确定"按钮，返回"定义公式"对话框，单击"确认"按钮。

（11）重复步骤（3）至（10）的操作，输入其他单元公式。

（12）单击工具栏上的"保存"按钮，保存调整后的报表模板。

■ **生成现金流量表主表数据**

（1）在"数据"状态下，执行"数据"｜"表页重算"命令。

（2）系统弹出"是否重算第 1 页？"信息提示对话框。

（3）单击"是"按钮，系统会自动根据单元公式计算 1 月份数据。

现金流量表

会企03表

单位：元

编制单位：　　　　　　　　　　　　　　2015 年　　　　　　1 月

项　　目	行次	本期金额	上期金额
一、经营活动产生的现金流量：			
销售商品、提供劳务收到的现金	1	3152248.64	
收到的税费返还	2		
收到其他与经营活动有关的现金	3		
经营活动现金流入小计	4	3,152,248.64	
购买商品、接受劳务支付的现金	5	46750.00	
支付给职工以及为职工支付的现金	6		
支付的各项税费	7		
支付其他与经营活动有关的现金	8	2500.00	
经营活动现金流出小计	9	49,250.00	
经营活动产生的现金流量净额	10	3,102,998.64	
二、投资活动产生的现金流量：			
收回投资收到的现金	11		
取得投资收益收到的现金	12		
投资活动现金流入小计	16		
购建固定资产、无形资产和其他长期资产支付的现金	17		
取得子公司及其他营业单位支付的现金净额	19		
取得借款收到的现金	24		
筹资活动现金流入小计	26		
筹资活动现金流出小计	30		
筹资活动产生的现金流量净额	31		
四、汇率变动对现金及现金等价物的影响	32		
五、现金及现金等价物净增加额	33	3,102,998.64	
加：期初现金及现金等价物余额	34		
六、期末现金及现金等价物余额	35	3,102,998.64	

（4）执行"文件"｜"另存为"命令，输入文件名"现金流量表2015"，单击"另存为"按钮，将生成的报表数据保存。

循环二

管理型财务应用

企业管理型财务应用需求及软件应用方案

问题的提出

企业背景资料如下：

北京华润公司，位于北京市顺义区天竺镇府前二街1号，是一家从事科技产品生产的小型工业企业，现拥有资产320多万元，年销售300多万元。因为在市场经济环境下面临激烈竞争，为加强经营管理，要求规范、细化财务核算与管理，以及业务发展和管理要求，在全面会计核算的基础上，向会计管理方向过渡。

北京华润公司具体管理要求如下：

（1）需要以财务核算为中心，强化与往来单位应收、应付款项核算与管理。

（2）企业职工工资实现银行代发，企业代扣个人所得税。

（3）固定资产专项管理，自动计提折旧并生成记账凭证。

（4）企业领导实时监控企业内部经营状况、计划执行情况和经济效益。

（5）月末向上级部门和税务部门上报财务报表。

根据企业的业务特点和管理需求，经过选择与比较，确定用友U872为北京华润公司实现会计部门级管理型应用软件。以北京华润公司具体管理要求作为新系统设计目标，经过对目标系统的系统分析和系统设计，确定了软件应用方案。启用总账、报表、薪资管理、固定资产管理、应收款管理、应付款管理六个模块，实现会计部门深入财务应用，即实现部门级的管理型软件应用。

北京华润公司具体应用方案如下：

（1）在应收款、应付款系统中录入各类原始业务单据（发票、应收单据、应付单据等），并进行应收账款、应付账款的结算，系统自动生成凭证，传递到总账系统进行总分类核算。

（2）在薪资系统中进行职工信息管理、薪资核算、向银行传递薪资数据，系统自动生成应付薪资记账凭证，传递到总账系统。

（3）在固定资产系统进行固定资产增减变动日常处理，自动生成计提折旧凭证，传递到总账系统。

（4）日常核算在总账系统中录入凭证、审核凭证、记账，并进行总账、明细账、多栏账、序时账的查询，以及银行对账。

（5）在总账中提取数据，在电子报表系统编制各种财务报表和企业内部专用表。

启用模块：总账管理系统、报表管理系统、薪资管理、固定资产管理、应收款管理、应付款管理。

上述管理型财务应用方案具体软件操作如循环二实训七到实训十一所示。

实训七　薪资管理

【实训目的】

1. 掌握用友 ERP－U8 管理软件中有关薪资管理的相关内容。
2. 掌握薪资系统初始化、日常业务处理、工资分摊及月末处理的操作。

【实训内容】

1. 薪资管理系统初始设置。
2. 薪资管理系统日常业务处理。
3. 工资分摊及月末处理。
4. 薪资管理系统数据查询。

【实训准备】

引入"实训二　总账系统初始设置"账套备份数据。

【实训资料】

1. 建立工资账套。

工资类别个数：多个；不核算计件工资。核算币种：人民币 RMB；要求代扣个人所得税；不进行扣零处理。人员编码长度：3 位。启用日期：2015 年 1 月 1 日。

2. 基础信息设置。

（1）工资项目设置。

项目名称	类型	长度	小数位数	增减项
基本工资	数字	8	2	增项
奖励工资	数字	8	2	增项
交补	数字	8	2	增项
应发合计	数字	10	2	增项
请假扣款	数字	8	2	减项
养老保险金	数字	8	2	减项

项目名称	类型	长度	小数位数	增减项
扣款合计	数字	10	2	减项
实发合计	数字	10	2	增项
工资代扣税	数字	10	2	其他
请假天数	数字	8	2	其他

（2）人员档案设置。

工资类别1：正式人员。

部门选择：所有部门。

工资项目：基本工资、奖励工资、交补、应发合计、请假扣款、养老保险金、扣款合计、实发合计、工资代扣税、请假天数。

工资项目	定义公式
请假扣款	请假天数 * 20
养老保险	（基本工资 + 奖励工资）* 0.05
交补	Iff（人员类别 = "管理人员"，100，iff（人员类别 = "经营人员"，50，0））

人员档案：

人员编号	人员姓名	部门名称	人员类别	账号	中方人员	是否计税
101	陈伟清	总经理办公室	管理人员	20090080001	是	是
102	汪刚	财务部	管理人员	20090080002	是	是
103	陈亮	财务部	经营人员	20090080003	是	是
104	赵红	财务部	经营人员	20090080004	是	是
105	杨露	财务部	经营人员	20090080005	是	是
106	王芳	财务部	经营人员	20090080006	是	是
201	罗颂	销售一部	经营人员	20090080007	是	是
202	宋佳	销售二部	经营人员	20090080008	是	是
203	孙建	销售三部	经营人员	20090080009	是	是
204	王华	销售四部	经营人员	20090080010	是	是
301	孙联湘	供应部	经营人员	20090080011	是	是
401	周月	产品研发	管理人员	20090080012	是	是
402	李彤	制造车间	生产人员	20090080013	是	是
501	刘丽	仓库	管理人员	20090080014	是	是

注：以上所有人员的代发银行均为工商银行中关村分理处。

工资类别2：临时人员。

（3）银行名称。

工商银行中关村分理处；账号定长为11。

3. 工资数据。

（1）1月初人员工资情况。正式人员工资情况如下：

单位：元

姓名	基本工资	奖励工资
陈伟清	5 000.00	500.00
汪刚	3 000.00	300.00
陈亮	2 000.00	200.00
赵红	2 500.00	200.00
杨露	3 000.00	300.00
王芳	2 000.00	200.00
罗颂	4 500.00	450.00
宋佳	3 000.00	300.00
孙建	4 500.00	450.00
王华	3 500.00	350.00
孙联湘	3 000.00	300.00
周月	4 500.00	450.00
李彤	3 500.00	350.00
刘丽	3 000.00	350.00

（2）1月份工资变动情况。

考勤情况：王芳请假2天；宋佳请假1天。

人员调动情况：因需要，决定招聘李立（编号403）到制造部的制造车间，以补充力量，其基本工资2 000元，无奖励工资，代发工资银行账号为20090080015。

发放奖金情况：因去年销售部推广产品业绩较好，每人增加奖励工资200元。

4. 代扣个人所得税。

税率设置参考2011年最新个人所得税法的规定，扣除基数为3 500元，适用7级超额累进税率。工资变动计算后，打开查看个人所得税扣税申报表。

5. 银行代发。

增加数据行"单位名称"，数据来源为"北京华润公司"，增加数据行"姓名"，数据来源为"人员姓名"。

修改"单位编号"数据来源为自己的账套号，"录入日期"数据来源为"20150131"。

金额设置小数位，设置千位分隔符。

6. 工资分摊。

应付工资总额等于工资项目"实发合计"，工会经费、职工教育经费、养老保险金也以此为计提基数。

工资费用分配的转账分录如下：

分摊部门＼工资		应付工资		工会经费（2%）		职工教育经费（1.5%）	
		借方科目	贷方科目	借方科目	贷方科目	借方科目	贷方科目
总经理办公室 财务部 供应部 仓库	管理人员	管理费用—工资 660 201	应付职工薪酬 2 211	管理费用——其他 660 207	应付职工薪酬 2 211	管理费用——其他 660 207	应付职工薪酬 2 211
总经理办公室 财务部 供应部 仓库	经营人员	管理费用—工资 660 201					
销售部	管理人员	销售费用 6 601					
销售部	经营人员	销售费用 6 601					
产品研发	管理人员	制造费用—工资 510 101					
制造车间	生产人员	生产成本—工资 500 102					

【实训要求】

以"9995 王芳"的身份进行工资业务处理。

【操作指导】

1. 启用薪资管理并建立工资账套。

■ 在企业应用平台中启用薪资管理系统

（1）执行"开始"｜"程序"｜"用友 ERP－U8"｜"企业应用平台"命令，打开"登录"对话框。

（2）输入操作员"9995"，输入密码"5"，在"账套"下拉列表框中选择相应的账套，更改操作日期"2015－01－01"，单击"确定"按钮，进入企业应用平台。

（3）执行"基础设置"｜"基本信息"｜"系统启用"命令，打开"系统启用"对话框，选中"WA 薪资管理"复选框，弹出"日历"对话框，选择薪资管理系统启用日期"2015 年 1 月 1 日"，单击"确定"按钮，系统弹出"确实要启用当前系统吗？"信息提示对话框，单击"是"按钮返回。

■ 建立工资账套

（1）在建账第一步"参数设置"中，选择本账套所需处理的工资类别个数"多个"，默认币别名称为"人民币"，选中"是否核算计件工资"复选框，单击"下一步"按钮。

（2）在建账第二步"扣税设置"中，选中"是否从工资中代扣个人所得税"复选框，单击"下一步"按钮。

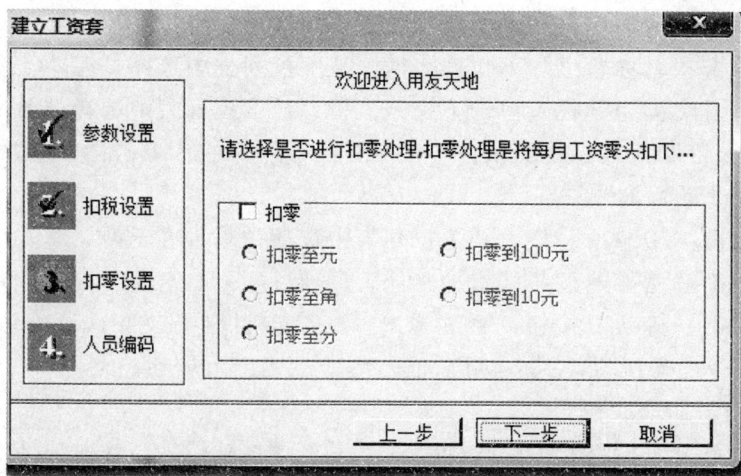

（3）在建账第三步"扣零设置"中，不做选择，直接单击"下一步"按钮。

（4）在建账第四步"人员编码"中，系统要求与公共平台中的人员编码保持一致。

（5）单击"完成"按钮。

2. 基础信息设置。

■ **工资项目设置**

（1）在薪资管理系统中，执行"设置"｜"工资项目设置"命令，打开"工资项目设置"对话框。

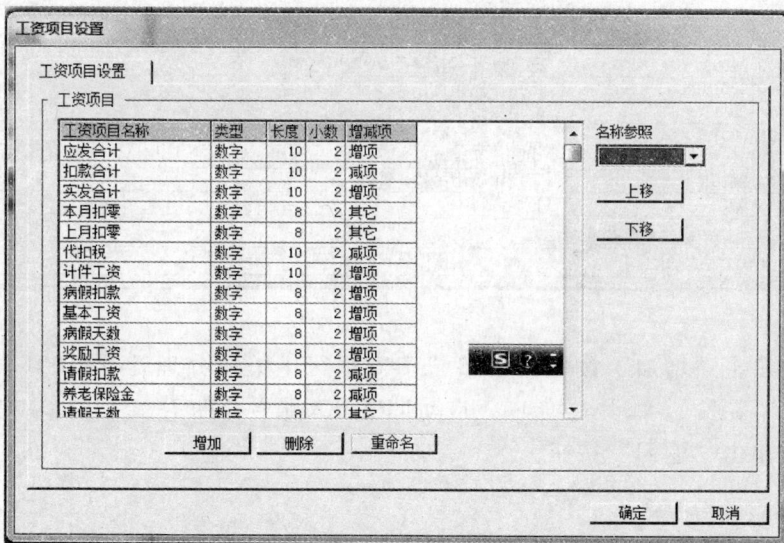

（2）单击"增加"按钮，工资项目列表中增加一空行。

（3）单击"名称参照"下拉列表框，从下拉列表中选择"基本工资"选项。

（4）双击"类型"栏，单击下拉列表框，从下拉列表中选择"数字"选项。

（5）"长度"采用系统默认值8。双击"小数"栏，单击微调框的上三角按钮，将小数设置为2。

（6）双击"增减项"栏，从下拉列表中选择"增项"选项。

（7）单击"增加"按钮，增加其他工资项目。

（8）单击"确认"按钮，系统弹出"工资项目已经改变，请确认各工资类别的公式是否正确？"信息提示对话框，单击"确定"按钮。

■ 银行设置

（1）在企业应用平台"基础设置"中，执行"基础档案"｜"收付结算"｜"银行档案"命令，打开"银行档案"对话框。

（2）单击"增加"按钮，增加"工商银行中关村分理处（01001）"，默认个人账号"定长"，账号长度11，自动带出个人账号长度7。

（3）单击"返回"按钮。

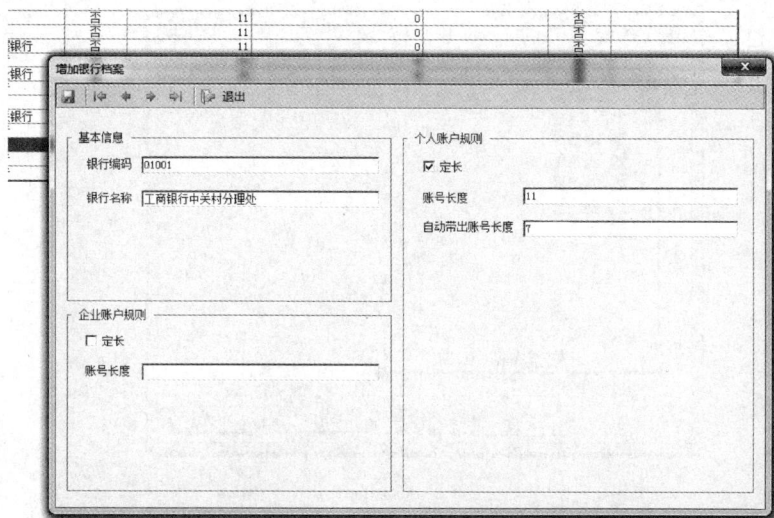

■ **建立工资类别**。

（1）在薪资管理系统中，执行"工资类别"｜"新建工资类别"命令，打开"新建工资类别"对话框。

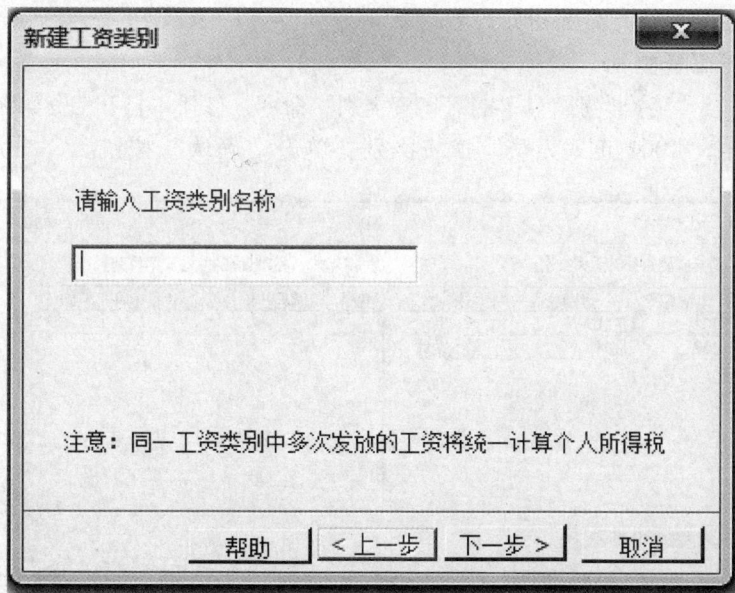

（2）在文本框中输入第一个工资类别"正式人员"，单击"下一步"按钮。

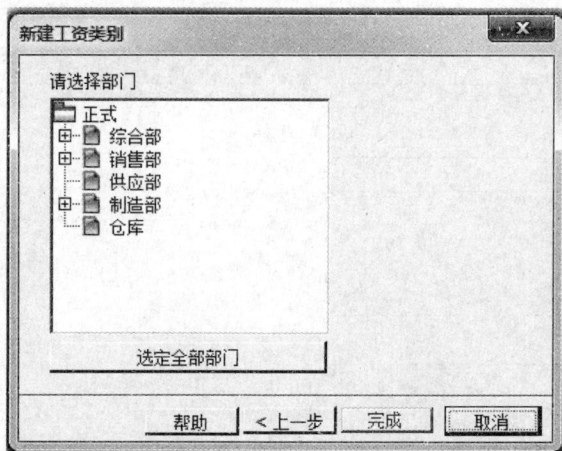

（3）选中"选定全部部门"复选框，单击"完成"按钮，系统弹出"是否以2015－01－01为当前工资类别的启用日期？"信息，单击"是"按钮，返回薪资管理系统。

（4）执行"工资类别"｜"关闭工资类别"命令，关闭"正式人员"工资类别。

（5）同样方法建立临时人员工资类别，部门为制造部的制造车间。

3. 正式人员工资类别初始设置。

■ **打开工资类别**

（1）执行"工资类别"｜"打开工资类别"命令，打开"打开工资类别"对话框。

（2）选择"001 正式人员"工资类别，单击"确认"按钮。

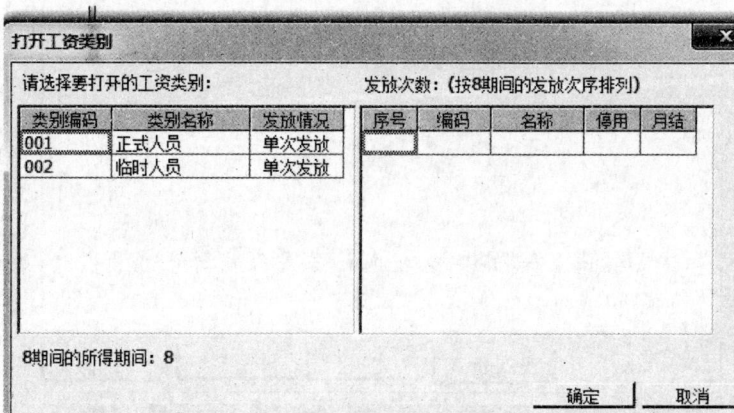

■ **设置人员档案**

（1）在薪资管理系统中，执行"设置"｜"人员档案"命令，进入"人员档案"窗口。

（2）单击工具栏中的"批增"按钮，打开"人员批量增加"对话框。

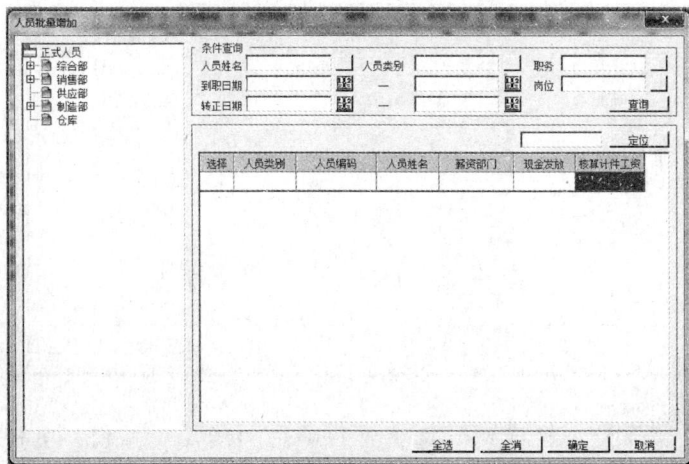

（3）点击"全选"，单击"确定"按钮返回。

（4）修改人员档案信息，补充输入银行账号信息。最后单击工具栏中的"退出"按钮。

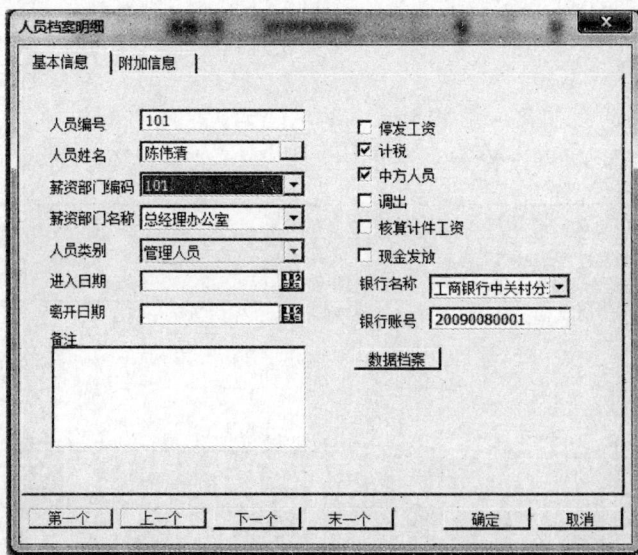

■ **选择工资项目**

（1）执行"设置"｜"工资项目设置"命令，打开"工资项目设置"对话框。

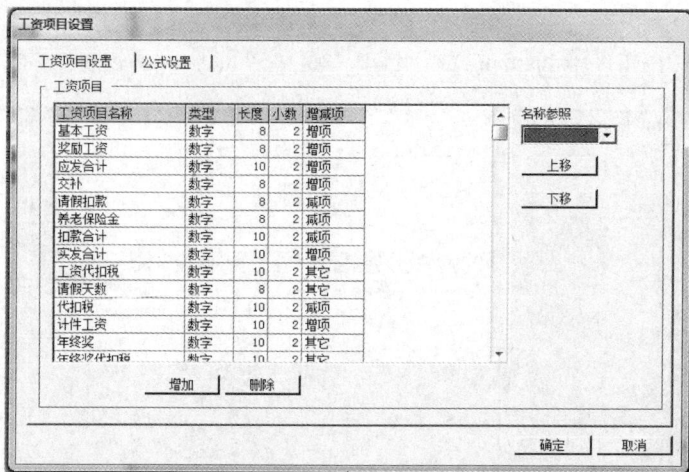

（2）打开"工资项目设置"选项卡，单击"增加"按钮，工资项目列表中增加一空行。

（3）单击"名称参照"下拉列表框，从下拉列表中选择"基本工资"选项，工资项目名称、类型、长度、小数、增减项都自动带出，不能修改。

（4）单击"增加"按钮，增加其他工资项目。

（5）所有项目增加完成后，单击"工资项目设置"窗口上的"▲"和"▼"箭头按钮，按照实训资料所给顺序调整工资项目的排列位置。

■ 设置计算公式

设置公式：请假扣款 = 请假天数 * 20

（1）在"工资项目设置"对话框中，打开"公式设置"选项卡。

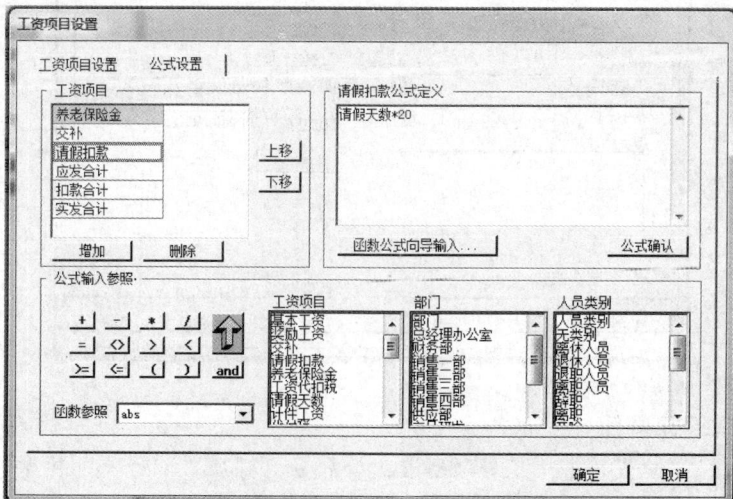

（2）单击"增加"按钮，在工资项目列表中增加一空行，单击该行，在下拉列表中选择"请假扣款"选项。

（3）单击"公式定义"文本框，单击工资项目列表中的"请假天数"。

（4）单击运算符"＊"，在"＊"后单击，输入数字20，单击"公式确认"按钮。

设置计算公式：

交补＝iff（人员类别＝"管理人员"，100，iff（人员类别＝"经营人员"，50，0））

（1）单击"增加"按钮，在工资项目列表中增加一空行，单击该行，在下拉列表中选择"交补"选项。

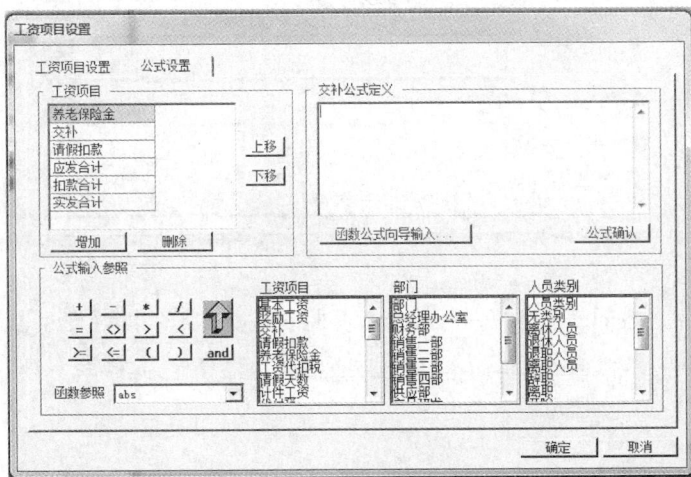

（2）单击"公式定义"文本框，再单击"函数公式向导输入"按钮，打开"函数向导——步骤之1"对话框。

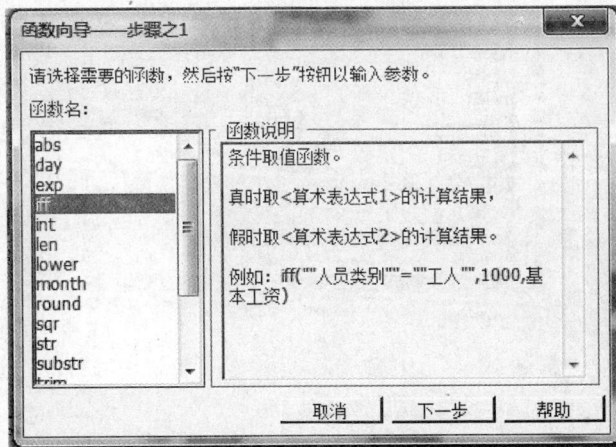

（3）从"函数名"列表中选择 iff，单击"下一步"按钮，打开"函数向导——步骤之 2"对话框。

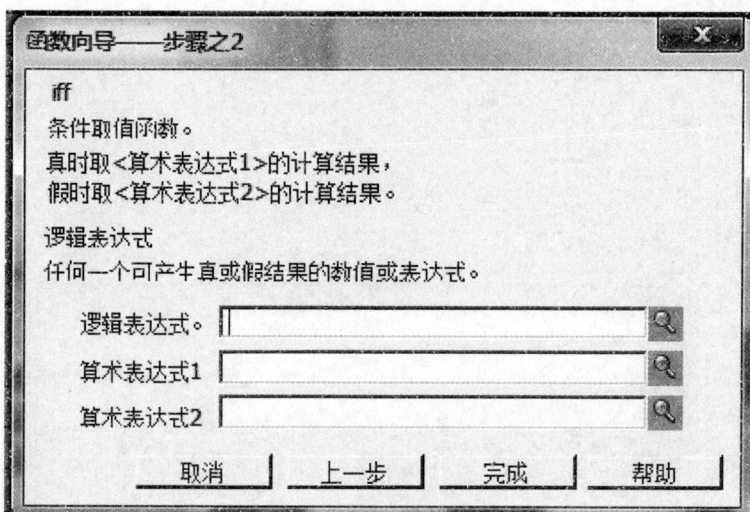

（4）单击"逻辑表达式"参照按钮，打开"参照"对话框，从"参照"下拉列表中选择"人员类别"选项，从下面的列表中选择"管理人员"，单击"确认"按钮。

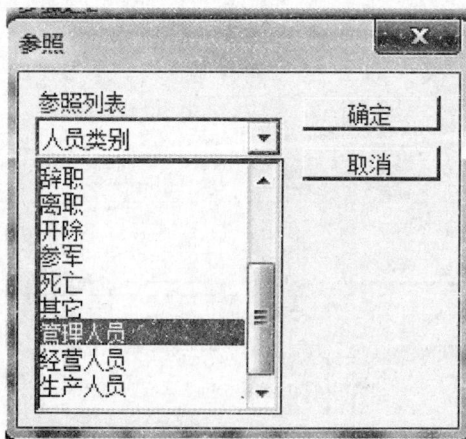

（5）在"算术表达式 1"中输入"100"，空过"算术表达式 2"，点击"完成"。

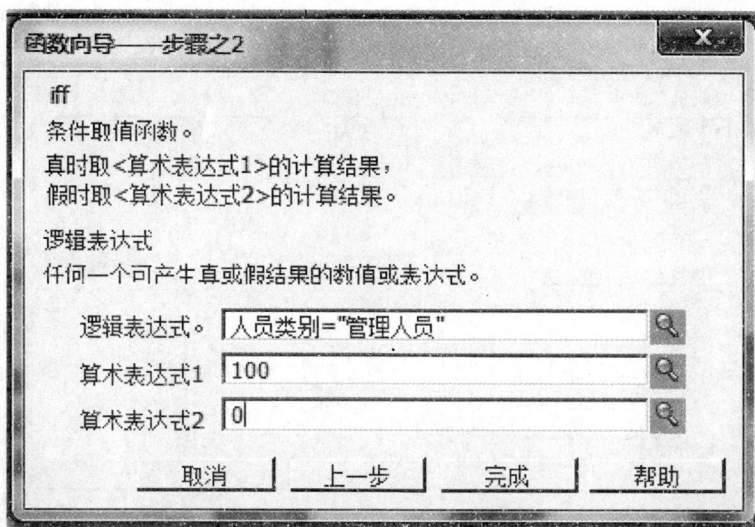

（6）鼠标停留在"）"前，重复步骤（1）–（5），输入公式 iff（人员类别＝"经营人员"，50，0）。

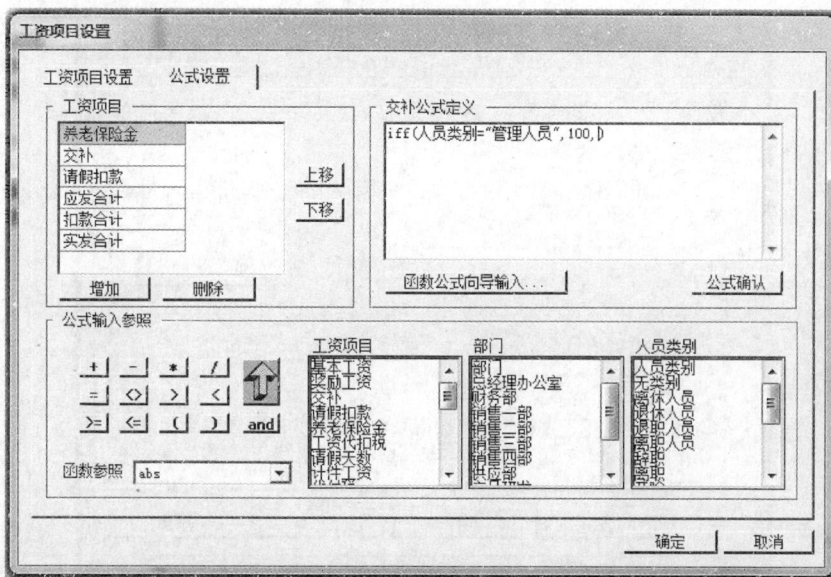

（7）公式输入完整后，单击"公式确认"按钮，单击"确定"按钮，退出公式设置。

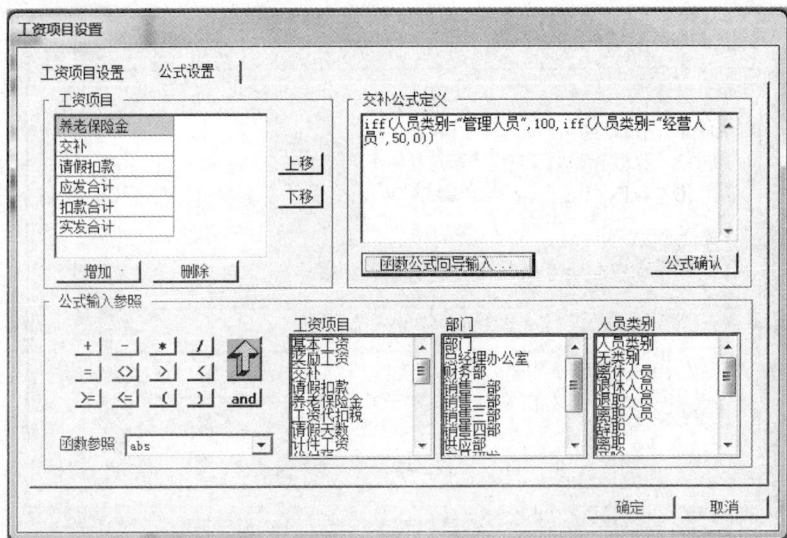

■ **设置所得税纳税基数**

（1）执行"设置"｜"选项"命令，选择"扣税设置"选项卡。

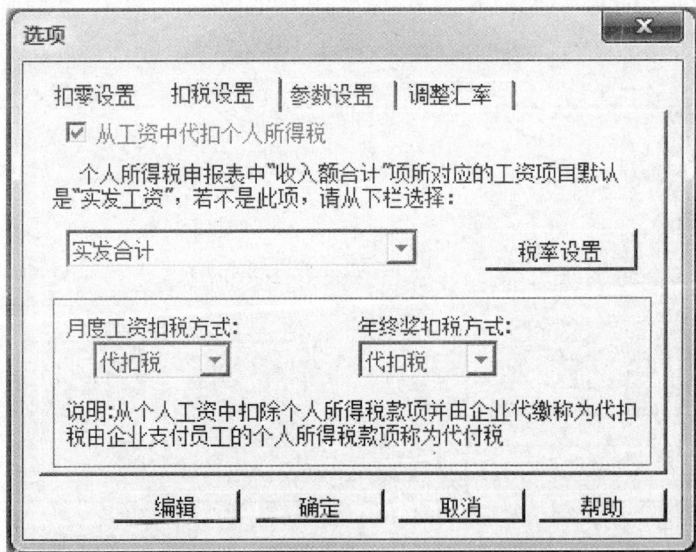

（2）单击"税率设置"按钮，打开"个人所得税申报表——税率表"对话框，修改"基数"和"附加费用"两个参数以及代扣税表格，单击"确定"后退出。

注：本实训按 2011 年最新个人所得税法规定扣除基数为 3 500 元，适用 7 级超额累进税率。

4. 正式人员工资类别日常业务。

■ **人员变动**

（1）在企业应用平台中，执行"基础设置"|"基础档案"|"机构人员"|"人员档案"命令，进入"人员档案"窗口。

（2）单击"增加"按钮，输入新增人员"李立"的详细档案资料。

（3）单击"确认"按钮，返回人员档案窗口，单击工具栏中的"退出"按钮。

（4）在薪资管理系统正式人员工资类别中，选择"设置"|"人员档案"命令，增加"李立"档案资料。

■ **输入正式人员基本工资数据**

（1）单击"业务处理"｜"工资变动"命令，进入"工资变动"窗口。

选择	人员编号	姓名	部门	人员类别	基本工资	奖励工资	交补	应发合计	请假扣款	养老保险金	扣款合计	实发合计	工资代扣税	请假天数	代扣税	计件工资
	101	陈伟清	总经理办公室	管理人员	5,000.00	500.00	100.00	5,600.00		275.00	352.50	5,247.50	77.50		77.50	
	102	汪别	财务部	管理人员	3,000.00	300.00	100.00	3,400.00		165.00	165.00	3,235.00				
	103	陈莫	财务部	经营人员	2,000.00	200.00	50.00	2,250.00		110.00	110.00	2,140.60				
	104	赵红	财务部	经营人员	2,500.00	200.00	50.00	2,750.00		135.00	135.00	2,615.00				
	105	杨鑫	财务部	经营人员	3,000.00	300.00	50.00	3,350.00		165.00	165.00	3,185.00				
	106	王芳	财务部	经营人员	2,000.00	200.00	50.00	2,250.00	40.00	110.00	150.00	2,100.00		2.00		
	201	罗顺	销售一部	管理人员	4,500.00	650.00	100.00	5,250.00		257.50	302.28	4,947.72	44.78		44.78	
	202	宋佳	销售二部	经营人员	3,000.00	500.00	50.00	3,550.00	20.00	175.00	195.00	3,355.00		1.00		
	203	孙建	销售三部	经营人员	4,500.00	650.00	100.00	5,250.00		257.50	300.78	4,899.22	43.28		43.28	
	204	王华	销售四部	经营人员	3,500.00	550.00	50.00	4,100.00		202.50	214.43	3,885.57	11.93		11.93	
	301	孙联涌	供应部	经营人员	3,000.00	300.00	50.00	3,350.00		165.00	165.00	3,185.00				
	401	周月	产品研发	管理人员	4,500.00	450.00	100.00	5,050.00		247.50	286.58	4,763.42	39.08		39.08	
	213	李立	制造车间	生产人员	2,000.00			2,000.00		100.00	100.00	1,900.00				
	402	李彤	制造车间	生产人员	3,500.00	350.00		3,850.00		192.50	197.23	3,652.77	4.73		4.73	
	411	罗江	制造车间	生产人员												
	421	刘青	制造车间	生产人员												
	501	刘丽	仓库	经营人员	3,000.00	350.00	50.00	3,400.00		167.50	167.50	3,232.50				
合计					49,000.00	5,500.00	850.00	55,350.00	60.00	2,725.00	3,006.30	52,343.70	221.30	3.00	221.30	

（2）在"过滤器"下拉列表中选择"过滤设置"，打开"项目过滤"对话框。

（3）单击"工资项目"列表中的"基本工资"和"奖励工资"，单击"＞"按钮，选入"已选项目"列表中。

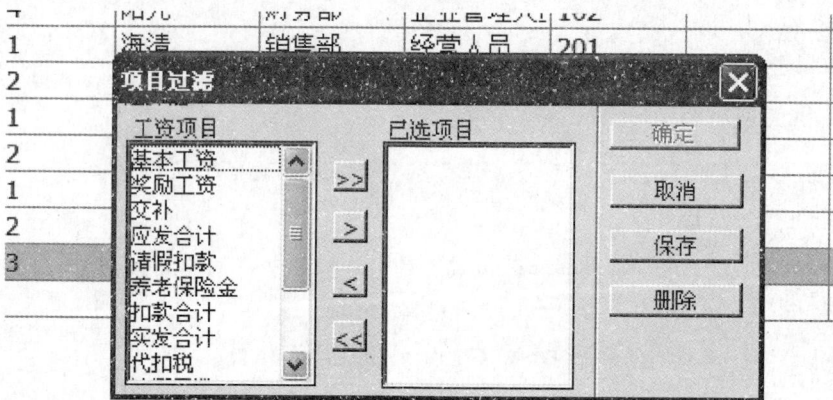

（4）单击"确认"按钮，返回"工资变动"窗口，此时每个人的工资项目只显示两项。

（5）输入"正式人员"工资类别的工资数据。

（6）单击"过滤器"下拉列表框，从中选择"所有项目"选项，屏幕上显示所有工资项目。

■ **输入正式人员工资变动数据**

（1）输入考勤情况：王芳请假2天，宋佳请假1天。

（2）点击"全选"按钮，然后单击工具栏中的"替换"按钮，单击"将工资项目"下拉列表框，从中选择"奖励工资"选项，在"替换成"文本框中，输入"奖励工资＋200"。

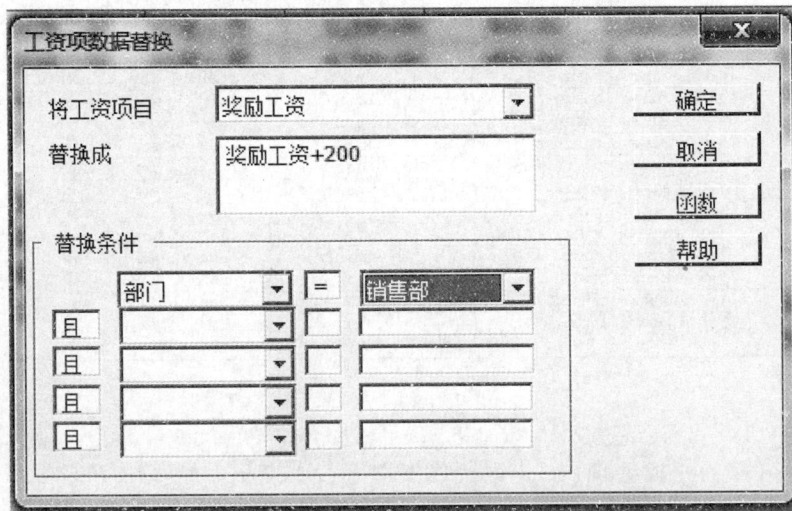

（3）在"替换条件"文本框分别选择"部门"、"＝"、"销售部"，单击"确认"按钮，系统弹出提示"数据替换后将不可恢复。是否继续？"信息对话框，单击"是"按钮，系统弹出"2条记录被替换，是否重新计算？"信息提示对话框，单击"是"按钮，系统自动完成工资计算。

■　数据计算与汇总

（1）在"工资变动"窗口中，单击工具栏中的"计算"按钮，计算工资数据。

（2）单击工具栏中的"汇总"按钮，汇总工资数据。

（3）单击工具栏中的"退出"按钮，退出"工资变动"窗口。

■　查看个人所得税

（1）执行"业务处理"｜"扣缴个人所得税"命令，打开"栏目选择"对话框。

（2）选择"扣缴个人所得税申报表"，单击"打开"按钮，查看个人所得税扣缴情况。

系统扣缴个人所得税年度申报表
2015年1月－2015年1月

姓名	证件号码	所得项目	所属期间...	所属期间...	收入额	减费用额	应纳税所...	税率	速算扣除数	应纳税额	已扣缴税款
陈伟青		工资	20150101	20151231			1825.00	10	105.00	77.50	77.50
汪刚		工资	20150101	20151231			0.00	0	0.00	0.00	0.00
陈亮		工资	20150101	20151231			0.00	0	0.00	0.00	0.00
赵红		工资	20150101	20151231			0.00	0	0.00	0.00	0.00
杨露		工资	20150101	20151231			0.00	0	0.00	0.00	0.00
王芳		工资	20150101	20151231			0.00	0	0.00	0.00	0.00
罗颂		工资	20150101	20151231			1492.50	3	0.00	44.78	44.78
宋佳		工资	20150101	20151231			0.00	0	0.00	0.00	0.00
孙建		工资	20150101	20151231			1442.50	3	0.00	43.28	43.28
王华		工资	20150101	20151231			397.50	3	0.00	11.93	11.93
李立		工资	20150101	20151231			0.00	0	0.00	0.00	0.00
孙联湘		工资	20150101	20151231			0.00	0	0.00	0.00	0.00
周月		工资	20150101	20151231			1302.50	3	0.00	39.08	39.08
李彤		工资	20150101	20151231			157.50	3	0.00	4.73	4.73
罗江		工资	20150101	20151231			0.00	0	0.00	0.00	0.00
刘青		工资	20150101	20151231			0.00	0	0.00	0.00	0.00
刘丽		工资	20150101	20151231			0.00	0	0.00	0.00	0.00
合计							6617.50		105.00	221.30	221.30

5. 银行代发。

（1）执行"业务处理"｜"银行代发"命令，打开"银行文件格式设置"对话框。

（2）点击"插入行"按钮，增加数据行"单位名称"，数据来源为"北京华润公司"，增加数据行"姓名"，数据来源为"人员姓名"。

（3）修改"单位编号"，数据来源为自己的账套号，"录入日期"数据来源为"20150131"，点击"确定"按钮退出。

（4）查看《银行代发一览表》。

6. 正式人员类别工资分摊。

■ **分摊类型设置**

（1）执行"业务处理"│"工资分摊"命令，打开"工资分摊"对话框。

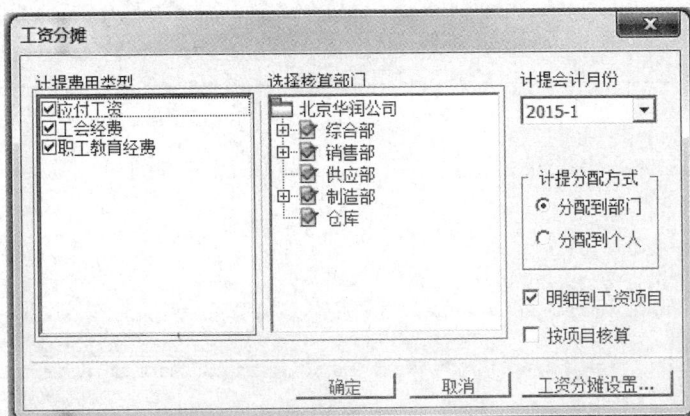

（2）单击"工资分摊设置"按钮，打开"分摊类型设置"对话框。

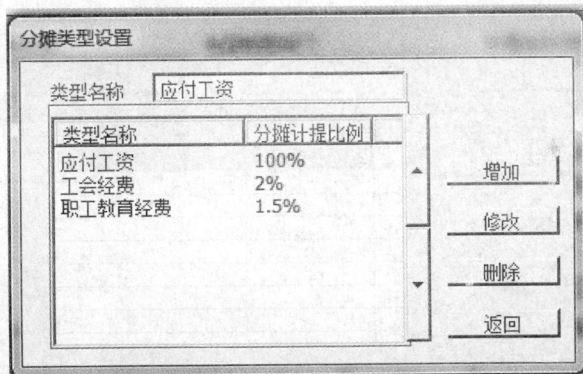

（3）单击"增加"按钮，打开"分摊计提比例设置"对话框。

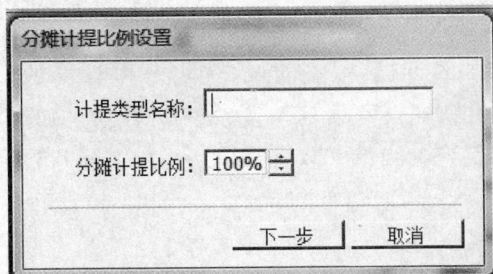

（4）输入计提类型名称为"应付工资"，单击"下一步"按钮，打开"分摊构成设置"对话框。

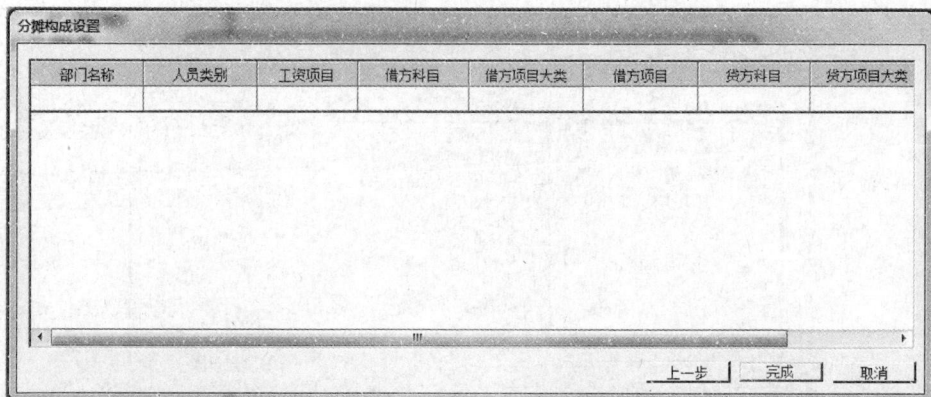

（5）按实训资料内容进行设置。返回"分摊类型设置"对话框。继续设置工会经费、职工教育经费等分摊计提项目。

■ **分摊工资费用**

（1）执行"业务处理"│"工资分摊"命令，打开"工资分摊"对话框。

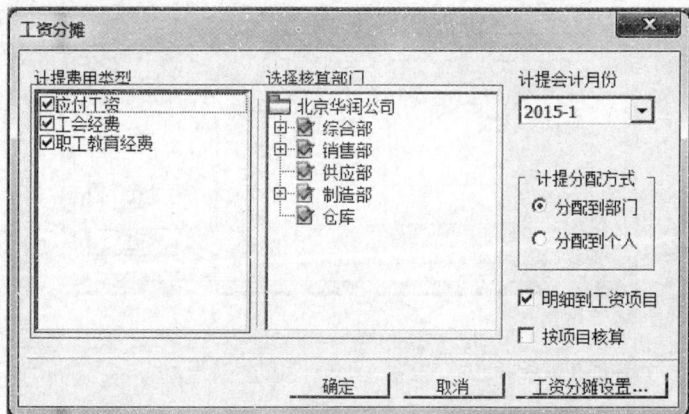

（2）选择需要分摊的计提费用类型，确定分摊计提的月份"2015－1"，选择核算部门，选中"明细到工资项目"复选框，单击"确定"按钮。

（3）打开"应付工资一览表"对话框。选中"合并科目相同、辅助项相同的分录"复选框。

☐ 合并科目相同、辅助项相同的分录

类型 应付工资 ▼

应付工资一览表

部门名称	人员类别	应发合计		
		分配金额	借方科目	贷方科目
总经理办公室	管理人员	5600.00	660201	2211
财务部		3400.00	660201	2211
	经营人员	10600.00	660201	2211
销售一部	管理人员	5250.00	6601	2211
销售二部		3550.00	6601	2211
销售三部	经营人员	5200.00	6601	2211
销售四部		4100.00	6601	2211
供应部		3350.00	660201	2211
产品研发	管理人员	5050.00	510101	2211
制造车间	生产人员	5850.00	500102	2211
仓库	经营人员	3400.00	660201	2211

（4）单击工具栏上的"制单"按钮，即生成记账凭证。

（5）单击凭证左上角的"字"位置，选择"转账凭证"，输入附单据数，单击"保存"按钮，凭证左上角出现"已生成"字样，代表该凭证已传递到总账。核算项目选择"普通打印纸——A4"。

7. 汇总工资类别。

（1）执行"工资类别"｜"关闭工资类别"。

（2）执行"维护"｜"工资类别汇总"命令。

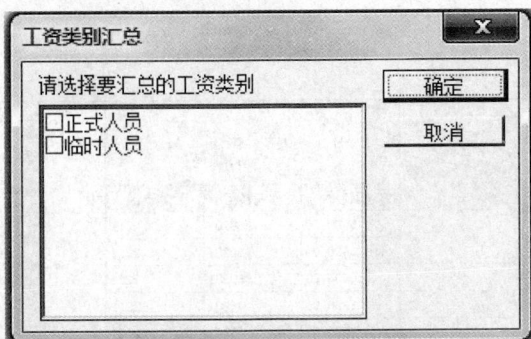

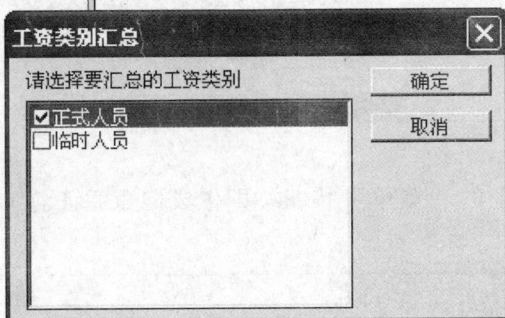

（3）单击选择要汇总的工资类别，单击"确定"按钮，完成工资类别汇总。

（4）执行"工资类别"菜单中的"打开工资类别"命令。

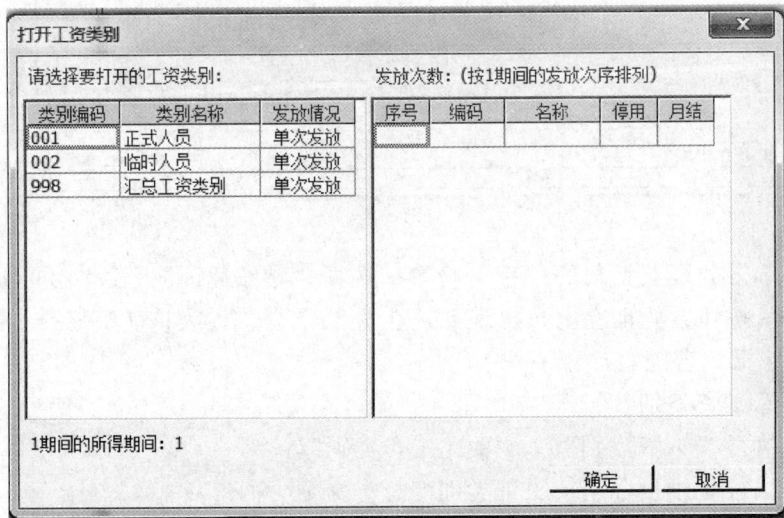

（5）选择"998 汇总工资类别"，单击"确认"按钮，查看工资类别汇总后的各项数据。

8. 账表查询。

查看工资分钱清单、个人所得税扣缴申报表、各种工资表。

9. 月末处理。

（1）执行"业务处理"│"月末处理"命令，打开"月末处理"对话框。单击"确定"按钮，系统弹出"月末处理之后，本月工资将不许变，继续月末处理吗？"信息提示对话框，单击"是"按钮，系统弹出"是否选择清零项？"信息提示对话框，单击"是"按钮，打开"选择清零项目"对话框。

（2）在"请选择清零项目"列表框中，单击鼠标选择"请假天数"、"请假扣款"和"奖励工资"，单击"〉"按钮，将所选项目移动到右侧的列表框中。

（3）单击"确定"按钮，系统弹出"月末处理完毕！"信息提示对话框，单击"确定"按钮返回。

（4）以此类推，完成"临时人员"工资类别月末处理。

实训八　固定资产管理

【实训目的】

1. 掌握用友 ERP－U8 软件中固定资产管理系统的相关内容。
2. 掌握固定资产系统初始化、日常业务处理、月末处理的操作。

【实训内容】

1. 固定资产系统参数设置、原始卡片录入。
2. 日常业务：资产增减、资产变动、计提折旧、生成凭证、账表查询等。
3. 月末处理：对账和结账。

【实训准备】

引入"实训二　总账系统初始设置"账套备份数据。

【实训资料】

1. 初始设置。

（1）控制参数。

控制参数	参数设置
约定与说明	我同意
启用月份	2015－01
折旧信息	本账套计提折旧 折旧方法：平均年限法（一） 折旧汇总分配周期：1 周期 当（月初已计提月份＝可使用月份－1）时，将剩余折旧全部提足
编码方式	资产类别编码方式：2112 固定资产编码方式：按"类别编码＋部门编码＋序号"自动编码 卡片序号长度：3
财务接口	与账务系统进行对账 对账科目： 　　固定资产对账科目：固定资产（1601） 　　累计折旧对账科目：累计折旧（1602）

续表

控制参数	参数设置
补充参数	业务发生后立即制单 月末结账前一定要完成制单登账业务 固定资产默认入账科目：1601 累计折旧默认入账科目：1602 减值准备默认入账科目：1605

（2）资产类别。

编码	类别名称	净残值率	单位	计提属性
01	交通运输设备	4%		正常计提
011	经营用设备	4%		正常计提
012	非经营用设备	4%		正常计提
02	电子设备及其他通信设备	4%		正常计提
021	经营用设备	4%	台	正常计提
022	非经营用设备	4%	台	正常计提

（3）部门及对应折旧科目。

部门	对应折旧科目
综合部、供应部、仓库	管理费用/折旧费
销售部	销售费用
产品研发	管理费用/折旧费
制造车间	制造费用/折旧

（4）增减方式的对应入账科目。

增减方式目录	对应入账科目
增加方式	
直接购入	工行存款（100201）
投资投入	实收资本（4001）
捐赠	营业外收入（6301）
盘盈	以前年度损益调整（6901）
在建工程转入	
融资租入	
减少方式	
出售	固定资产清理（1606）
盘亏	待处理财产损溢（1901）
投资转出	固定资产清理（1606）

续表

增减方式目录	对应入账科目
捐赠转出	固定资产清理（1606）
报废	固定资产清理（1606）
毁损	固定资产清理（1606）
融资转出	融资租赁资产（1461）

（5）原始卡片。

固定资产名称	类别编号	所在部门	增加方式	可使用月份	开始使用日期	原值	累计折旧
轿车	012	总经理办公室	直接购入	72	2013 - 11 - 01	215 470.00	37 254.75
笔记本电脑	022	销售一部	直接购入	60	2013 - 12 - 01	28 900.00	5 548.80
传真机	022	总经理办公室	直接购入	60	2013 - 11 - 01	3 510.00	1 825.20
微机	021	制造车间	直接购入	60	2013 - 12 - 01	6 490.00	1 246.08
微机	021	制造车间	直接购入	60	2013 - 12 - 01	6 490.00	1 246.08
合计						260 860.00	47 120.91

注：净残值率均为4%，使用状况均为"在用"，折旧方法均采用平均年限法（一）。

2. 日常及期末业务。

2015 年 1 月份发生的业务如下：

（1）1 月 21 日，财务部购买扫描仪一台，价值 2 500 元，净残值率 4%，预计使用年限 5 年。陈亮用工行转账支票支付，票号 73642。

（2）1 月 23 日，总经理办公室使用的轿车需要进行大修理，修改固定资产卡片，将使用状况由"在用"修改为"大修理停用"。

（3）1 月 31 日，计提本月折旧费用。

（4）1 月 31 日，制造车间毁损微机一台，原值 6 490 元，已提折旧1 246 元。

【实训要求】

以资产管理会计"9995（王芳）"的身份进行固定资产管理操作。

【操作指导】

1. 启用并注册固定资产管理系统。

（1）执行"开始"｜"程序"｜"用友 ERP - U8"｜"企业应用平台"命令，打开"登录"对话框。

（2）输入操作员"9995（王芳）"，输入密码5，在"账套"下拉列表框中选择"999 北京华润公司"，更改操作日期"2015 - 01 - 01"，单击"确定"按钮。

（3）执行"基础设置"｜"基本信息"｜"系统启用"命令，打开"系统启用"对话框，选中"FA固定资产"复选框，弹出"日历"对话框，选择固定资产系统启用日期"2015－01－01"，单击"确定"按钮，系统弹出"确定要启用当前系统吗？"信息对话框，单击"是"按钮返回。

（4）在"业务工作"选项卡中，单击"财务会计"｜"固定资产"选项，系统弹出"这是第一次打开此账套，还未进行过初始化，是否进行初始化？"信息提示对话框，单击"是"按钮，打开"固定资产初始化向导"对话框。

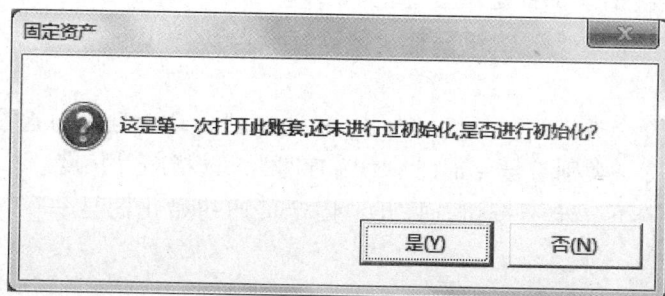

2. 初始设置

■　设置控制参数

初次启用固定资产管理系统的参数设置

（1）在"固定资产初始化向导——约定与说明"对话框中，单击"我同意"。

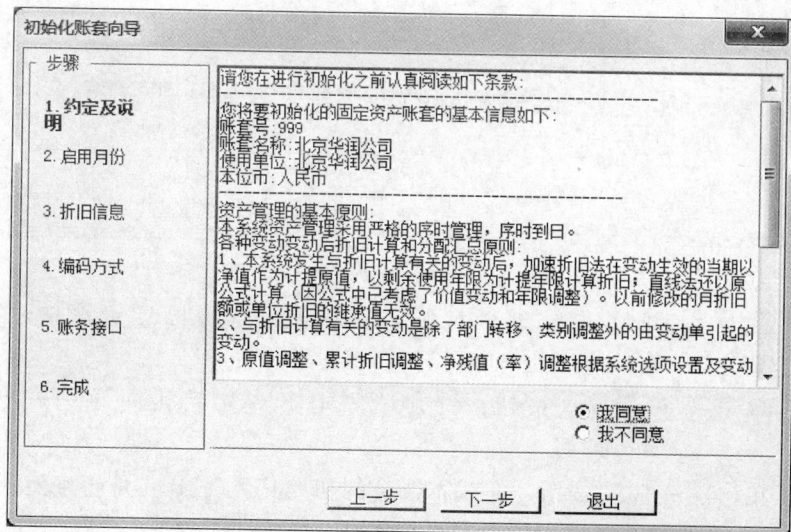

（2）单击"下一步"按钮，打开"固定资产初始化向导——启用月份"对话框。

（3）选择启用月份"2015-01"。

（4）单击"下一步"按钮，打开"固定资产初始化向导——折旧信息"对话框。

（5）选中"本账套计提折旧"复选框：选择折旧方法"平均年限法（一）"，折旧分配周期"1个月"；选中"当（月初已计提月份=可使用月份-1）时，将剩余折旧全部提足"复选框。

（6）单击"下一步"按钮，打开"固定资产初始化向导——编码方式"对话框。

（7）确定资产类别编码长度"2112"；选择"自动编号"单选按钮，选择固定资产编码方式"类别编号+部门编号+序号"，选择序号长度"3"。

（8）单击"下一步"按钮，打开"固定资产初始化向导——财务接口"对话框。

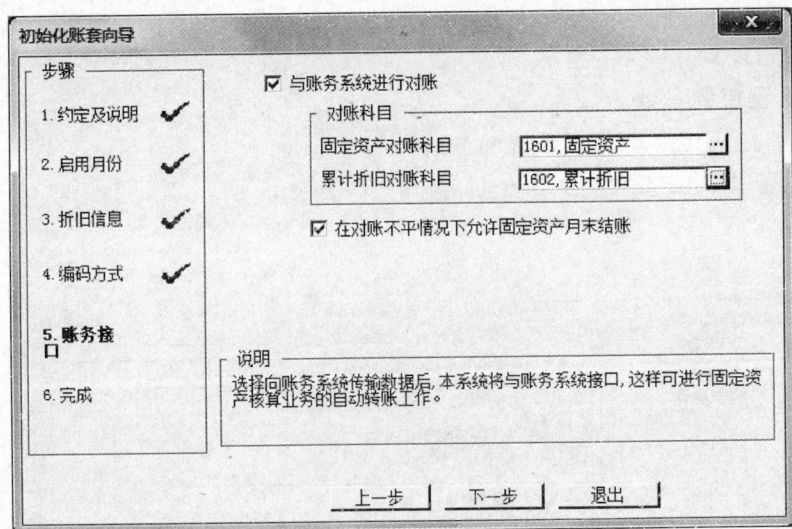

```
初始化账套向导                                              ▬ ☐ ✕

  步骤                    ☑ 与账务系统进行对账
                          ┌─对账科目─────────────────────────┐
  1. 约定及说明  ✔        │  固定资产对账科目   1601, 固定资产    ⋯ │
                          │  累计折旧对账科目   1602, 累计折旧    ⋯ │
  2. 启用月份    ✔        └──────────────────────────────────┘
                          ☑ 在对账不平情况下允许固定资产月末结账
  3. 折旧信息    ✔

  4. 编码方式    ✔

  5. 账务接       ┌─说明───────────────────────────────────┐
     口           │ 选择向账务系统传输数据后，本系统将与账务系统接口，这样可进行固定资 │
                  │ 产核算业务的自动转账工作。                        │
  6. 完成         └──────────────────────────────────────┘

              上一步        下一步        退出
```

（9）选中"与账务系统进行对账"复选框：选择固定资产的对账科目"1601固定资产"、累计折旧的对账科目"1602累计折旧"。

（10）单击"下一步"按钮，打开"固定资产初始化向导——完成"对话框。

（11）单击"完成"按钮，完成本账套的初始化，弹出"是否确定所设置的信息完全正确并保存对新账套的所有设置"提示对话框。

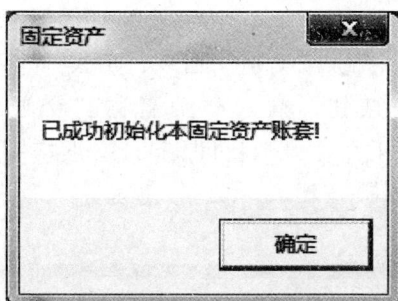

（12）单击"是"按钮，系统弹出"已成功初始化本固定资产账套"提示对话框，单击"确定"按钮。

补充参数设置：

（1）执行"设置"｜"选项"命令，进入"选项"窗口。

（2）单击"编辑"按钮，打开"与账务系统接口"选项卡。

（3）选中"业务发生后立即制单"、"月末结账前一定要完成制单登账业务"复选框，选择默认入账科目为"固定资产（1601）"、"累计折旧（1602）"，单击"确定"按钮。

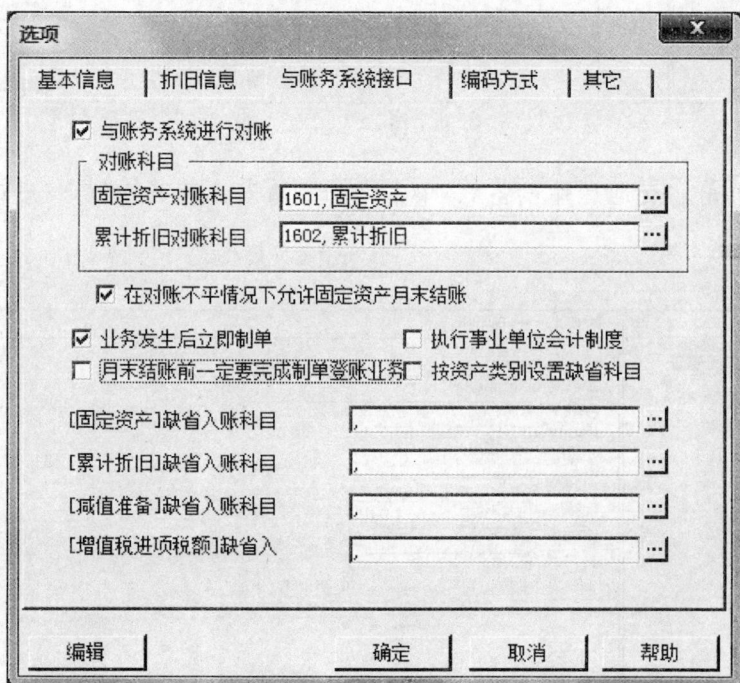

■ 设置资产类别

（1）执行"设置"｜"资产类别"命令，进入"类别编码表"窗口。

（2）单击"增加"按钮，输入类别名称"交通运输设备"，净残值率"4%"；选择计提属性"正常计提"，折旧方法"平均年限法（一）"，卡片样式"通用样式"，单击"保存"按钮。

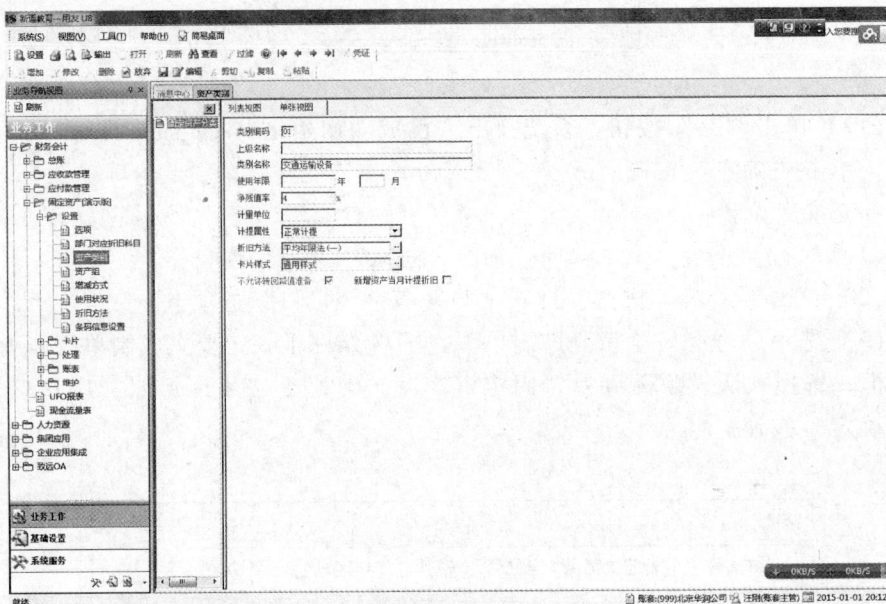

（3）单击"交通运输设备"，单击增加，输入其下级分类"经营用设备"，其余默认。

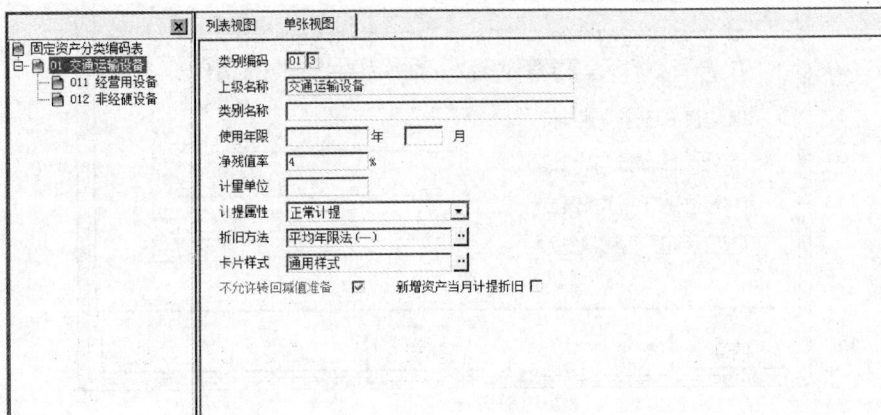

（4）同理，完成其他资产类别的设置。

■ **设置部门对应折旧科目**

（1）执行"设置"│"部门对应折旧科目设置"命令，进入"部门编码表"窗口。

（2）选择部门"综合部"，单击"修改"按钮。

（3）选择折旧科目"管理费用/折旧费（660206）"，单击"保存"按钮，系统弹出"是否将管理中心部门的所有下级部门的折旧科目替换为［折旧费］?"信息提示对话框，单击"是"按钮。替换之后，即可看到管理中心下的总经理办公室、财务部对应折旧科目均修改为"管理费用/折旧费"。

（4）同理，完成其他部门折旧科目的设置。

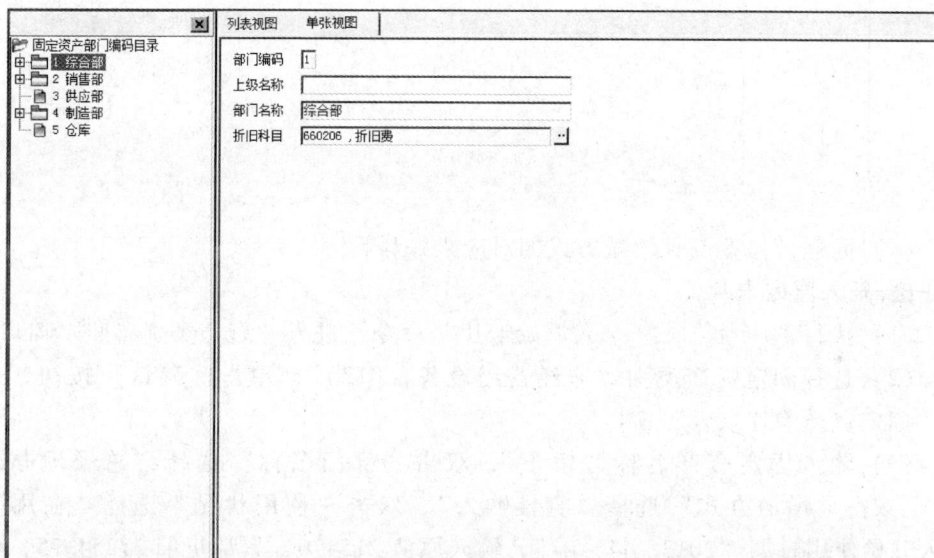

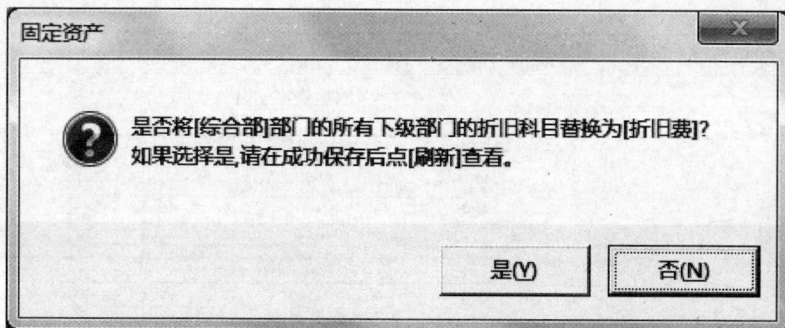

■ 设置增减方式的对应科目

（1）执行"设置"｜"增减方式"命令，进入增减方式窗口。

（2）在左边列表框中，单击"直接购入"增加方式，单击"修改"按钮。

（3）输入对应入账科目"工行存款（100201）"，单击"保存"按钮。

（4）同理，修改其他增减方式的对应入账科目。

■ 录入原始卡片

（1）执行"卡片"｜"录入原始卡片"命令，进入"资产类别参照"窗口。

（2）选择固定资产类别"非经营用设备（012）"，单击"确认"按钮，进入"固定资产卡片录入"窗口。

（3）输入固定资产名称"轿车"，双击"部门名称"选择"总经理办公室"，双击"增加方式"选择"直接购入"，双击"使用状况"选择"在用"，输入开始使用日期"2013－11－01"，输入原值215470、累计折旧37254.75，输入可使用年限"72月"，其他信息自动算出。

（4）单击"保存"按钮，弹出"数据保存成功！"信息提示对话框，单击"确定"按钮。

（5）同理，完成其他固定资产卡片的输入。

（6）执行"处理"｜"对账"命令，系统将固定资产系统录入的明细资料数据汇总并与财务核对，显示与财务对账结果，单击"确定"按钮返回。

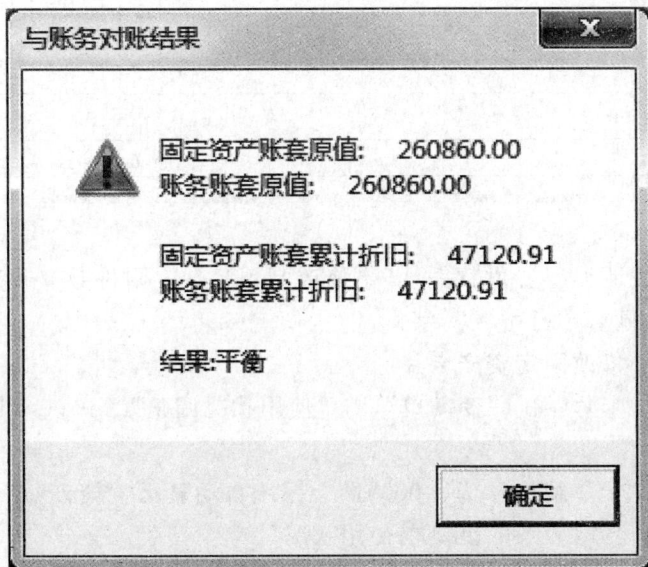

3. 日常业务处理

■ **业务 1：资产增加**

（1）执行"卡片"｜"资产增加"命令，进入"资产类别参照"窗口。

（2）选择资产类别"非经营用设备（021）"，单击"确定"按钮，进入"固定资产卡片"窗口。

（3）输入固定资产名称"扫描仪"。双击使用部门名称弹出"本资产部门使用方式"信息提示对话框，选择"单部门使用"选项，单击"确定"按钮，打开"部门参照"对话框，选择"财务部"选项，双击"增加方式"选择"直接购入"，双击"使用状况"选择"在用"；输入原值"2500"、可使用年限"60月"，净残值率4%，开始使用日期"2015－1－1"。

（4）单击"保存"按钮。

（5）进入"填制凭证"窗口。

（6）选择凭证类型"付款凭证"，修改制单日期、附件数，补充科目，单击"保存"按钮。显示"已生成"字样。

■ **业务2：修改固定资产卡片**

（1）执行"卡片"｜"变动单"｜"使用状况调整"，进入"固定资产变动单"窗口。

（2）选择"卡片编号"为"00001"，系统自动显示"资产编号"、"开始使用日期"、"资产名称"及"变动前使用状况"。

（3）选择"变动后使用状态"为"大修理停用"。

固定资产变动单

－ 使用状况调整 －

变动单编号	00001			变动日期	2015-01-01
卡片编号	00001	资产编号	012101001	开始使用日期	2013-11-01
资产名称			轿车	规格型号	
变动前使用状况			在用 变动后使用状况		大修理停用
变动原因					大修理
				经手人	王芳

（4）"变动原因"为"大修理"。

（5）单击"保存"按钮，系统弹出"数据保存成功！"信息提示对话框，单击"确定"按钮。

■ **业务3：折旧处理**

（1）执行"处理"｜"计提本月折旧"命令，系统弹出"是否要查看折旧清单？"信息提示对话框，单击"是"按钮。

（2）系统继续弹出"本操作将计提本月折旧，并花费一定时间，是否要继续？"信息提示对话框，单击"是"按钮。弹出折旧清单。

（3）系统计提折旧完成后进入"折旧分配表"窗口。

（4）单击"凭证"按钮，进入"填制凭证"窗口，选择"转账凭证"类别，修改其他项目，补充科目名称，单击"保存"按钮。

■ **业务4：资产减少**

（1）执行"卡片"｜"资产减少"命令，进入"资产减少"窗口。

（2）选择卡片编号00004，单击"增加"按钮。

（3）选择减少方式"毁损"，单击"确定"按钮。

（4）进入"填制凭证"窗口。

（5）选择"转账凭证"，修改借方科目"累计折旧"，贷方"固定资产"，单击"保存"按钮。提示所选资产减少成功。

■ **总账系统处理**

（1）固定资产系统生成的凭证自动传递到总账系统，在总账管理系统中，对传递过来的凭证进行审核和记账。

（2）以出纳"陈亮"的身份登录总账管理系统，继续出纳签字。

（3）以会计"赵红"的身份登录总账，进行审核记账。

■ **账表管理**

（1）执行"报表"｜"账表管理"命令，进入"固定资产报表"窗口。

（2）单击"折旧表"，选择"（部门）折旧计提汇总表"。

（3）单击"打开"按钮，打开"条件"对话框。

（4）选择期间"2015－01"，汇总级次"1—2"，单击"确认"按钮。

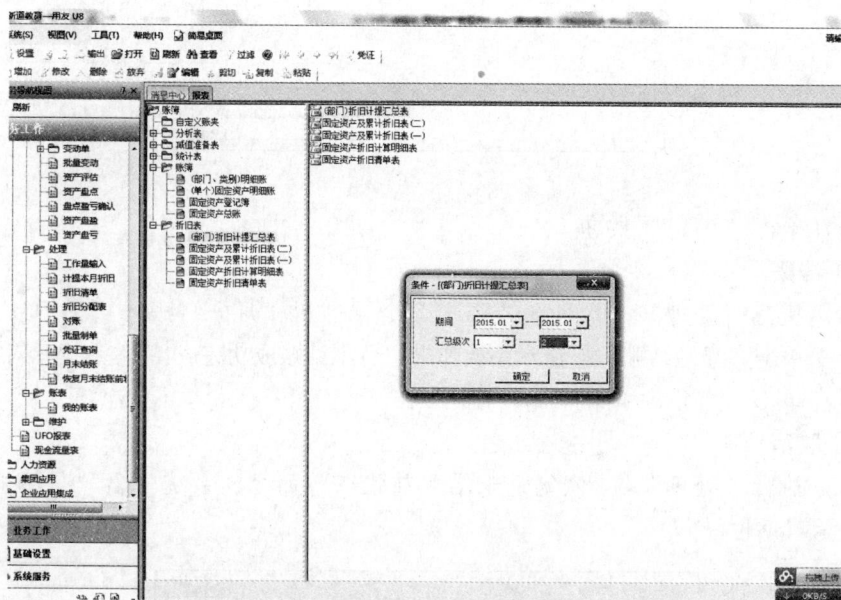

（5）生成（部门）折旧计提汇总表。

（部门）折旧计提汇总表

使用单位:北京华润公司　期间:2015.01——2015.01
汇总级次1－2

部门名称	计提原值	折旧额
综合部(1)	218,980.00	2,921.91
总经理办公室(101)	218,980.00	2,921.91
销售部(2)	28,900.00	462.40
销售一部(201)	28,900.00	462.40
制造部(4)	12,980.00	207.68
产品研发(401)	6,490.00	103.84
制造车间(402)	6,490.00	103.84
合计	260,860.00	3,591.99

4. 期末业务处理。

■ **对账**

（1）执行"处理"｜"对账"命令，系统弹出"与财务对账结果"信息提示对话框。

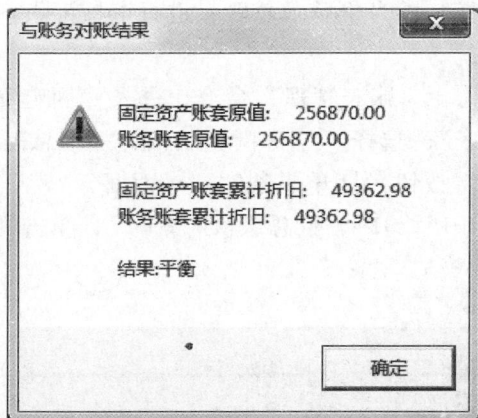

（2）单击"确定"按钮。

■ **结账**

（1）执行"处理"｜"月末结账"命令，打开"月末结账"对话框。

（2）单击"开始结账"按钮，系统弹出"月末结账成功完成！"信息提示对话框。

（3）单击"确定"按钮。

■ **取消结账**

（1）执行"处理"｜"恢复月末结账前状态"命令，系统弹出"是否继续？"信息提示对话框。

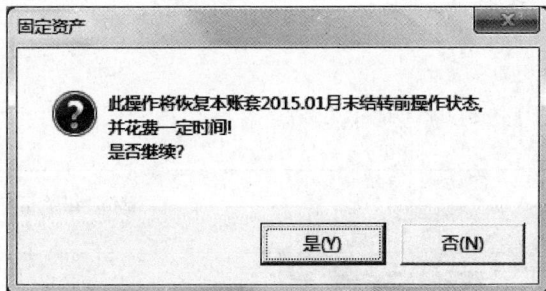

（2）单击"是"按钮，系统弹出"成功恢复月末结账前状态！"信息提示对话框。

（3）单击"确定"按钮。

实训九 应收、应付款系统初始设置

【实训目的】

通过本实训，让学生掌握应收款、应付款管理系统业务初始化工作，理解初始化相关设置的目的和意义。

【实训内容】

1. 应收款、应付款系统启用及进入。
2. 应收款系统相关基础档案设置。
3. 应收款系统参数设置。
4. 应收款系统期初余额设置。
5. 应付款系统相关基础档案设置。
6. 应付款系统参数设置。
7. 应付款系统期初余额设置。

【实训准备】

引入"实训二 总账系统初始设置"账套备份文件。

【实训要求】

以账套主管"9991汪刚"的身份注册企业门户。登录日期为2015-01-01。

【实训资料】

（一）对总账初始设置进行修改

修改前				修改后			
科目编码	科目名称	科目余额	辅助核算	科目编码	科目名称	科目余额	辅助核算
1401	材料采购			1401	材料采购		
140101	甲材料		数量核算				

修改前				修改后			
科目编码	科目名称	科目余额	辅助核算	科目编码	科目名称	科目余额	辅助核算
140102	乙材料		数量核算				
1403	原材料	452 400		1403	原材料	452 400	
140301	甲材料	320 000	数量核算				
140302	乙材料	132 400	数量核算				
1405	库存商品	1 750 000		1405	库存商品	1 750 000	
140501	A产品	1 524 000	数量核算				
140502	B产品	226 000	数量核算				
6001	主营业务收入		项目核算	6001	主营业务收入		项目核算
600101	A产品						
600102	B产品						
6401	主营业务成本		项目核算	6401	主营业务成本		项目核算
640101	A产品						
640102	B产品						

（二）模块启用及基础设置

1. 启用、进入应收款管理、应付款管理系统。

2. 基础档案设置。

（1）本单位信息。

税号：	493678294431621

（2）计量单位。

①计量单位组。

计量单位组编码	计量单位组名称	计量单位组类别
01	材料组	固定换算率
02	产品组	固定换算率
03	劳务组	无换算率

②计量单位。

计量单位编码	计量单位名称	所属分类	换算方式	换算率
01	公斤	01 – 材料组	固定换算	1（主计量）
02	吨	01 – 材料组	固定换算	1 000
03	件	02 – 产品组	固定换算	1（主计量）
04	箱	02 – 产品组	固定换算	100
05	元	03 – 劳务祖	无换算	

（3）存货分类和存货档案。

①存货分类。

存货分类编码	存货分类名称
01	材料类
02	包装物类
03	低值易耗品类
04	产品类
05	应税劳务类

②存货档案。

存货编码	存货名称	计量单位	所属分类	税率	存货属性	参考成本	参考售价
0101	甲材料	公斤	01	17	外购、生产耗用		
0102	乙材料	公斤	01	17	外购、生产耗用		
0401	A产品	件	02	17	自制、外销、内销	100	150
0402	B产品	件	02	17	自制、外销、内销	10	16
0501	运输费	元	03	7	外购、应税劳务		

（4）本单位开户银行。

①付款条件。

编码	条件表示	信用天数	优惠天数1	优惠率1	优惠天数2	优惠率2	优惠天数2	优惠率2
01	2/10，n/30	30	10	2				
02	4/10，1/30，n/60	60	10	4	30	1		

编码	条件表示	信用天数	优惠天数 1	优惠率 1	优惠天数 2	优惠率 2	优惠天数 2	优惠率 2
03	4/10, 2/30, 1/60, n/90	90	10	4	30	2	60	1
04	6/10, 4/40, 2/80, n/120	120	10	6	40	4	80	2

②本单位开户银行。

银行编码	银行名称	银行账号	币种
001	工商银行	410103198002	人民币

（5）单据编号设置。

应收款管理、应付款管理、采购管理、销售管理下所有票据的编号设置改为允许"手工改动，重号时自动重取"

（6）收发类别和销售类型。

①收发类别（录入本期销售发票时编辑录入）。

收发类别编号	收发类别名称	收发标志
1	材料入库	收
2	产成品入库	收
3	产成品出库	发
4	材料出库	发

②销售类型（录入本期销售发票时编辑录入）。

销售类型编码	销售类型名称	出库类别	是否默认值
01	外地销售	产成品出库	是
02	本地销售	产成品出库	否

（三）应收款管理系统初始设置

1. 应收款业务控制参数。

（1）常规参数。

单据审核日期依据	单据日期
坏账处理方式	应收余额百分比法
应收账款核算类型：	详细核算
○不自动计算现金折扣	○不进行远程应用
○不登记支票	

（2）记账凭证生成规则。

受控科目制单方式：	明细到客户
非控科目制单方式：	汇总方式
控制科目依据：	按客户
销售科目依据：	按存货
⊙核销生成凭证	⊙月结前全部生成凭证
⊙预收冲应收生成凭证	⊙红票对冲生成凭证

（3）权限与预警。

■ 录入发票时显示提示信息	■ 信用额度控制
提前比率：	30%

（4）核销设置。

应收款核销方式：	按单据

2. 应收款管理系统初始设置。

（1）基本科目设置。

	科目编码	科目名称
应收科目	1122	应收账款
销售收入科目	6001	主营业务收入
应交增值税科目	22210104	应交税费——应交增值税——销项税额
商业承兑科目	1121	应收票据
银行承兑科目	1121	应收票据
预收科目	2203	预收账款

	科目编码	科目名称
销售退回科目	6001	主营业务收入
现金折扣科目	6603	财务费用
票据利息科目	6603	财务费用
票据费用科目	6603	财务费用
汇兑损益科目	6603	财务费用

（2）产品科目设置。

	科目编码	科目名称
材料销售收入科目	6051	其他业务收入
产品销售收入科目	6001	主营业务收入
应交增值税科目	22210104	应交税费——应交增值税——销项税额

（3）坏账准备设置。

提取比例：	0.5%
坏账准备期初余额：	800
坏账准备科目	1231—坏账准备
对方科目	6701—资产减值损失

（4）账龄区间。

账期内账龄区间设置

序号	起止天数	总天数
01	1~30	30
02	31~60	60
03	61~90	90
04	91~120	120
05	121 以上	

逾期账龄区间设置

序号	起止天数	总天数
01	1~360	360
02	361~720	720

序号	起止天数	总天数
03	720 ~ 1 080	1 080
04	1 080 以上	

（5）报警级别设置。

序号	起止比率	总比率（%）	级别名称
01	1 ~ 30	30	A
02	31 ~ 60	60	B
03	61 ~ 90	90	C
04	91 ~ 100	100	D
05	100 以上		E

3. 应收期初余额设置。

（1）应收账款期初余额。

凭证号	单据类型	单据日期	单据编号	客户	摘要	产品名称	销售部门	业务员	数量	无税单价	价税合计
转 42	销售普通发票	2014 - 12 - 08	27 339	希望学校	销售	A 产品	销售二部	宋佳	1 000	99.6	99 600
转 96	销售专用发票	2014 - 12 - 12	76 531	通达公司	销售	B 产品	销售二部	宋佳	5 000	10	58 500

（2）应收票据期初余额。

单据类型	单据日期	单据编号	客户	摘要	销售部门	业务员	方向	金额
银行承兑汇票	2014 - 12 - 25	991225	通达公司	销售	销售四部	王华	借	351 000

附银行承兑汇票有关资料

票据编号	991225	开票单位	通达公司
承兑银行	工商银行	票据面值	351 000
票据余额	351 000	签发日期	2014 - 10 - 08
收到日期	2014 - 10 - 08	到期日	2015 - 01 - 08

（四）应付款管理系统初始设置

1. 选项设置。

（1）常规参数。

应付款核销方式：	按单据
单据审核日期：	单据日期
应付账款核算类型：	详细核算
○不自动计算现金折扣	○不进行远程应用
○不登记支票	

（2）记账凭证生成规则。

受控科目制单方式	明细到科目
非控科目制单方式	汇总方式
控制科目依据	按供应商
采购科目依据	按存货
⊙核销生成凭证	⊙月末结账前全部制单
⊙预付冲应付生成凭证	⊙红字对冲生成凭证

2. 初始设置。

基本科目设置。

	科目编码	科目名称
应付科目	220201	应付账款
采购科目	1401	材料采购
应交增值税科目	22210101	应交税费——应交增值税——进项税额

3. 应付账款期初余额设置。

单据类型	单据日期	单据编号	客户	摘要	产品名称	销售部门	业务员	数量	单价	价税合计
采购专用发票	2014 – 11 – 20		迅杰公司	购买材料	甲材料	采购部	孙联湘	5 000	40	234 000

【操作指导】

（一）对总账初始设置进行修改

（1）以账套主管"汪刚"的身份登录企业门户。

（2）进入"期初余额"界面，删除相关科目期初余额

（3）进入"会计科目"界面，删除相关二级明细科目。

（4）进入"期初余额"界面，填写一级科目"1403 原材料"、"1405 库存商品"的科目余额，试算平衡。

（二）模块启用及基础档案设置

1. 启用、进入应收款管理、应付款管理系统。

（1）以账套主管"汪刚"的身份登录企业门户。

（2）在企业门户的"基础设置"界面中，双击打开"基本信息"下级菜单，双击"系统启用"，启用"应收款管理系统"、启用日期为"2015－01－01"。同样方法启用"应付款管理系统"。

系统编码	系统名称	启用会计期间	启用自然日期	启用人
☑ GL	总账	2015-01	2015-01-01	admin
☑ AR	应收款管理	2015-01	2015-01-01	admin
☑ AP	应付款管理	2015-01	2015-01-01	admin
☑ FA	固定资产	2015-01	2015-01-01	admin
☐ NE	网上报销			
☐ NB	网上银行			
☐ WH	报账中心			
☐ SC	出纳管理			
☐ CA	成本管理			
☐ PM	项目管理			
☐ BM	预算管理			
☐ FM	资金管理			
☐ CS	客户关系管理			
☐ SR	服务管理			
☐ CM	合同管理			
☐ PA	售前分析			
☐ SA	销售管理			
☐ EX	出口管理			

系统启用　　全启　刷新　退出

[999]北京华润公司账套启用会计期间2015年1月

（3）在企业门户的"业务工作"界面中，双击打开"财务会计"下级菜单，双击"应收款管理"，进入应收款管理系统，同样，双击"应付款管理"，可以进入应付款管理系统。

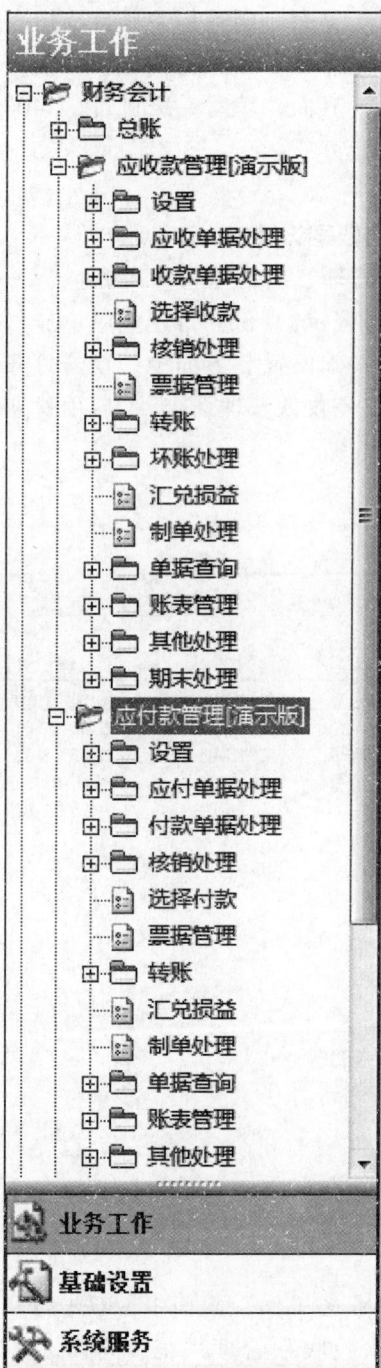

业务工作

- 📂 财务会计
  - ⊞ 📁 总账
  - ⊟ 📂 应收款管理[演示版]
    - ⊞ 📁 设置
    - ⊞ 📁 应收单据处理
    - ⊞ 📁 收款单据处理
    - 📄 选择收款
    - ⊞ 📁 核销处理
    - 📄 票据管理
    - ⊞ 📁 转账
    - ⊞ 📁 坏账处理
    - 📄 汇兑损益
    - 📄 制单处理
    - ⊞ 📁 单据查询
    - ⊞ 📁 账表管理
    - ⊞ 📁 其他处理
    - ⊞ 📁 期末处理
  - ⊟ 📂 应付款管理[演示版]
    - ⊞ 📁 设置
    - ⊞ 📁 应付单据处理
    - ⊞ 📁 付款单据处理
    - ⊞ 📁 核销处理
    - 📄 选择付款
    - 📄 票据管理
    - ⊞ 📁 转账
    - 📄 汇兑损益
    - 📄 制单处理
    - ⊞ 📁 单据查询
    - ⊞ 📁 账表管理
    - ⊞ 📁 其他处理

🔲 业务工作

🔲 基础设置

🔧 系统服务

2. 基础档案设置。

（1）本单位信息。在企业门户的"基础设置"界面中，双击打开"基础档案"下级菜单，双击"机构人员"｜"本单位信息"，打开"单位信息"对话框，输入本单位税号。

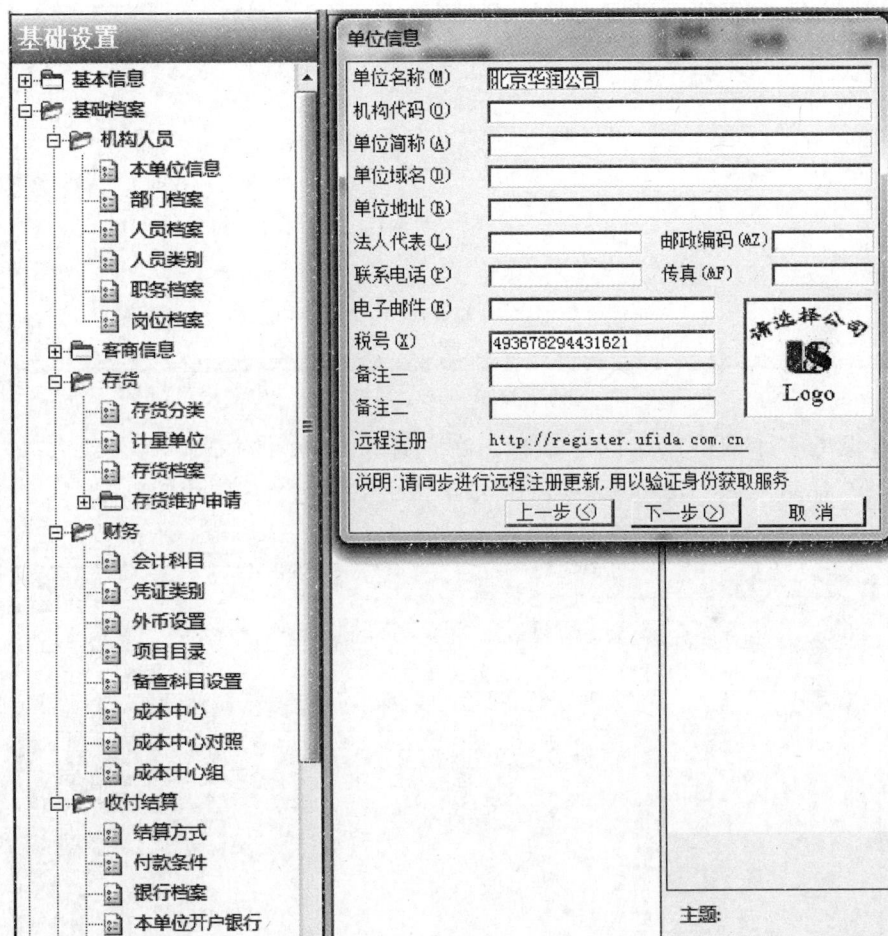

（2）计量单位

①在"基础档案"下级菜单下，双击"存货"｜"计量单位"，打开"计量单位"对话框，点击"分组"按钮，弹出"计量单位组"对话框，点击"增加"按钮，输入本单位计量单位组信息。

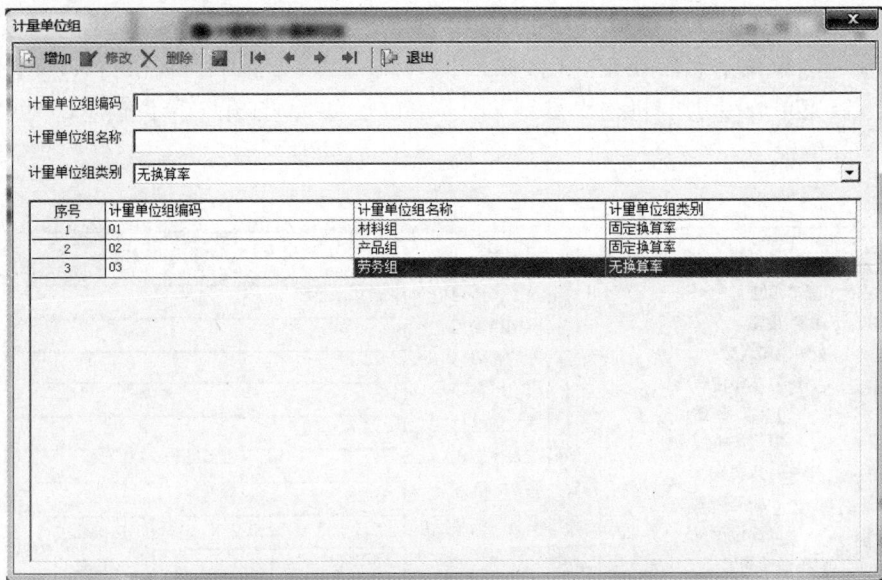

②退出"计量单位组"对话框，在"计量单位"对话框依次录入"材料组"、"产品组"和"劳务组"3个计量单位组下的5个具体计量单位。

（3）存货分类及存货档案。

①在"基础档案"下级菜单下，双击"存货"│"存货分类"，打开"存货分类"对话框，点击"增加"按钮，输入本单位存货分类信息。

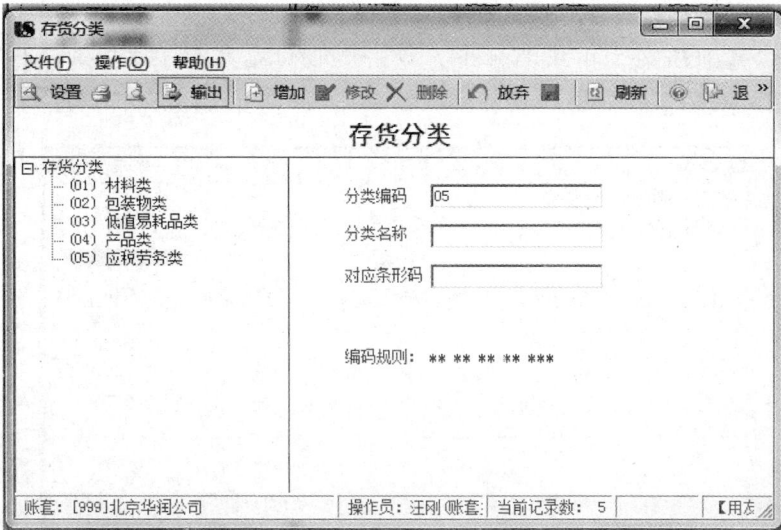

②在"基础档案"下级菜单下，双击"存货"｜"存货档案"，打开"存货档案"对话框，点击"增加"按钮，在不同的存货分类下输入本单位具体存货档案信息。

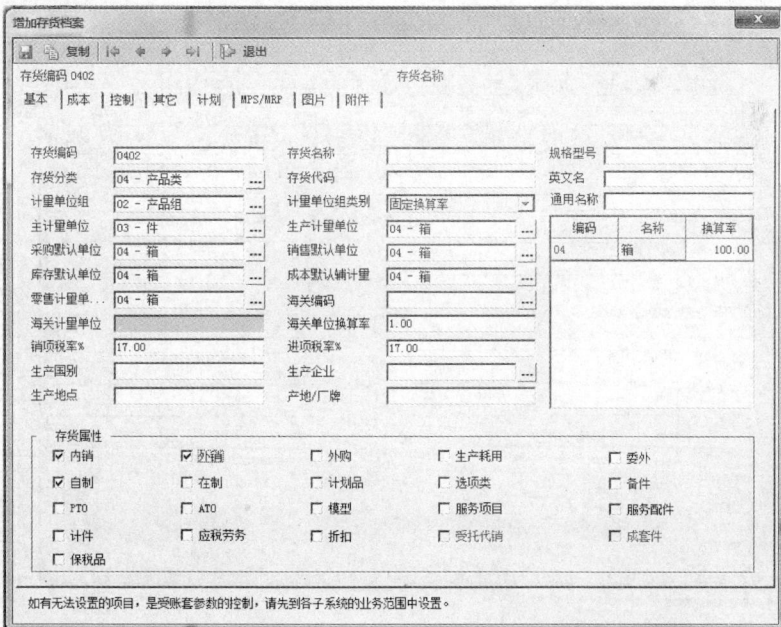

注：存货档案中材料的属性为"销售"时才可以销售该材料。

（4）付款条件及本单位开户银行。

①在"基础档案"下级菜单下，双击"收付结算"｜"付款条件"，打开"付款条件"对话框，点击"增加"按钮，输入本单位付款条件信息。

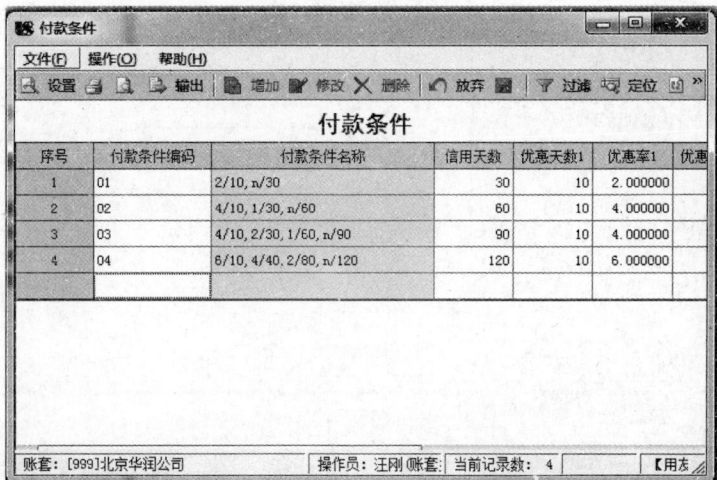

序号	付款条件编码	付款条件名称	信用天数	优惠天数1	优惠率1	优惠
1	01	2/10, n/30	30	10	2.000000	
2	02	4/10, 1/30, n/60	60	10	4.000000	
3	03	4/10, 2/30, 1/60, n/90	90	10	4.000000	
4	04	6/10, 4/40, 2/80, n/120	120	10	6.000000	

账套：[999]北京华润公司　　操作员：汪刚（账套）　当前记录数：4　　【用友

②在"基础档案"下级菜单下，双击"收付结算"｜"本单位开户银行"，打开"本单位开户银行"对话框，点击"增加"按钮，输入本单位开户银行信息。

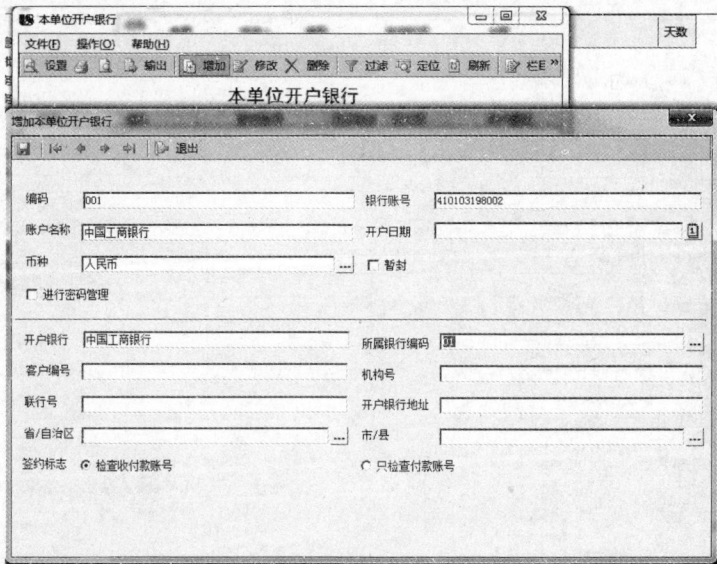

（5）单据编号设置。

在"基础档案"下级菜单下，双击"单据设置"｜"单据编号设置"，打开

"单据编号设置"对话框,在"单据类型"中选择要修改的单据,点击"✎"
按钮,选中"手工改动,重号时自动重取",点击"保存"按钮退出。

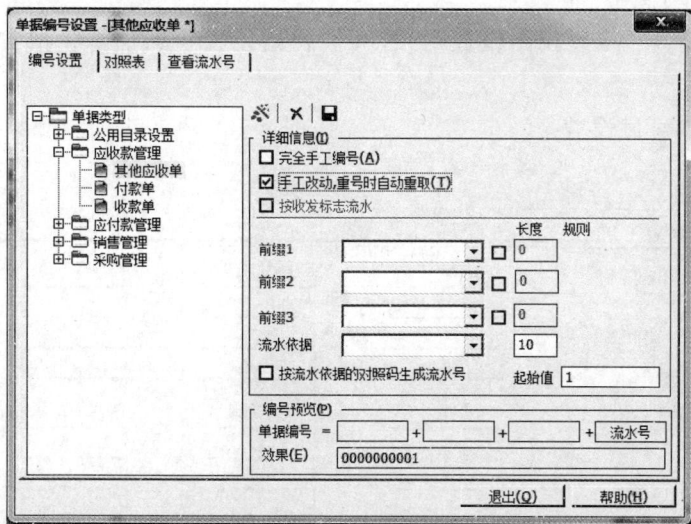

(三)应收账款管理系统初始设置

1. 设置控制参数。

(1)双击"设置"│"选项",打开"账套参数设置"对话框。

(2)单击"编辑"按钮,按实训资料进行控制参数设置。

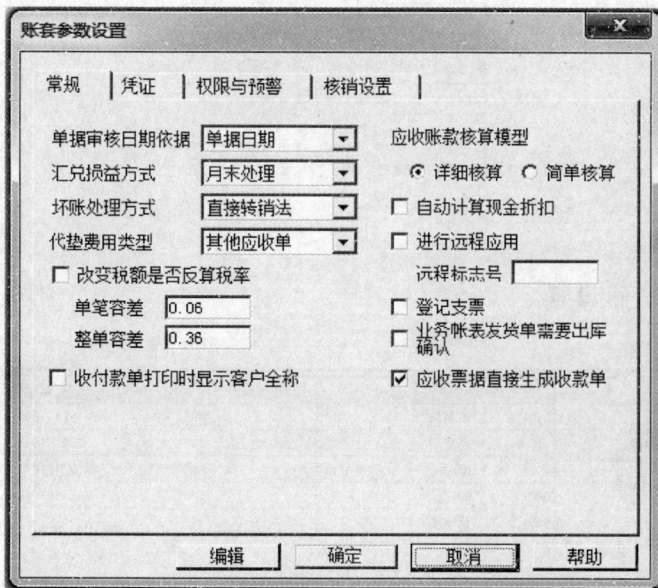

注：应收款核销方式一经确定，不允许调整；如果当年已经计提过坏账准备，则坏账处理方式不允许修改，只能在下一个年度修改。

2. 初始设置。

双击"设置"｜"初始设置"，打开"初始设置"对话框，按实训资料进行初始设置。

（1）基本科目设置。

（2）产品科目设置。

存货编码	存货名称	存货规格	销售收入科目	应交增值税科目	销售…
0101	甲材料		6051	22210104	
0102	乙材料		6051	22210104	
0401	A产品		6001	22210104	
0402	B产品		6001	22210104	
0501	运输费				

（3）坏账准备设置。

（4）账期内账龄区间设置。

序号	起止天数	总天数
01	0-30	30
02	31-60	60
03	61-90	90
04	91-180	180
05	181以上	

（5）逾期账龄区间设置。

序号	起止天数	总天数
01	1-360	360
02	361-720	720
03	721-1080	1080
04	1081以上	

（6）报警级别设置。

序号	起止比率	总比率(%)	级别名称
01	0-30%	30	A
02	30%-60%	60	B
03	60%-90%	90	C
04	90%-100%	100	D
05	100%以上		

3. 应收账款初始余额设置。

（1）在应收款管理系统中，双击"设置"｜"期初余额"，打开"期初余额——查询"对话框。

（2）单击"确认"按钮，进入"期初余额明细表"窗口。

（3）单击"增加"按钮，打开"单据类别"对话框。

（4）选择单据名称为"销售发票"，单据类型分别为"销售普通发票"和"销售专用发票"。

（5）单击"确定"按钮，进入"期初销售发票"窗口。

（6）单击"增加"按钮，输入期初销售发票相关信息，单击"保存"按钮，然后退出。

注：录入期初销售发票时要确定科目，以便与总账系统的应收账款科目对账。

4. 应收票据初始余额设置。

（1）在应收款管理系统中，双击"设置"｜"期初余额"，打开"期初余额——查询"对话框。

（2）单击"确认"按钮，进入"期初余额明细表"窗口。

（3）单击"增加"按钮，打开"单据类别"对话框。

（4）选择单据名称为"应收票据"，单据类型为"银行承兑汇票"。

（5）单击"确认"按钮，进入"期初票据"窗口。

（6）单击"增加"按钮，输入期初应收票据相关信息，单击"保存"按钮，然后退出。

5. 期初对账。

（1）在"期初余额明细表"窗口中，单击"对账"按钮，进入"期初对账窗口"。

消息中心	期初余额	期初对账								
科目		应收期初		总账期初		差额				
编号	名称	原币	本币	原币	本币	原币	本币			
1121	应收票据	351,000.00	351,000.00	351,000.00	351,000.00	0.00	0.00			
1122	应收账款	158,100.00	158,100.00	158,100.00	158,100.00	0.00	0.00			
2203	预收账款	0.00	0.00	0.00	0.00	0.00	0.00			
	合计		509,100.00		509,100.00		0.00			

（2）查看总账系统与应收系统的期初余额是否平衡。

注：应收系统与总账系统的期初余额之间的差额应该为零，即两个系统的客户往来科目的期初余额应该完全一致。

（四）应付款管理系统初始设置

1. 设置控制参数。

（1）双击"设置"｜"选项"，打开"账套参数设置"对话框。

（2）单击"编辑"按钮，按实训资料进行"常规"控制参数设置。

（3）单击"凭证"选项卡，按实训资料进行"凭证"控制参数设置。

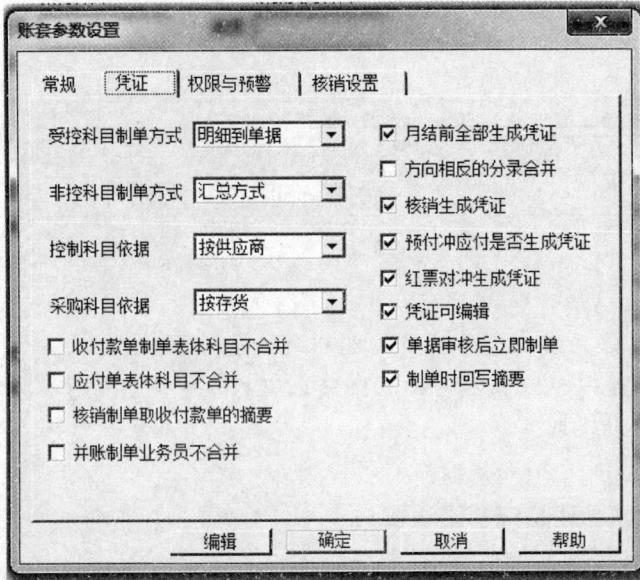

2. 初始设置。

双击"设置" | "初始设置"，打开"初始设置"对话框，按实训资料进行初始设置。

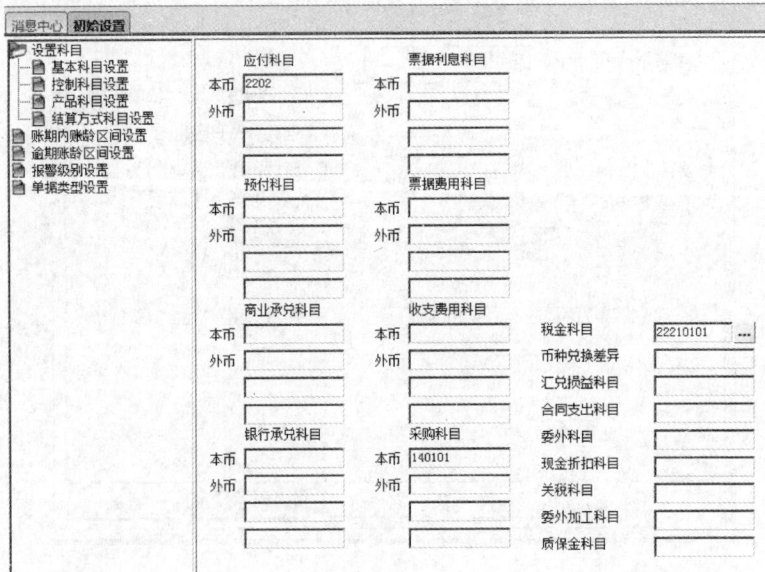

3. 应付账款初始余额设置。

（1）在应付款管理系统中，双击"设置"｜"期初余额"，打开"期初余额——查询"对话框。

（2）单击"确认"按钮，进入"期初余额明细表"窗口。

（3）单击"增加"按钮，打开"单据类别"对话框。

（4）选择单据名称为"采购发票"，单据类型分别为"采购普通发票"和"采购专用发票"。

（5）单击"确定"按钮，进入"期初采购发票"窗口。

（6）单击"增加"按钮，输入期初采购发票相关信息，单击"保存"按钮，然后退出。

（7）在"期初余额明细表"窗口中，"刷新"后点击"对账"按钮，与总账系统对账。

注：录入期初采购发票时要确定科目，以便与总账系统的应收账款科目对账。

实训十　应收款系统日常及期末处理

【实训目的】

掌握应收款管理系统日常处理、期末处理的相关操作。

【实训内容】

1. 应收款的形成以及应收单据的相关操作。

2. 收款业务以及收款单据相关操作。

3. 转账相关处理。

4. 票据管理相关处理。

5. 坏账相关处理。

6. 制单、查询统计、取消操作等。

7. 月末处理。

【实训准备】

引入"实训九　应收、应付款系统初始设置"账套备份文件。

【实训要求】

以账套主管"9994 杨露"的身份注册企业门户。登录日期为"2015 - 01 - 31"。

1. 根据发生的业务填制原始凭证，并对原始凭证进行审核，制单生成会计记账凭证。

2. 根据需要进行单据查询：查询发票、查询结算单、查询记账凭证。

3. 了解业务修改和取消操作。

4. 对应收账款系统进行期末结账处理。

【实训资料】

北京华润公司 1 月份发生应收款项有关业务如下。

■ **应收款项相关业务**

1. 2 日，销售二部宋佳向哈尔滨飞机制造厂销售 A 产品 13 000 件，无税单价 150 元，增值税 331 500 元，价税合计 2 281 500 元，开出 No. 200104 增值税专用发票，货款未收。

2. 3 日，销售三部孙健向北京希望学校销售 B 产品 5 000 件，无税单价 16 元，开出 No. 10071 销售普通发票，货款未收。

3. 3 日，销售二部宋佳以现金垫付哈尔滨飞机制造厂运费 800 元。

■ **收款相关业务**

4. 3 日，财务部陈亮收到哈尔滨飞机制造厂交来的 No. 090112 转账支票，金额 2 281 500 元，归还前欠货款。

5. 6 日，财务部陈亮收到工行传来 No. 9890116 汇兑收账通知，内列预收天津通达公司货款 58 500 元。

6. 8 日，将天津通达公司预收款 58 500 元冲抵其前欠货款。

■ **票据管理相关业务**

7. 9 日，销售四部王华向上海万邦公司销售 B 产品 16 000 件，单价 16 元，增值税 43 520 元，价税合计 299 520 元，开出 No. 200105 增值税专用发票，后收到 No. 06356 为期 6 个月的商业承兑汇票 1 张。

8. 10 日，天津通达公司 No. 991225 银行承兑汇票 351 000 元到期，财务部陈亮向工商银行办理托收手续（签发日期 2014 年 10 月 8 日，到期日 2015 年 1 月 8 日）。

9. 14 日，因急需资金，财务部陈亮持上海万邦公司 No. 06356 为期 6 个月、金额 299 520 元的商业承兑汇票 1 张到市工商银行申请贴现，年贴现率 12%，同日办妥贴现手续。签发日期为 2015 年 1 月 9 日，收到日期为 2015 年 1 月 9 日，到期日为 2015 年 7 月 9 日。

■ **坏账处理相关业务**

10. 15 日，北京希望学校所欠货款 99 600 元经确认无法收回，经批准做坏账处理。

11. 31 日，收到银行转来汇兑凭证收账通知，票号 No. 73971，本月已核销坏账北京希望学校的 99 600 元又收回。

12. 31 日，按照应收账款余额百分比法计提本月坏账准备（假定 1 月末计提坏账准备）。

【操作指导】

（一）业务处理

1. 应收款项相关业务。

业务 1　2 日，销售二部宋佳向哈尔滨飞机制造厂销售 A 产品 13 000 件，无税单价 150 元，增值税 331 500 元，价税合计 2 281 500 元，开出 No. 200104 增值税专用发票，货款未收。

操作提示：输入《销售专用发票》，并且审核、制单。

（1）双击"应收单据处理"｜"应收单据录入"，打开"单据类别"对话框。

（2）选择单据名称"销售发票"，单据类型"销售专用发票"。

（3）单击"确定"按钮，进入"销售专用发票"窗口。

（4）单击"增加"按钮，输入销售业务信息，然后点击"■"按钮。

（5）在"销售类型"一栏，点击"⋯"按钮，打开"销售类型基本参照"对话框，编辑录入销售类型。同理录入"出库类别"，资料见"收发类别和销售类型"。

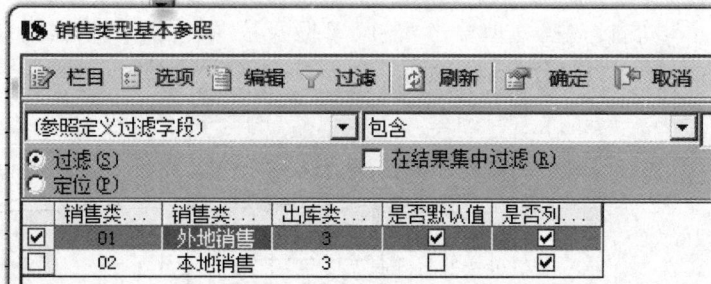

（6）单击"审核"按钮，系统弹出"是否立即制单？"信息提示对话框。

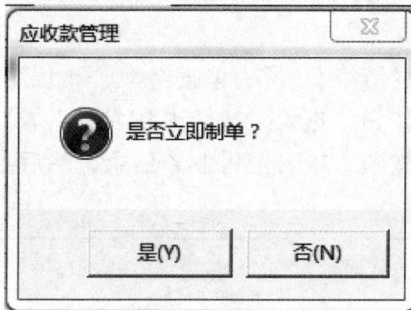

（7）单击"是"按钮，计算机生成机制记账凭证，可以查看检查。

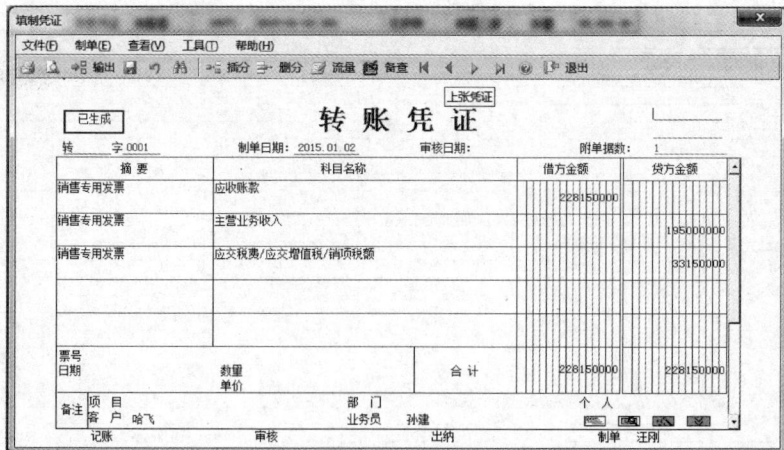

（8）修改凭证类型为转账凭证，补充录入"主营业务收入"科目的辅助项目信息，单击█按钮，记账凭证左上角出现"已生成"字样，点击"退出"。

注：

● 录入的发票、生成的记账凭证可以在"单据查询"｜"应收单查询"、"单据查询"｜"凭证查询"中查找到。

● 如果没有使用销售系统，销售发票在应收款管理系统中录入并审核销售发票，以形成应收款，并对这些发票进行查询、核销、制单等操作。

● 如果应收款管理系统与销售系统集成使用，销售发票在销售系统中录入并审核。应收款管理系统可以对这些发票进行查询、核销、制单等操作。

● 录入《销售发票》时，"销售类型"是必录项目。

业务2　3日，销售三部孙健向北京希望学校销售 B 产品 5 000 件，无税单价 16 元，开出 No. 10071 销售普通发票，货款未收。

操作提示：输入《销售普通发票》，并且审核、制单。

（1）双击"应收单据处理"｜"应收单据录入"，打开"单据类别"对话框。

（2）选择单据名称"销售发票"，单据类型"销售普通发票"。

（3）单击"确定"按钮，进入"销售普通发票"窗口。

（4）单击"增加"按钮，输入销售业务信息，然后点击"█"按钮。注意把表体、表头的税率 17 修改为 0。

（5）单击"审核"按钮，系统弹出"是否立即制单？"信息提示对话框，单击"是"按钮，计算机生成机制记账凭证，可以查看检查。

（6）修改凭证类型为转账凭证，补充录入"主营业务收入"科目的辅助项目信息，然后单击"■"按钮，记账凭证左上角出现"已生成"字样，点击"退出"按钮。

业务3　5日，销售二部宋佳以现金垫付哈尔滨飞机制造厂运费800元。

操作提示：输入"应收单"，并且审核、制单。

（1）双击"应收单据处理"｜"应收单据录入"，打开"单据类别"对话框。

（2）选择单据名称"应收单"，单据类型"其他应收单"。

（3）单击"确定"按钮，进入"销售普通发票"窗口。

（4）单击"增加"按钮，输入应收单信息，然后点击"🖫"按钮。

（5）单击"审核"按钮，系统弹出"是否立即制单？"信息提示对话框，单击"是"按钮，计算机生成机制记账凭证，可以查看检查。

（6）修改凭证类型为付款凭证，单击"🖫"按钮，记账凭证左上角出现"已生成"字样，点击"退出"。

2. 收款相关业务。

业务 4 3 日，财务部陈亮收到哈尔滨飞机制造厂交来的 No.090112 工行转账支票，金额 2 281 500 元，北京希望学校交来的 No.58479 工行转账支票，归还前欠货款。

操作提示：输入《收款单》，并且审核、制单。

（1）双击"收款单据处理"│"收款单据录入"，打开"收款单"窗口。

（2）单击"增加"按钮，输入应收单信息，然后点击"🖫"按钮。

（3）单击"审核"按钮，系统弹出"是否立即制单？"信息提示对话框，单击"是"按钮，计算机生成机制记账凭证，可以查看检查。

（4）单击"🖫"按钮，记账凭证左上角出现"已生成"字样，点击"退出"。

业务 5　6 日，财务部陈亮收到工行转来 No.9890116 汇兑收账通知，内列预收天津通达公司货款 58 500 元。

操作提示：输入"收款单"，并且审核、制单。

（1）双击"收款单据处理"｜"收款单据录入"，打开"收款单"窗口。

（2）单击"增加"按钮，输入应收单信息，然后点击"💾"按钮。

（3）单击"审核"按钮，系统弹出"是否立即制单？"信息提示对话框，单击"是"按钮，计算机生成机制记账凭证，可以查看检查。

（4）单击"💾"按钮，记账凭证左上角出现"已生成"字样，点击"退出"。

业务 6　8 日，将天津通达公司预收款 58 500 元冲抵其前欠货款。

操作提示：执行转账业务，类型为"预收冲应收"。

（1）双击"转账"｜"预收冲应收"，进入"预收冲应收"窗口。

（2）输入转账日期，单击"预收款"选项卡，选择客户"天津通达公司"，单击"过滤"按钮，系统列出该客户的预收款，向右拖动窗口下部滚动条，输入转账金额"58 500"。

（3）打开"应收款"选项卡，单击"过滤"按钮，系统列出该客户的应收款，向右拖动窗口下部滚动条，输入转账金额"58 500"，点击"自动转账"按钮。

（4）单击"确认"，系统弹出"是否立即制单？"信息提示对话框，单击

"是"，生成记账凭证。

注：

● 每一笔应收款的转账金额不能大于其余额。

● 应收款的转账金额合计应该等于预收款的转账金额合计。

● 在初始设置时，如果将应收科目和预收科目设置为同一科目，将无法通过预收冲应收功能生成凭证。

● 此笔预收款也可不先冲应收款，待收到此笔货款的剩余款项并进行核销时，再同时使用此笔预收款进行核销。

3. 票据管理相关业务。

业务 7 9 日，销售四部王华向上海万邦公司销售 B 产品 16 000 件，单价 16 元，增值税 43 520 元，价税合计 299 520 元，开出 No. 200105 增值税专用发票，后收到 No. 06356 为期 6 个月的商业承兑汇票 1 张。

操作提示：录入"销售专用发票"，审核，制单，录入商业承兑汇票，审核，查看"收款单"并审核、制单。

（1）录入销售专用发票。双击"应收单据处理"｜"应收单据录入"，打开"单据类别"对话框。选择单据名称"销售发票"，单据类型"销售专用发票"。单击"确定"按钮，进入"销售专用发票"窗口。单击"增加"按钮，输入销售业务信息，然后点击"💾"按钮。

（2）单击"审核"按钮，系统弹出"是否立即制单？"信息提示对话框。单击"是"按钮，计算机生成机制记账凭证，可以查看检查。单击"📙"按钮，记账凭证左上角出现"已生成"字样，点击"退出"。

（3）双击"票据管理"，打开"过滤条件选择"对话框，点击"过滤"按钮。

（4）在打开的"票据管理"窗口，点击"增加"。

（5）在"商业汇票"窗口，输入收到的商业承兑汇票的业务信息，保存退出。

（6）双击"收款单据处理"｜"收款单据审核"，打开"收款单过滤条件"窗口，单击"确定"按钮。

（7）在打开的"收付款单列表"中，找到录入的 No. 06356 商业汇票后系统自动生成的收款单记录，双击打开"收款单"。

（8）单击"审核"按钮，选择"立即制单"，保存退出。

业务8 10日，天津通达公司 No.991225 银行承兑汇票 351 000 元到期，财务部陈亮向工商银行办理托收手续（签发日期 2014 年 10 月 8 日，到期日 2015 年 1 月 8 日）。

操作提示：找到需要处理的商业汇票，执行"转出"操作，并制单。

（1）双击"票据管理"，打开"过滤条件选择"对话框，点击"过滤"按钮。

（2）在打开的"票据管理"窗口，找到本业务对应的那一条商业汇票记录，双击，打开"商业汇票"窗口。

（3）在"商业汇票"窗口，点击"转出"按钮，弹出"票据转出"对话框。

（4）点击"确定"按钮，选择"立即制单"，生成转账凭证，保存退出。

注：

● 此处设置了错误陷阱，完成业务8后请先参照"（二）相关处理——3. 取消操作"进行错误业务的修改操作，再进行后面的业务处理。

● 票据结算指票据兑现。

● 票据转出指由于某种原因导致票据迟迟没有结算，需要重新恢复应收账款。

业务9　14日，因急需资金，财务部陈亮持上海万邦公司 No.06356 为期 6 个月、金额 299 520 元的商业承兑汇票 1 张到市工商银行申请贴现，年贴现率 12%，同日办妥贴现手续（签发日期 2015 年 1 月 9 日，收到日期 2015 年 1 月 9 日，到期日 2015 年 7 月 9 日）。

操作提示：找到需要处理的商业汇票，执行"贴现"操作，并制单。

（1）双击"票据管理"，打开"过滤条件选择"对话框，点击"过滤"按钮。

（2）在打开的"票据管理"窗口，找到本业务对应的那一条商业汇票记录，双击，打开"商业汇票"窗口。

（3）在"商业汇票"窗口，点击"贴现"按钮，弹出"票据贴现"对话框。选择"贴现方式"，输入"贴现日期"和"贴现率"，系统自动计算"贴现净额"和"贴现费用"，检查无误后，点击"确定"按钮。

（4）点击"确定"按钮，选择"立即制单"，生成"收款凭证"，在凭证中输入借方科目"100201"和结算方式，然后保存退出。

4. 坏账处理相关业务。

业务 10 15 日，北京希望学校所欠货款 99 600 元经确认无法收回，经批准做坏账处理。

操作提示：执行坏账发生操作，并制单。

（1）执行"坏账处理"｜"坏账发生"命令，打开"坏账发生"对话框。录入坏账发生的相关信息，点击"确定"按钮。

坏账发生	
日期 2015-01-15	客户 001 - 北京希望学校
部门	业务员 ...
币种 人民币	汇率
确定 取消 辅助条件	

（2）进入"坏账发生单据明细"窗口，系统列出该客户所有未核销的应收单据。

发生坏账损失

坏账发生单据明细

单据类型	单据编号	单据日期	合同号	合同名称	到期日	余 额	部 门	业 务 员	本次发生坏账金额
销售普通发票	10071	2015-01-03			2015-01-03	80,000.00	销售三部	孙建	
销售普通发票	27339	2014-12-08			2014-12-08	99,600.00	销售二部	宋佳	99,600.00
合 计						179,600.00			99,600.00

（3）选中坏账对应的那一笔应收单据的记录，双击，在"本次发生坏账金额"处可以修改坏账发生的金额，单击"OK 确认"按钮。

（4）系统弹出"是否立即制单？"信息提示对话框，单击"是"，生成转账凭证。

编制凭证				
文件(F) 制单(E) 查看(V) 工具(T) 帮助(H)				
输出				退出

转 账 凭 证

已生成				附单据数： 1

转 字 0007 制单日期：2015.01.15 审核日期：

摘 要	科目名称	借方金额	贷方金额
坏账发生	坏账准备	9960000	
坏账发生	应收账款		9960000

票号 日期	数量 单价	合 计	9960000	9960000

备注 项 目 部 门 个 人
　　　客 户 业务员

记账　　　　审核　　　　出纳　　　　制单 汪刑

业务 11　31 日，收到银行转来汇兑凭证收账通知，票号 No. 73971，本月已核销坏账北京希望学校 99 600 元又收回。

操作提示：录入收款单，执行"坏账收回"操作，并制单。

（1）双击"收款单据处理"｜"收款单据录入"，录入收款单，先不要审核。

（2）执行"坏账处理"｜"坏账收回"命令，打开"坏账收回"对话框。录入坏账发生的相关信息，在"结算单号"一栏点击"···"，打开"收款单参照"对话框。

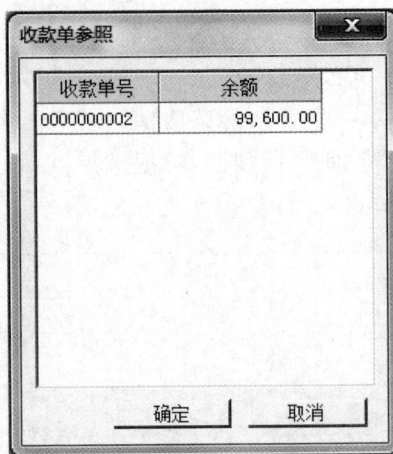

（3）选择坏账收回对应的收款单，单击"确定"按钮，返回"坏账收回"对话框，再单击"确定"按钮。

（4）系统弹出"是否立即制单？"信息提示对话框，单击"是"，生成记账凭证。

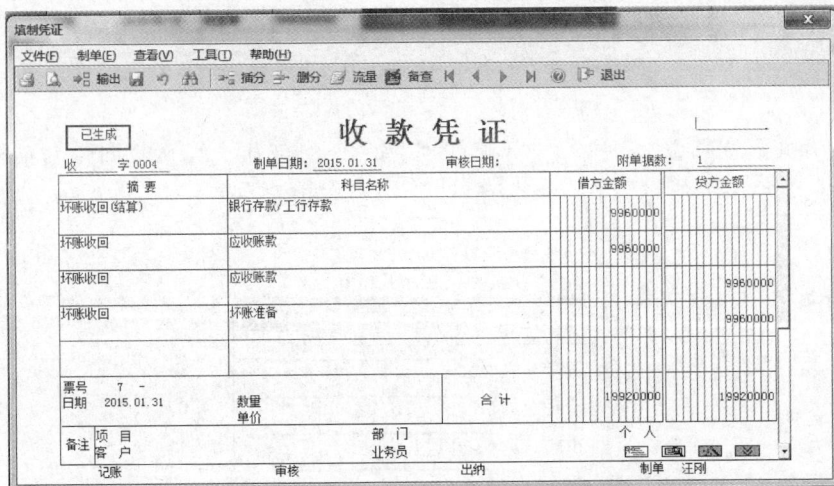

业务12 31日，按照应收账款余额百分比法计提本月坏账准备（假定1月末计提坏账准备）。

操作提示：录入收款单，执行"计提坏账准备"操作，并制单。

（1）执行"坏账处理"｜"计提坏账准备"命令，进入"应收账款百分比法"窗口。系统根据应收账款余额、坏账准备余额、坏账准备初始设置情况自动计算出本次计提金额。

应收账款百分比法

应收账款…	计提比率	坏账准备	坏账准备余额	本次计提
800.00	0.500%	4.00	800.00	-796.00

（2）在系统中查询"应收账款"科目、"坏账准备"科目的明细账及余额，核对检查坏账准备提取数额。

应收账款明细账

科目　1122 应收账款

月	日	凭证号数	摘要	借方	贷方	方向	余额
			上年结转			借	158,100.00
01	02	转-0001	*销售专用发票_哈飞_孙建	2,281,500.00		借	2,439,600.00
01	03	收-0001	*收款单_哈飞_陈亮		2,281,500.00	借	158,100.00
01	03	付-0001	*其他应收单_哈飞_宋佳	800.00		借	158,900.00
01	03	转-0002	*销售普通发票_希望学校_孙建	80,000.00		借	238,900.00
01	08	转-0003	*预收冲应收_通达公司_宋佳		58,500.00	借	180,400.00
01	09	转-0004	*销售专用发票_万邦证券_王华	299,520.00		借	479,920.00
01	09	转-0005	*收款单_万邦证券_王华		299,520.00	借	180,400.00
01	15	转-0007	*坏账发生_希望学校_宋佳		99,600.00	借	80,800.00
01	31	收-0005	*坏账收回_希望学校_7_2015.01.31_-	99,600.00		借	180,400.00
01	31	收-0005	*坏账收回_希望学校_7_2015.01.31_-		99,600.00	借	80,800.00
01	31	收-0006	*收款单_希望学校_-		80,000.00	借	800.00
01			当前合计	2,761,420.00	2,918,720.00	借	800.00
01			当前累计	2,761,420.00	2,918,720.00	借	800.00

坏账准备明细账

科目　1231 坏账准备

月	日	凭证号数	摘要	借方	贷方	方向	余额
			上年结转			贷	800.00
01	15	转-0007	*坏账发生	99,600.00		借	98,800.00
01	31	收-0005	*坏账收回_7_2015.01.31		99,600.00	贷	800.00
01			当前合计	99,600.00	99,600.00	贷	800.00
01			当前累计	99,600.00	99,600.00	贷	800.00

（3）检查无误后，单击"OK确认"按钮，系统弹出"是否立即制单？"信息提示对话框。单击"是"，生成记账凭证，保存退出。注意这张记账凭证中金额为"红字"。

注意：如果坏账准备已计提成功，本年度将不能再次计提坏账准备。

（二）相关处理

1. 制单。

■ 立即制单

（1）在单据进行完相应的操作后，系统弹出"是否立即制单？"信息提示对话框。单击"是"，可生成一张凭证。

（2）修改后，单击"保存"，此凭证可传递到总账系统。

■ 批量制单

（1）执行"制单处理"命令，打开"制单查询"对话框。

（2）选中不同的单据类型，单击"确认"，进入"制单"窗口。

（3）选择凭证类别，单击"全选"。

（4）单击"制单"，进入"填制凭证"窗口。

（5）单击"保存"，凭证上方出现"已生成"字样。表明此凭证已传递至总账。

（6）单击"上张"、"下张"，保存其他需要保存的凭证。

（7）完成应收单据制单、收付款单据制单、转账制单、并账制单、坏账处理制单等。

注意：

■ 执行生成凭证的操作员，必须在总账管理系统拥有制单权限。

■ 制单日期应大于等于所选单据的最大日期，但小于当前业务日期，同时，制单日期应满足总账管理系统中的制单序时要求。

2. 查询统计。

（1）单据查询。在"单据查询"菜单下可以实现各类单据、凭证的查询。

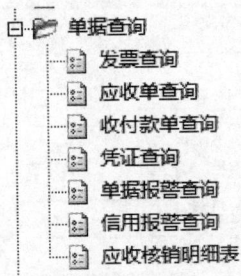

凭证查询

凭证总数：14 张

业务日期	业务类型	业务号	制单人	凭证日期	凭证号	标志
2015-01-05	其他应收单	0000000001	汪刚	2015-01-03	付-0001	
2015-01-03	收款单	0000000001	汪刚	2015-01-03	收-0001	
2015-01-06	收款单	0000000002	汪刚	2015-01-06	收-0002	
2015-01-10	票据结算	991225	汪刚	2015-01-10	收-0003	
2015-01-31	票据贴现	06356	汪刚	2015-01-31	收-0004	
2015-01-31	坏账收回	0000000005	汪刚	2015-01-31	收-0005	
2015-01-03	收款单	0000000006	汪刚	2015-01-31	收-0006	
2015-01-02	销售专…	200104	汪刚	2015-01-02	转-0001	
2015-01-03	销售普…	10071	汪刚	2015-01-03	转-0002	
2015-01-31	预收冲应收	76531	汪刚	2015-01-08	转-0003	
2015-01-09	销售专…	200105	汪刚	2015-01-09	转-0004	
2015-01-09	收款单	0000000004	汪刚	2015-01-09	转-0005	
2015-01-15	坏账发生	27339	汪刚	2015-01-15	转-0007	
2015-01-31	计提坏账	HZAR000…	汪刚	2015-01-31	转-0008	

注意：如果需要对记账凭证进行修改或删除，必须先查询到账凭证，再进行相关处理。

（2）业务账表查询。

应收明细账

币种： 全部
期间： 1 — 1

年	月	日	凭证号	客户 编码	客户 名称	摘要	订单号	发货单	出库单	单据类型	单据号	币种	本期应收 本币	本期收回 本币	余额 本币
				001	北京希望学校	期初余额									99,600.00
2015	1	3	转-0002	001	北京希望学校	销售普...				销售普...	10071	人民币	80,000.00		179,600.00
2015	1	3	收-0006	001	北京希望学校	收款单				收款单	0000000006	人民币		80,000.00	99,600.00
2015	1	15	转-0007	001	北京希望学校	坏账发生				坏账发生	WZAB0000...	人民币	99,600.00		
2015	1	31	收-0005	001	北京希望学校	坏账收回				坏账收回	WZAB0000...	人民币		99,600.00	
				(001)小计								179,600.00	279,200.00	
				002	天津通达公司	期初余额									58,500.00
2015	1	6	收-0002	002	天津通达公司	收款单				收款单	0000000002	人民币		58,500.00	
				(002)小计									58,500.00	
2015	1	9	转-0004	003	上海万邦证券公司	销售专...				销售专...	200105	人民币	299,520.00		299,520.00
2015	1	9	转-0005	003	上海万邦证券公司	收款单				收款单	0000000004	人民币		299,520.00	
				(003)小计								299,520.00	299,520.00	
2015	1	2	转-0001	004	哈尔滨飞机制造厂	销售专...				销售专...	200104	人民币	2,281,5...		2,281,500.00
2015	1	3	收-0001	004	哈尔滨飞机制造厂	收款单				收款单	0000000001	人民币		2,281,5...	
2015	1	5	付-0001	004	哈尔滨飞机制造厂	其他应收单				其他应收单	0000000001	人民币	800.00		800.00
				(004)小计								2,282,3...	2,281,5...	800.00
合计												2,761,4...	2,918,7...	

【用友软件】

（3）科目账表查询。

□ 📁 科目账查询
　├ 科目明细账
　└ 科目余额表

单位往来科目明细账

科目明细账　　　　　　　　　　　　金额式 ▾

科目： 全部 ▾　　　　　　　　　　　　　　　　期间： 2015.01-201...

2015年 月	日	凭证号	科目 编号	科目 名称	客户 编号	客户 名称	摘要	借方 本币	贷方 本币	方向	余 本币
01	10	收-0003	1121	应收票据	002	天津通达公司	期初余额			借	
			1121	应收票据	002	天津通达公司	票据贴其		351,000.00		
01			1121	应收票据	002	天津通达公司	当前合计		351,000.00	平	
01	09	转-0005	1121	应收票据	002	天津通达公司	当前累计		351,000.00	平	
01	31	收-0004	1121	应收票据	003	上海万邦证券公司	收款单	299,520.00		借	
			1121	应收票据	003	上海万邦证券公司	票据贴现		299,520.00		
01			1121	应收票据	003	上海万邦证券公司	当前合计	299,520.00	299,520.00	平	
01			1121	应收票据	003	上海万邦证券公司	当前累计	299,520.00	299,520.00	平	
			1121	应收票据			合 计	299,520.00	650,520.00	平	
			1121	应收票据			累 计	299,520.00	650,520.00	平	
			1122	应收账款	001	北京希望学校	期初余额			借	
01	03	转-0002	1122	应收账款	001	北京希望学校	销售普普发票	80,000.00			
01	15	转-0007	1122	应收账款	001	北京希望学校	坏账发生		99,600.00		
01	31	收-0005	1122	应收账款	001	北京希望学校	坏账发生	99,600.00			
01	31	收-0005	1122	应收账款	001	北京希望学校	坏账收回		99,600.00		
01	31	收-0006	1122	应收账款	001	北京希望学校	收款单		80,000.00		
01			1122	应收账款	001	北京希望学校	当前合计	179,600.00	279,200.00	平	
01			1122	应收账款	001	北京希望学校	当前累计	179,600.00	279,200.00	平	
01	08	转-0003	1122	应收账款	002	天津通达公司	期初余额			借	
01			1122	应收账款	002	天津通达公司	预收-冲应收		58,500.00		
01			1122	应收账款	002	天津通达公司	当前合计		58,500.00	平	
01			1122	应收账款	002	天津通达公司	当前累计		58,500.00	平	
01	09	转-0004	1122	应收账款	003	上海万邦证券公司	销售专用发票	299,520.00		借	
01	09	转-0005	1122	应收账款	003	上海万邦证券公司	收款单		299,520.00		
01			1122	应收账款	003	上海万邦证券公司	当前合计	299,520.00	299,520.00	平	
01			1122	应收账款	003	上海万邦证券公司	当前累计	299,520.00	299,520.00	平	
01	02	转-0001	1122	应收账款	004	哈尔滨飞机制造厂	销售专用发票	2,281,500.00		借	2,
01	03	付-0001	1122	应收账款	004	哈尔滨飞机制造厂	其他应收单	800.00		借	2,
01	03	收-0001	1122	应收账款	004	哈尔滨飞机制造厂	收款单		2,281,500.00	借	
01			1122	应收账款	004	哈尔滨飞机制造厂	当前合计	2,282,300.00	2,281,500.00	借	
01			1122	应收账款	004	哈尔滨飞机制造厂	当前累计	2,282,300.00	2,281,500.00	借	
			1122				合 计	2,761,420.00	2,918,720.00		

（4）账龄分析。打开"账表管理"｜"统计分析"｜"应收账龄分析"。

3. 取消操作。

双击"其他处理"｜"取消操作",打开"取消操作条件"对话框,通过选择"操作类型"来取消相关操作。

修改业务8 10日,天津通达公司No.991225银行承兑汇票351 000元到期,财务部陈亮向工商银行办理托收手续(签发日期2014年10月8日,到期日2015年1月8日)。

操作提示:取消错误的票据"转出"操作,重新进行票据"结算"操作。

(1)双击"单据查询｜凭证查询",打开"凭证查询条件"对话框,点击"确定"按钮。

（2）在"凭证查询"窗口找到相关的凭证记录，选中，点击"删除"按钮，删除这张错误的记账凭证。

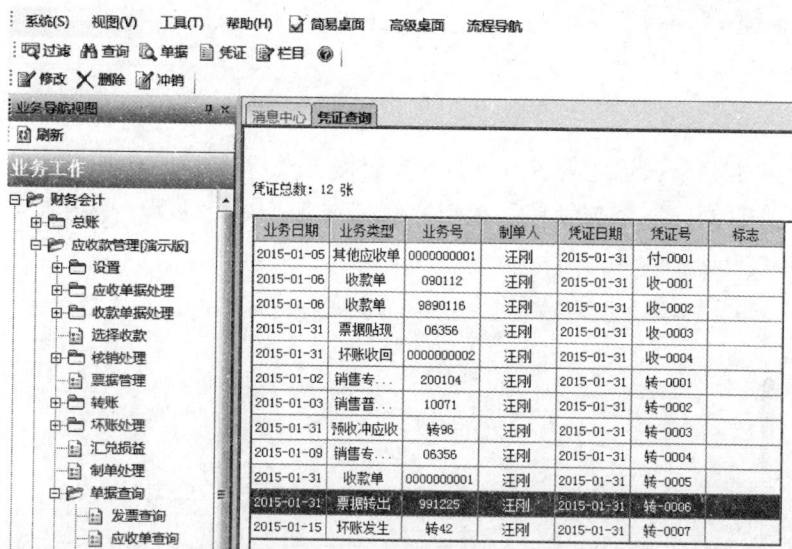

（3）双击"其他处理│取消操作"，打开"取消操作条件"对话框，在"操作类型"中选择"票据管理"，点击"确定"按钮。

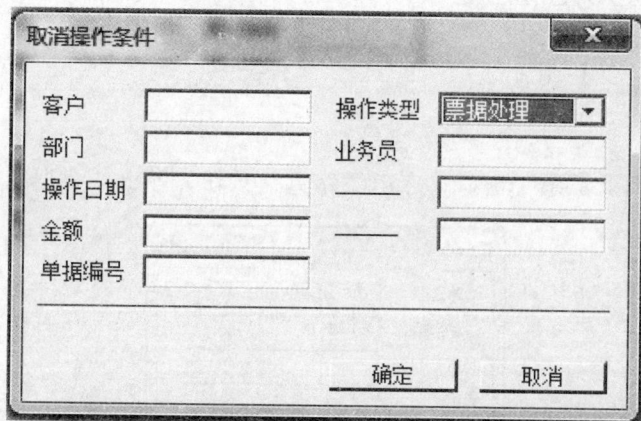

（4）在打开的"取消操作"对话框中，双击选中需要取消的票据管理操作对应的记录，在"选择标志"中出现"Y"标志，点击"OK确认"按钮，完成取消票据转出操作。

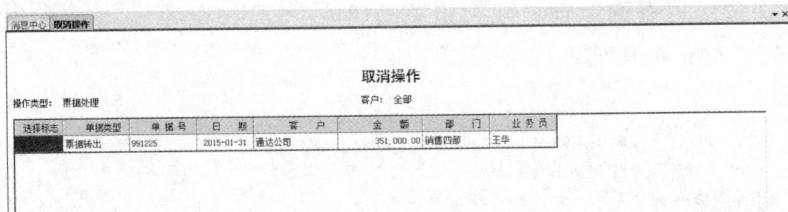

（5）双击"票据管理"，打开"过滤条件选择"对话框，点击"过滤"按钮。

（6）在打开的"票据管理"窗口，找到本业务对应的那一条商业汇票记录，双击，打开"商业汇票"窗口。

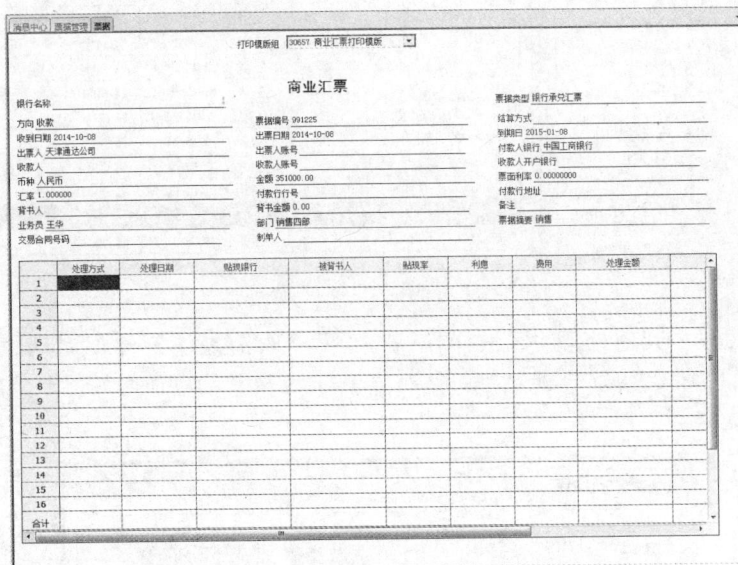

（7）在"商业汇票"窗口，点击"结算"按钮，弹出"票据结算"对话框。

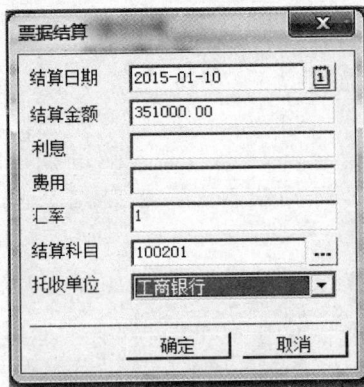

（8）点击"确定"按钮，选择"立即制单"，生成收款凭证，保存退出。

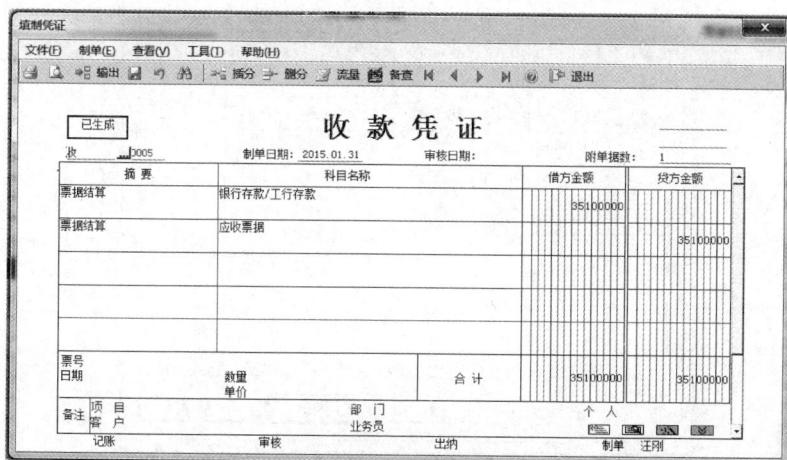

4. 期末处理。

■ **结账**

（1）执行"期末处理"｜"月末结账"命令，打开"月末处理"对话框。

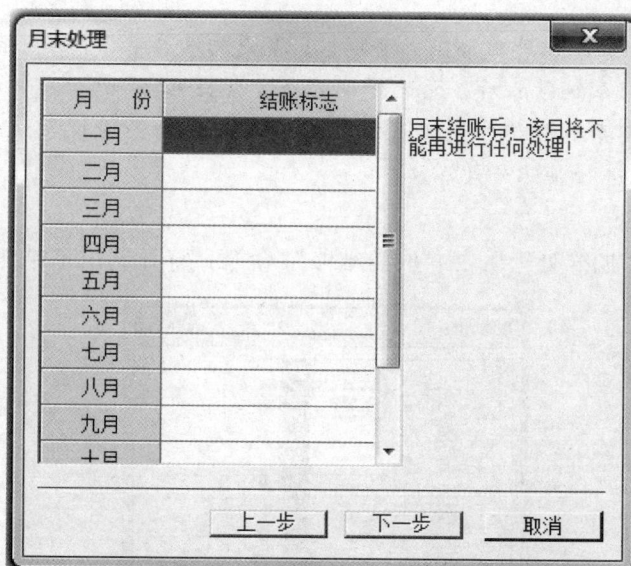

（2）双击需要结账月份的结账标志栏。

（3）单击"下一步"按钮，屏幕显示各处理类型的处理情况。

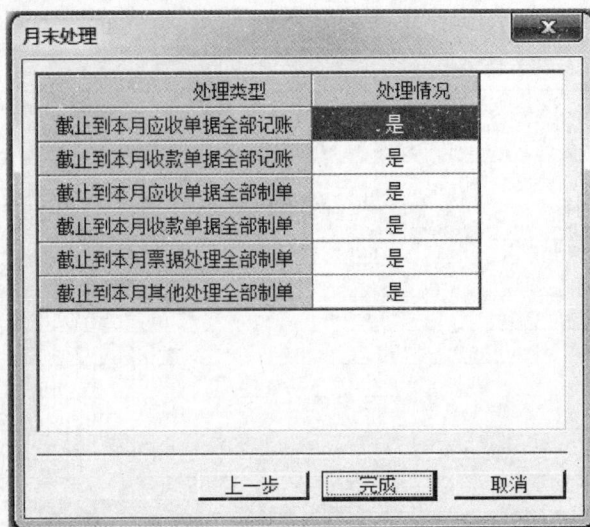

（4）在处理情况都是"是"的情况下，单击"完成"按钮，结账后，系统弹出"结账成功！"信息提示对话框。

（5）单击"确认"按钮。系统自动在对应的结账月份的"结账标志"栏中显示"已结账"字样。

注意：

● 本月的单据在结账前应该全部审核；本月的结算单据在结账前应全部核销。

● 应收管理系统结账后，总账管理系统才能结账。

● 应收管理系统与销售管理系统集成使用，在销售管理系统结账后，才能对应收管理系统进行结账处理。

■ 取消结账

（1）执行"期末处理"｜"取消结账"命令，打开"取消结账"对话框。

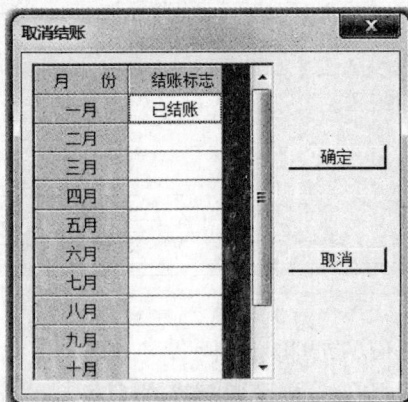

（2）选择"1月已结账"月份。

（3）单击"确定"按钮，系统弹出"取消结账成功"信息提示对话框。

注意：如果当月总账管理系统已经结账，则应收管理系统不能取消结账。

实训十一 应付款系统日常及期末处理

【实训目的】

掌握应付款管理系统初始化、日常处理、期末处理的相关操作。

【实训内容】

1. 应付款的形成以及应付单据的相关操作。

2. 付款业务以及付款单据相关操作。

3. 制单、查询统计、取消操作等。

4. 月末处理。

【实训准备】

引入"实训九 应收、应付款系统初始设置"账套备份文件。

【实训要求】

以应收应付会计"9994 杨露"的身份注册企业门户，日期为 2015 - 01 - 31。

1. 根据发生的业务填制原始凭证，并对原始凭证进行审核，制单生成会计记账凭证。

2. 根据需要进行单据查询：查询发票、查询结算单、查询记账凭证。

3. 了解业务修改和取消操作。

4. 对应付账款系统进行期末结账处理。

【实训资料】

（一）发生应付及付款相关业务

北京华润公司1月份发生应付款项有关业务如下：

■ 应付款相关业务

（1）5日，采购部孙联湘从上海信息记录纸厂采购乙材料1 000公斤，不含税单价10元，价税合计11 700元，收到采购专用发票，票号No.784578。财务部门确认应付账款。

■ 付款相关业务

（2）13日，财务部陈亮填制转账支票No.20113向上海信息记录纸厂支付货款11 700元。

■ 现结业务

（3）14日，采购部孙联湘从南京多媒体研究所采购甲材料500公斤，单价68.5元，合计34 250元，收到采购普通发票，票号No.187954。孙联湘当即以转账支票形式支付货款，支票号Z0142。

■ 运费发票

（4）15日，采购部孙联湘从北京联想分公司采购甲材料200公斤，单价80元，乙材料100公斤，单价10元，收到采购专用发票，票号No.87457。

（5）在采购过程中发生一笔运输费300元，税率7%，收到相应的运费发票一张，票号No.784858。

（二）单据查询

查询发票、查询结算单、查询记账凭证。

（三）月末处理

对应付账款系统进行期末结账处理。

【操作指导】

（一）应付系统日常业务处理

1. 应付款相关业务。

业务1 5日，采购部孙联湘从上海信息记录纸厂采购乙材料1 000公斤，不含税单价10元，价税合计11 700元，收到采购专用发票，票号No.784578。

操作提示：输入采购专用发票，并且审核、制单。

（1）双击"应付单据处理"｜"应付单据录入"，打开"单据类别"对话框。

（2）选择单据名称"采购发票"，单据类型"采购专用发票"。

（3）单击"确定"按钮，进入"采购专用发票"窗口。单击"增加"按钮，输入采购业务信息，然后点击"💾"按钮。

（4）点击"审核"按钮，系统弹出"是否立即制单？"信息提示对话框。单击"是"，生成一张记账凭证，保存退出。

2. 付款相关业务处理。

业务2　13日，财务部陈亮填制转账支票 No. 20113 向上海信息记录纸厂支付货款 11 700 元。

操作提示：录入付款单，并且审核、制单。

（1）双击"付款单据处理"｜"付款单据录入"，打开"付款单"窗口。

（2）单击"增加"按钮，输入付款单信息，然后点击"💾"按钮。

（3）单击"审核"按钮，系统弹出"是否立即制单？"信息提示对话框。单击"是"按钮，计算机生成机制记账凭证，可以查看检查。

（4）单击"💾"按钮，记账凭证左上角出现"已生成"字样，点击"退出"。

3. 现结业务。

业务3　14日，采购部孙联湘从南京多媒体研究所采购甲材料50公斤，单价685元，合计34 250元，收到采购普通发票，票号No. 187954。孙联湘当即以转账支票形式支付货款，支票号Z0142。

操作提示：输入采购专用发票，现结，并且审核、制单。

（1）双击"应付单据处理"｜"应付单据录入"，打开"单据类别"对话框。

（2）选择单据名称"采购发票"，单据类型"采购普通发票"。

（3）单击"确定"按钮，进入"采购专用发票"窗口。单击"增加"按钮，输入采购业务信息，然后点击"![save]"按钮。

（4）点击"审核"按钮，系统弹出"是否立即制单？"信息提示对话框。单击"否"。

（5）执行"选择付款"，在条件过滤窗口选择供应商，并且单击"确定"。

（6）在"选择付款列表"中选择要付款的单据，点击"OK确认"按钮。

（7）在"选择付款——付款单"对话框中输入结算方式和票号等信息，点击"确定"退出。系统自动生成付款单。

（8）在"制单处理"中进行制单，保存退出。

4. 运费发票。

业务4　15日，采购部孙联湘从北京联想分公司采购甲材料200公斤，单价80元，乙材料100公斤，单价10元，收到采购专用发票，票号 No. 87457。

操作提示：输入采购专用发票，并且审核、制单。

（1）双击"应付单据处理"｜"应付单据录入"，打开"单据类别"对话框。

（2）选择单据名称"采购发票"，单据类型"采购专用发票"。

（3）单击"确定"按钮，进入"采购专用发票"窗口。单击"增加"按钮，输入采购业务信息，然后点击"📷"按钮。

（4）点击"审核"按钮，系统弹出"是否立即制单?"信息提示对话框。单击"是"，生成一张记账凭证，保存退出。

业务 5　在采购过程中发生一笔运输费 300 元，税率 7%，收到相应的运费发票一张，票号 No.784858。

操作提示：输入应付单，并且审核、制单。

（1）双击"应付单据处理"｜"应付单据录入"，打开"单据类别"对话框。

（2）选择单据名称"应付单"，单据类型"其他应付单"。

（3）单击"确定"按钮，进入"应付单"窗口。

（4）单击"增加"按钮，输入应付单信息，然后点击"💾"。

（5）单击"审核"按钮，系统弹出"是否立即制单？"信息提示对话框。

（6）单击"是"按钮，计算机生成机制记账凭证，可以查看检查。

（7）修改凭证类型为付款凭证，单击"💾"按钮，记账凭证左上角出现"已生成"字样，点击"退出"。

（二）单据查询

1. 查询发票。

2. 查询应付单。

3. 查询记账凭证。

业务日期	业务类型	业务号	制单人	凭证日期	凭证号	标志
2015-01-13	付款单	0000000001	汪刚	2015-01-31	付-0001	
2015-01-05	采购专...	784578	汪刚	2015-01-31	转-0001	
2015-01-14	采购普...	187954	汪刚	2015-01-31	转-0002	
2015-01-15	采购专...	87457	汪刚	2015-01-31	转-0003	
2015-01-31	其他应付单	0000000001	汪刚	2015-01-31	转-0004	

凭证总数：5 张

具体操作步骤参考应收款系统单据查询相关操作。

（三）月末处理

执行"期末处理｜月末结账"功能，对应付账款系统进行期末结账处理。

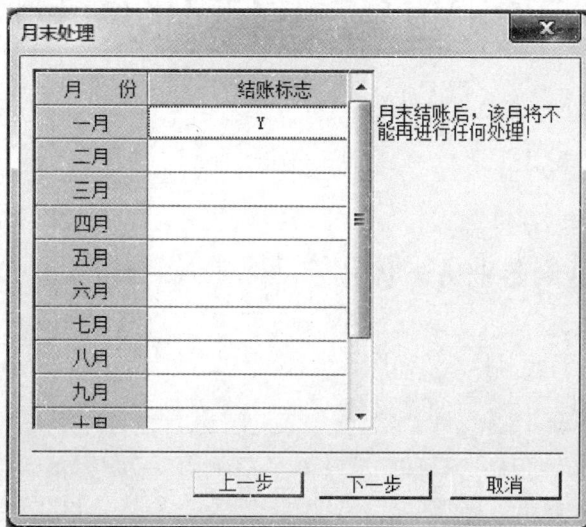

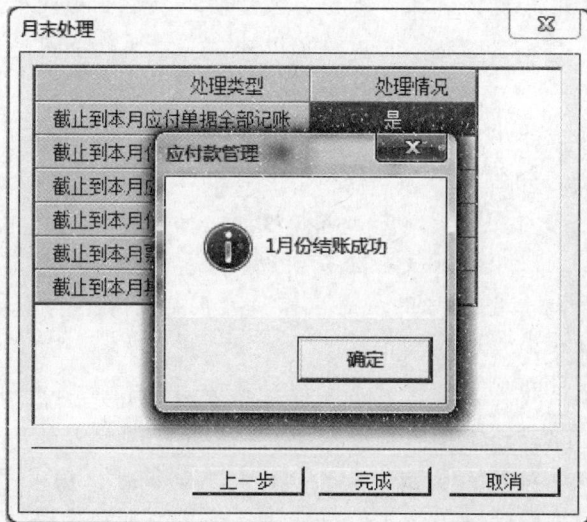

循环三

财务业务一体化应用

企业财务业务一体化管理需求及软件应用方案

问题的提出

企业背景资料如下：

北京华润公司，位于北京市顺义区天竺镇府前二街 1 号，是一家从事科技产品生产的小型工业企业，现拥有资产 320 多万元，年销售 300 多万元。因为在市场经济环境下面临激烈竞争，为加强经营管理，公司决定改变企业以生产管理为核心的传统企业管理制度，建立以市场为核心的现代企业管理制度。

除了达到循环二管理型财务应用要求以外，北京华润公司进一步管理要求具体还包括如下内容：

（1）支持财务与采购业务无缝链接、协同一体化。

（2）支持财务与销售业务无缝链接、协同一体化。

（3）支持财务与存货管理业务无缝链接、协同一体化。

（4）要求建立企业 ERP，支持企业实现物流、资金流和信息流的集成。

（5）通过支持核心企业与供应商、客户之间的协同，与社会相关部门的协同，为广义供应链奠定基础。

根据企业的业务特点和管理需求，经过选择与比较，确定用友 U872 为北京华润公司实现财务业务一体化的应用软件。以北京华润公司具体管理要求作为新系统设计目标，经过对目标系统的系统分析和系统设计，确定了软件应用方案。启用总账、报表、采购管理、销售管理、存货核算、库存管理、应收款管理、应付款管理八个模块，实现财务业务一体化应用，即实现企业级的 ERP 软件应用。

北京华润公司财务业务一体化具体应用方案如下：

1. 采购与付款处理流程应用方案。

（1）采购部门在采购管理系统录入采购订单，可以查询采购订单的执行情况。

（2）仓库部门在库存管理系统中录入或者生成采购入库单，实物入库时审核采购入库单，在其他子系统可以直接查询该采购入库单。

（3）在采购管理系统中录入或生成采购发票。

（4）在存货核算系统核算材料采购成本，生成原材料入库的记账凭证，传递到总账系统。

（5）在应付款管理系统中审核采购发票，管理采购形成的应付款项，生成采购业务记账凭证，传递到总账。对采购发票与采购入库单进行核销。

（6）在应付款管理系统中录入并审核付款单，支付采购款项，生成付款业务记账凭证。还可以分析偿还流动负债的资金，对供应商进行管理。

2. 销售与收款处理流程应用方案。

（1）销售部门在销售管理系统中为客户开具销售发货单。

（2）仓库部门在库存管理系统中根据销售发货单生成销售出库单，进行实物的出库和销售出库单的审核。

（3）财务部门在存货核算系统根据销售出库单，按照选定的存货核算方法结转已销产品成本，生成成本结转凭证传递到总账。

（4）销售部门在销售管理系统中根据销售发货单为客户开具销售发票，对商业、工业企业开具增值税专用发票，为医疗单位、学校和零散客户开具普通发票。

（5）财务部门在应收款管理系统审核销售发票，对销售形成的应收款项进行管理，生成销售业务的记账凭证并传递到总账。对销售出库单与销售发票进行核销。

（6）财务部门收款后，在应收款管理系统录入收款单，生成收款记账凭证传递到总账。对应收款项和客户进行管理。

3. 存货管理应用方案。

（1）仓库在库存管理系统录入其他业务出库单、入库单。

（2）财务部门在存货核算系统根据出库单、入库单及其他数据，按照选定的方法进行存货的成本计算和管理。

（3）存货核算系统自动生成各种存货入库、出库和费用分配的记账凭证，传递到总账系统。

启用模块：总账、报表、应收款管理、应付款管理、采购管理、销售管理、库存管理、存货核算。

上述财务业务一体化应用方案具体软件操作如循环三实训十二到实训十五所示。

实训十二　购销存系统初始化

【实验目的】

掌握采购管理、销售管理、库存管理、存货核算模块的初始化工作。

【实验内容】

1. 采购管理模块的初始化。
2. 销售管理模块的初始化。
3. 库存管理模块的初始化。
4. 存货核算模块的初始化。

【实验准备】

引入"实训九　应收、应付款系统初始设置"账套备份数据。

【实验资料】

一、业务模块启用及基础档案设置

1. 启用模块：采购管理、销售管理、库存管理、存货核算。
2. 仓库档案。

仓库编码	仓库名称	所属部门	负责人	电话	计价方式
01	材料一库	仓库			先进先出法
02	材料二库	仓库			先进先出法
03	产成品库	仓库			先进先出法

3. 收发类别。

类别编码	类别名称	收发标志
1	材料入库	收
2	产成品入库	收
3	产成品出库	发
4	材料出库	发

4. 采购类型。

采购类型编码	采购类型名称	入库类别	是否默认
01	本地采购	材料入库	否
02	外地采购	材料入库	是

5. 费用分类及项目。

费用分类编号	费用分类名称
1	运输类

费用项目编号	费用项目名称	备注
01	运杂费	

二、参数设置

1. 存货核算系统。

存货科目设置：按照存货分类设置。

仓库	存货分类	存货科目	存货编码	差异科目编码
材料一库	材料	原材料1403	0101	材料成本差异1404
材料二库	材料	原材料1403	0102	材料成本差异1404
产品库	产成品	库存商品1405		

对方科目设置：根据收发类别设置。

收发类别	对方科目名称	对方科目编码
材料入库	材料采购	1401
产成品入库	生产成本——直接材料	500101
产成品出库	主营业务成本	6401
材料出库	生产成本——直接材料	500101

2. 销售选项。

修改销售选项为"销售生成出库单"、"新增发票默认——参照发货"。

三、期 初 数 据

1. 采购管理系统。

采购本期期初没有暂估入库，没有期初在途资金，直接进行期初记账。

2. 销售管理系统。

销售本期期初没有"发货未开发票"业务。

3. 库存管理和存货核算系统。

（1）材料一库。

存货编码	存货名称	计量单位	数量	单价	金额
0101	甲材料	公斤	4 000	80	320 000

（2）材料二库。

存货编码	存货名称	计量单位	数量	单价	金额
0102	乙材料	公斤	13 240	10	132 400

（3）产品库。

存货编码	存货名称	计量单位	数量	单价	金额
0401	A产品	件	15 240	100	1 524 000
0402	B产品	件	22 600	10	226 000

【操作指导】

一、业务模块启用及基础档案设置

1. 启用采购管理、销售管理、库存管理、存货核算。

（1）以账套主管"汪刚"的身份登录企业门户。

（2）在企业门户的"基础设置"界面中，双击打开"基本信息"下级菜单，双击"系统启用"，启用"采购管理"，启用日期为"2015 – 01 – 01"。同样方法启用"销售管理"、"库存管理"、"存货核算"。

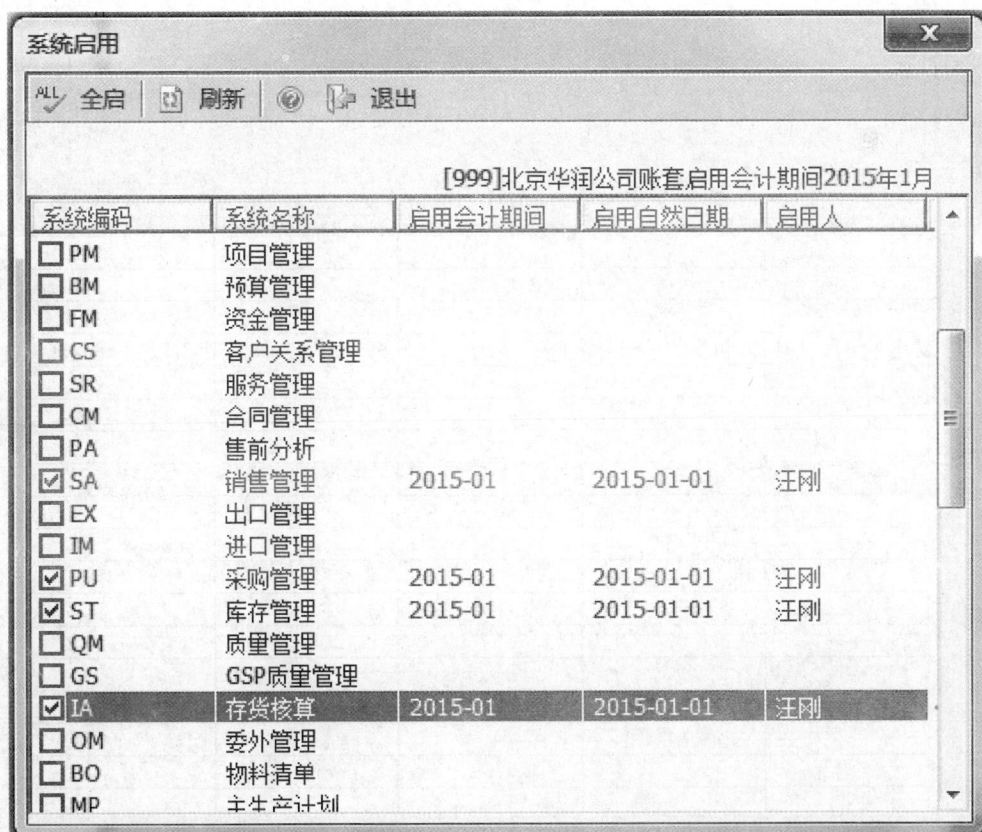

系统启用					
ALL 全启　　刷新　　　　退出					
[999]北京华润公司账套启用会计期间2015年1月					
系统编码	系统名称	启用会计期间	启用自然日期	启用人	
□ PM	项目管理				
□ BM	预算管理				
□ FM	资金管理				
□ CS	客户关系管理				
□ SR	服务管理				
□ CM	合同管理				
□ PA	售前分析				
☑ SA	销售管理	2015-01	2015-01-01	汪刚	
□ EX	出口管理				
□ IM	进口管理				
☑ PU	采购管理	2015-01	2015-01-01	汪刚	
☑ ST	库存管理	2015-01	2015-01-01	汪刚	
□ QM	质量管理				
□ GS	GSP质量管理				
☑ IA	存货核算	2015-01	2015-01-01	汪刚	
□ OM	委外管理				
□ BO	物料清单				
□ MP	主生产计划				

2. 仓库档案。

在企业门户的"基础设置"界面中，双击打开"基础档案"下级菜单，双击"业务"｜"仓库档案"，输入仓库信息。

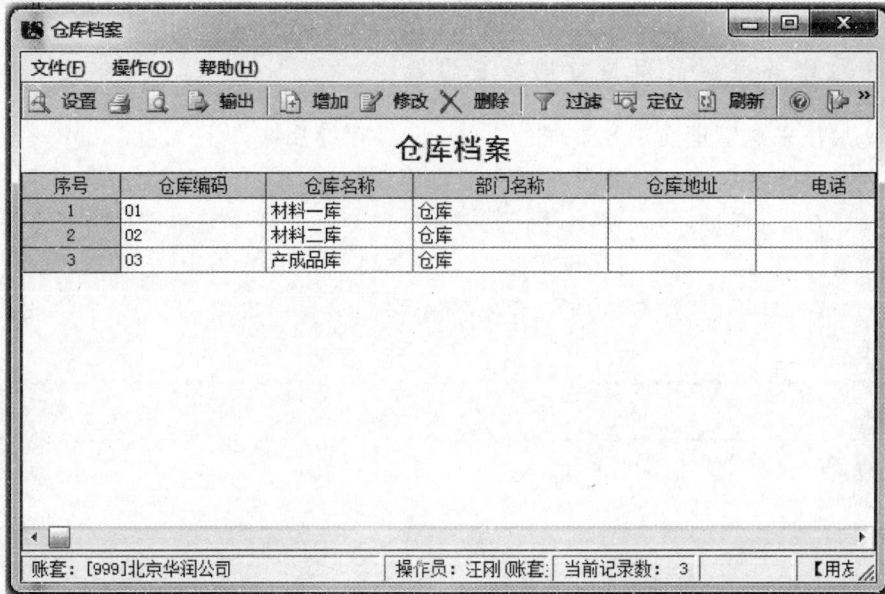

3. 收发类别。

双击打开"基础档案"下级菜单，双击"业务"｜"收发类别"，输入收发类别信息。

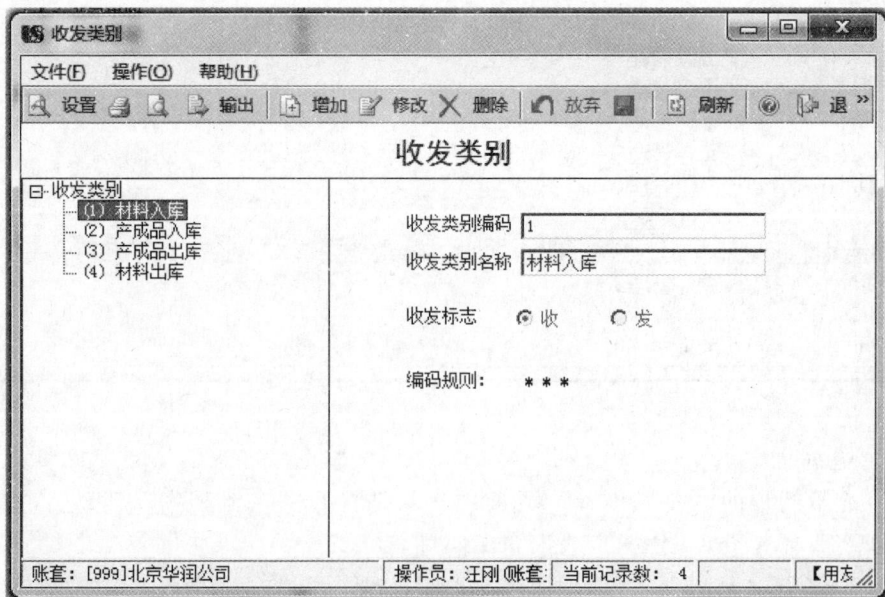

4. 采购类型。

双击打开"基础档案"下级菜单，双击"业务"｜"采购类型"，输入采购类型信息。

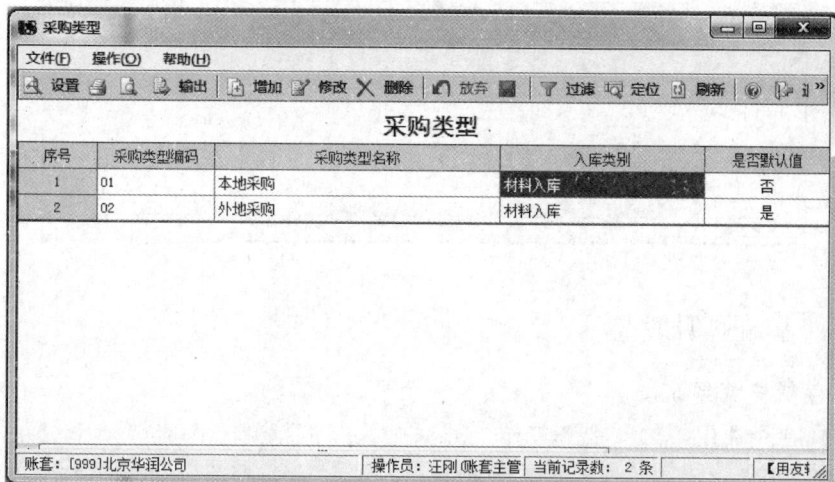

5. 费用项目分类及费用项目。

（1）双击打开"基础档案"下级菜单，双击"业务"｜"费用项目分类"，输入费用项目分类信息。

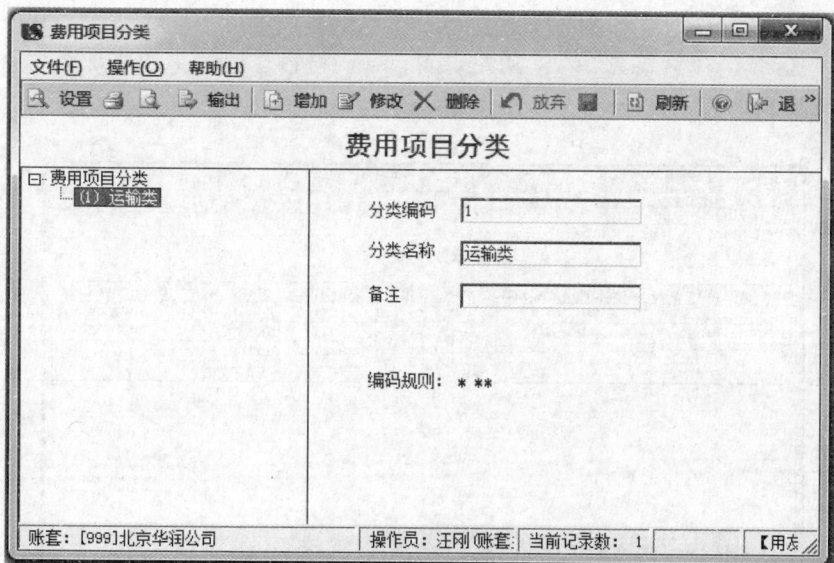

（2）双击"业务"｜"费用项目"，输入费用项目信息。

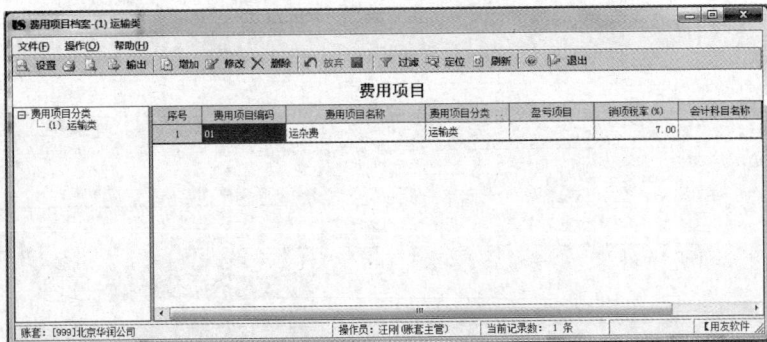

二、基础科目设置

1. 存货核算系统。

（1）在企业门户的"业务工作"界面中，双击打开"供应链"下级菜单，双击"存货核算"｜"初始设置"｜"科目设置"｜"存货科目"，输入存货科目信息。

（2）双击"存货核算"｜"初始设置"｜"科目设置"｜"对方科目"，输入存货对方科目信息。

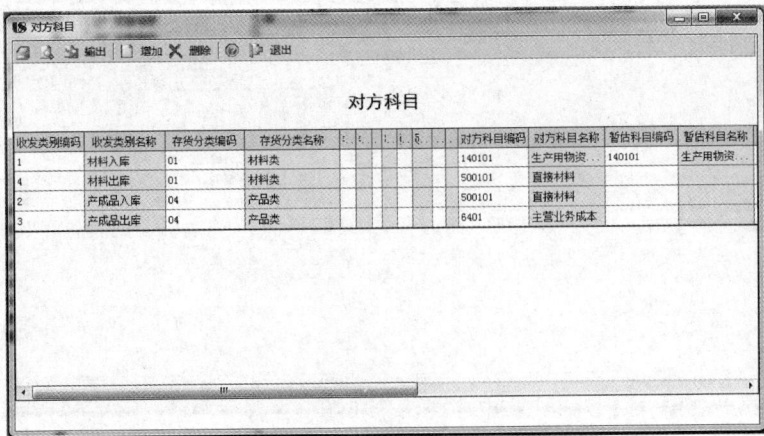

2. 销售选项。

（1）双击打开"供应链"｜"销售管理"下级菜单，双击"设置"｜"销售选项"，打开销售选项对话框。

（2）在"业务控制"选项卡中，选中"销售生成出库单"选项。

（3）在"其他控制"选项卡中，选中"新增发票默认——参照发货"选项，单击"确认"退出。

三、期初数据

1. 采购管理系统。

（1）双击打开"供应链"下级菜单，双击"采购管理"｜"设置"｜"采购期初记账"，系统弹出"关于期初记账"对话框。

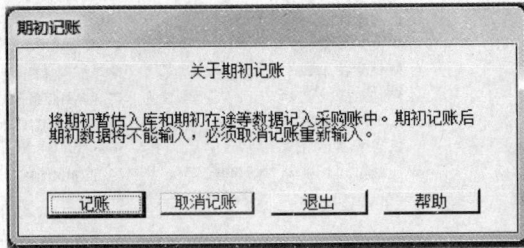

（2）由于采购本期初没有暂估入库，没有期初在途，直接点击"记账"按钮进行期初记账。

注意：

● 如果期初有上期的暂估入库，需要录入期初采购入库单，再进行期初记账。

● 如果期初有在途物资，需要录入期初采购发票，再进行期初记账。

2. 销售管理系统。

由于销售本期初没有"发货未开发票"业务，不需要作任何业务处理。

注意：如果期初有上期的发货未开发票，需要执行"设置"｜"期初录入"｜"期初发货单"，录入期初发货单相关信息，再进行"审核"。

3. 存货核算系统。

（1）打开"存货核算系统"，执行"初始设置"｜"期初数据"｜"期初余额"命令，进入"期初余额"窗口。

（2）选择仓库，单击"增加"按钮，输入期初存货数据。

（3）同样方法输入其他仓库的期初存货信息。

（4）单击"记账"按钮，系统对所有仓库记账，系统提示"记账成功！"。

注意：各个仓库期初余额既可以在"库存管理"系统录入，也可以在"存货核算"系统录入，涉及与总账对账的原因，最好在"存货核算"系统录入。

4. 库存管理

（1）打开"库存管理系统"，执行"初始设置"｜"期初结存"命令，进入"库存期初"窗口。

（2）选择仓库，单击"增加"按钮，输入期初存货数据。

（3）单击"保存"按钮，再单击"审核"按钮，系统对该仓库的期初存货进行审核，系统提示"审核成功！"。

（4）同样方法输入其他仓库的期初存货信息并审核。

（5）录入审核完毕，单击"对账"按钮，系统弹出"库存与存货期初对账查询条件"对话窗口，选择"全选"并单击"确定"，系统提示"对账成功！"。

注意：当一个仓库有多种存货时，每一种存货都需要单独审核。

实训十三　采购及入库业务处理

【实验目的】

掌握企业采购与收款循环中采购管理、应付款核算与管理、采购入库等相关工作。

【实验内容】

1. 普通采购处理。

2. 现结业务处理。

3. 运费发票的处理。

4. 月末暂估入库业务的处理。

【实验准备】

引入"实训十二　购销存系统初始化"账套备份数据。

【实验资料】

北京华润公司1月份发生采购有关业务如下。

■ 普通采购

（1）5日，仓库刘丽收到上海信息记录纸厂发来的货物乙材料1 000公斤，不含税单价10元，验收入材料二库。

（2）6日，财务部收到采购专用发票，载明采购部孙联湘从上海信息记录纸厂采购乙材料1 000公斤，不含税单价10元，价税合计11 700元，票号No.784578。财务部门确认应付账款。

（3）存货核算会计赵红确认采购成本，登记材料明细账。

（4）13日，财务部陈亮填制转账支票No.20113向上海信息记录纸厂支付货款11 700元。

■ 现结

（5）14日，采购部孙联湘从南京多媒体研究所采购甲材料500公斤，单价68.5元，合计34 250元，收到采购普通发票，票号No.187954。孙联湘当即以转账支票形式支付货款，支票号 Z0142。

（6）15 日，仓库收到南京多媒体研究所发来的甲材料 500 公斤，验收入库。

■ 运费发票

（7）15 日，采购部孙联湘从北京联想分公司采购甲材料 200 公斤，单价 80 元，乙材料 100 公斤，单价 10 元，收到采购专用发票，票号 No. 87457。

（8）在采购过程中发生一笔运输费 300 元，税率 7%，收到相应运费发票一张，票号 No. 784858。

（9）16 日，仓库刘丽收到货物甲材料 200 公斤，单价 80 元，乙材料 100 公斤，单价 10 元，分别验收后入材料一库、材料二库。

■ 暂估入库

（10）29 日，仓库刘丽收到北京迅杰公司提供的乙材料 200 公斤，验收入库。

（11）到了月底，发票仍未收到，确定该笔货物暂估成本单价 10 元，进行暂估记账处理。

【操作指导】

（一）业务处理

■ 普通采购

业务 1　5 日，仓库刘丽收到上海信息记录纸厂发来的货物乙材料 1 000 公斤，不含税单价 10 元，验收入材料二库。

操作提示：在"库存管理系统"填制并审核采购入库单。

（1）双击"入库业务"｜"采购入库单"，进入"采购入库单"窗口。

（2）录入入库存货详细信息，点击"保存"。

（3）再点击"审核"按钮进行实际入库审核。

业务2 6日，采购部孙联湘从上海信息记录纸厂采购乙材料1 000公斤，不含税单价10元，价税合计11 700元，收到采购专用发票，票号No. 784578。财务部门确认应付账款。

操作提示1：在"采购管理系统"填制并审核采购发票。

（1）双击"采购入库"｜"采购入库单"，点击"生成"按钮，系统弹出"过滤条件选择——入库单批量生成发票选单过滤"窗口。

（2）点击"过滤"按钮，进入"入库单批量生成发票"窗口，选择入库单的记录，修改"发票类型"为"专用发票"。点击"生单"按钮，系统提示生成发票1张。

（3）双击"采购发票"｜"专用采购发票"，进入"专用发票"录入窗口，找到刚刚生成的专用发票。

（4）发票录入完毕，直接点击"结算"按钮，实现采购发票与采购入库单的结算。发票左上角出现"已结算"字样。

操作提示 2：在"应付款管理系统"中审核采购专用发票，并生成记账凭证。

（1）在"应付款管理系统"中，双击"应付单据处理"｜"应付单据审核"命令，打开"单据过滤条件"对话框，单击"确定"，进入"应付单据列表"窗口。

选择	审核人	单据日期	单据类型	单据号	供应商名称	部门	业务员	制单人	币种	汇率	原币金额	本币金额
		2015-01-06	采购专...	784578	上海信息记录纸厂	供应部	孙联湘	汪刚	人民币	1.00000000	11,700.00	11,700.00
合计											11,700.00	11,700.00

（2）选择需要审核的单据，单击"审核"按钮，系统弹出"审核成功"信息提示。

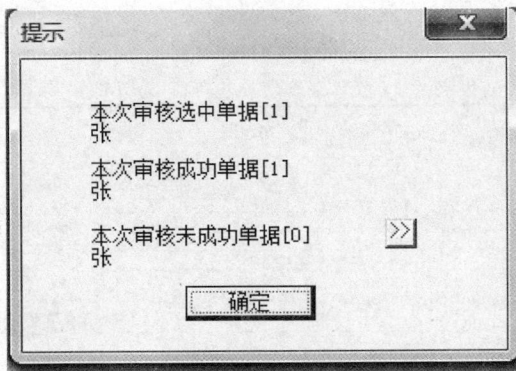

提示

本次审核选中单据[1]张

本次审核成功单据[1]张

本次审核未成功单据[0]张

确定

（3）双击"制单处理"命令，选择"发票制单"选项，系统弹出"采购发票制单"窗口。

采购发票制单

凭证类别　收款凭证　　　　制单日期 2015-01-06

选择标志	凭证类别	单据类型	单据号	日期	供应商编码	供应商名称	部门	业务员	金额
1	收款凭证	采购专	784578	2015-01-06	004	上海信...	供应部	孙联湘	11,700.00

（4）选中需要制单的发票记录，修改"凭证类别"和制单日期，点击"制单"按钮，修改凭证类型和日期后保存退出。

业务 3 存货核算会计确认采购成本，登记材料明细账。

操作提示：在"存货核算"系统记账并生成入库记账凭证。

（1）在"存货核算"系统，双击"业务核算"｜"正常单据记账"，系统弹出"过滤条件选择"窗口，点击"过滤"跳过。

（2）进入"正常单据记账列表"窗口，选中要记账的单据，点击"记账"按钮。系统提示"记账成功"。

（3）双击"财务核算"｜"生成凭证"，进入"生成凭证"窗口。单击"选择"按钮，系统弹出"查询条件"对话框，点击"确定"。

（4）系统弹出"选择单据"窗口，选中需要生成凭证的单据，点击"确定"按钮。

（5）系统弹出"生成凭证"窗口，选中需要生成凭证的单据，点击"确定"按钮。

（6）修改凭证类型，点击"生单"，生成入库的记账凭证，点击"保存"退出。

注意：如果随货到达单据不能准确判断入库成本，存货核算记账和生成凭证工作需要等相应采购发票到达办理采购结算后方可进行。

业务4　13日，财务部陈亮填制转账支票 No. 20113 向上海信息记录纸厂支付货款 11 700 元。

操作提示：在"应付款管理系统"中填制付款单并审核，生成付款记账凭证。

（1）进入"应付款管理系统"，双击"付款单据处理"｜"付款单据录入"命令，进入"付款单"录入窗口。

（2）点击"增加"按钮，录入付款信息，点击"保存"，然后点击"审核"按钮，选择"立即制单"，生成付款的记账凭证，点击"保存"退出。

■ 现结

业务 5 14 日，采购部孙联湘从南京多媒体研究所采购甲材料 500 公斤，单价 68.5 元，合计 34 250 元，收到采购普通发票，票号 No.187954。孙联湘当即以转账支票形式支付货款，支票号 Z0142。

操作提示 1：在"采购管理系统"填制并审核普通采购发票，直接现结。

（1）在"采购管理系统"中，双击"采购发票"｜"普通采购发票"，点击"增加"按钮，录入发票相关信息，点击"保存"按钮。

（2）点击发票上方"现付"按钮，打开"采购现付"对话框，录入付款详细信息，点击"确定"，发票左上角出现"已现付"字样。

操作提示 2：在"应付款管理系统"中审核采购普通发票并生成记账凭证。

（1）在"应付款管理系统"中，双击"应付单据处理"｜"应付单据审核"命令，打开"单据过滤条件"对话框，选中"包含已现结发票"、"未完全报销"选项，单击"确定"，进入"应付单据列表"窗口。

（2）选择需要审核的单据，单击"审核"按钮，系统弹出"审核成功"信息提示。

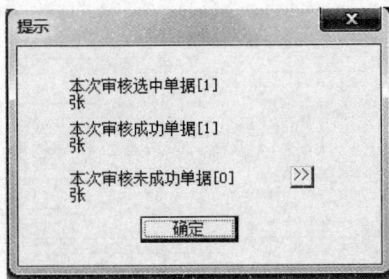

（3）双击"制单处理"命令，选择"现结制单"选项，系统弹出"现结制单"窗口。

（4）选中需要制单的发票记录，修改"凭证类别"和制单日期，点击"制单"按钮，修改凭证类型和日期后点击"保存"退出。

业务6 15日，仓库收到南京多媒体研究所发来的甲材料500公斤，单价68.5元，验收入库。

操作提示1：在"库存管理系统"填制并审核采购入库单。

（1）双击"入库业务"｜"采购入库单"，进入"采购入库单"窗口。

（2）录入入库存货详细信息，点击"保存"。

（3）再点击"审核"按钮进行实际入库审核。

操作提示2：在"存货核算"系统记账并生成入库记账凭证。

（1）在"存货核算"系统，双击"业务核算"｜"正常单据记账"，系统弹出"过滤条件选择"窗口，点击"过滤"跳过。

（2）进入"正常单据记账列表"窗口，选中要记账的单据，点击"记账"按钮。系统提示"记账成功"。

						正常单据记账列表				
记录总数：1										
选择	日期	单据号	存货编码	存货名称	规格型号	存货代码	单据类型	仓库名称	收发类别	数量
Y	2015-01-15	0000000002	0101	甲材料			采购入库单	材料一库	材料入库	500.00
小计										500.00

（3）双击"财务核算"｜"生成凭证"，进入"生成凭证"窗口。单击"选择"按钮，系统弹出"查询条件"对话框，点击"确定"。

（4）系统弹出"选择单据"窗口，选中需要生成凭证的单据，点击"确定"按钮。

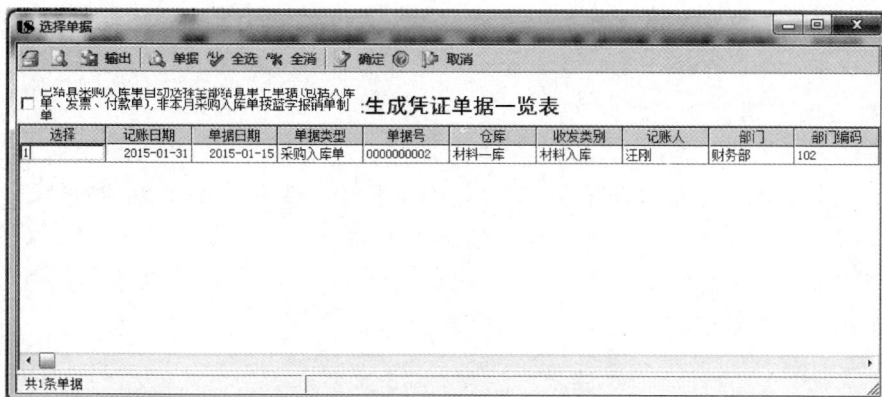

（5）系统弹出"生成凭证"窗口，选中需要生成凭证的单据，点击"确定"按钮。

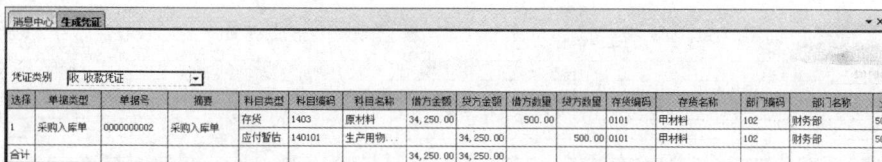

（6）修改凭证类型，点击"生单"按钮，生成入库的记账凭证，点击"保存"退出。

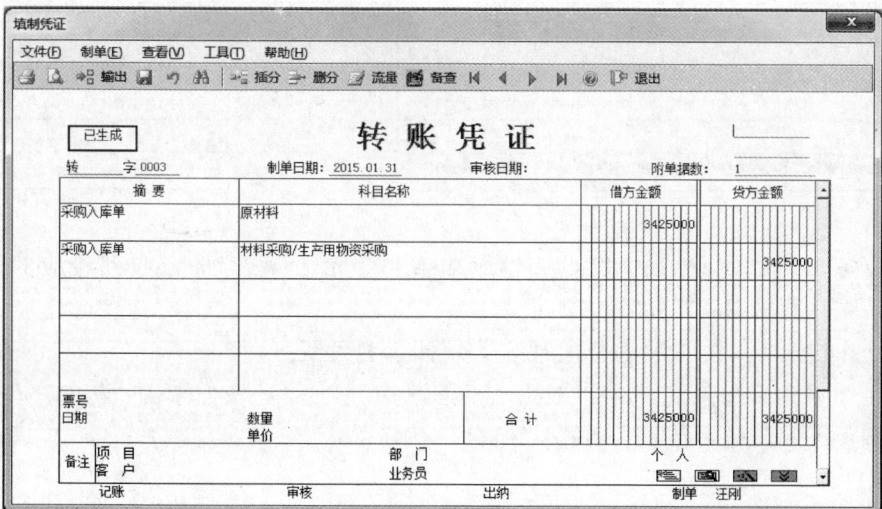

注意：如果随货到达单据不能准确判断入库成本，存货核算记账和生成凭证工作需要等相应的采购发票到达办理采购结算后方可进行。

■ 运费发票

业务7 15 日，采购部孙联湘从北京联想分公司采购甲材料 200 公斤，单价 80 元，乙材料 100 公斤，单价 10 元，收到采购专用发票，票号 No. 87457。

操作提示：在"采购管理系统"填制专用采购发票。

在"采购管理系统"中，双击"采购发票"｜"专用采购发票"，点击"增加"按钮，录入发票相关信息，点击"保存"按钮。

业务8 在采购过程中发生一笔运输费 300 元，税率 7%，收到相应的运费发票一张，票号 No. 784858。

操作提示 1：在"采购管理系统"填制运费发票。

在"采购管理系统"中，双击"采购发票"｜"运费发票"，点击"增加"按钮，录入发票相关信息，点击"保存"按钮。

运费发票

打印模版　8168 运费发票打印模版

表体排序

合并显示 □

业务类型　普通采购
开票日期　2015-01-15
采购类型　本地采购
业务员　孙联湘
发票日期

发票类型　运费发票
供应商　北京联想
税率　7.00
币种　人民币
付款条件

发票号　784858
代垫单位　北京联想
部门名称　供应部
汇率　1
备注

	存货编码	存货名称	规格型号	主计量	数量	原币金额	原币税额	税率
1	0501	运输费		元	1.00	300.00	21.00	7.00
2								
3								
4								
5								
6								
7								
8								
9								
10								
11								
12								
13								
14								
15								
16								
17								
18								
19								
20								
21								
22								
23								
合计					1.00	300.00	21.00	

审核人　　　　　　　　　　结算日期　　　　　　　　　　制单人　汪刚

操作提示 2：在"应付款管理系统"中审核采购专用发票并生成记账凭证。

（1）在"应付款管理系统"中，双击"应付单据处理"｜"应付单据审核"命令，打开"单据过滤条件"对话框，选中"未完全报销"，单击"确定"按钮，进入"应付单据列表"窗口。

应付单据列表

记录总数：2

选择	审核人	单据日期	单据类型	单据号	供应商名称	部门	业务员	制单人	币种	汇率	原币金额	本币金额
Y		2015-01-15	采购专	87457	北京联想分公司	供应部	孙联湘	汪刚	人民币	1.00000000	19,890.00	19,890.00
Y		2015-01-15	运费发票	784858	北京联想分公司	供应部	孙联湘	汪刚	人民币	1.00000000	300.00	300.00
合计											20,190.00	20,190.00

（2）选择需要审核的单据，单击"审核"按钮，系统弹出"审核成功"信息提示。

（3）双击"制单处理"命令，选择"发票制单"选项，系统弹出"采购发票制单"窗口。

（4）选中需要制单的发票记录，修改"凭证类别"和制单日期，点击"制单"按钮，修改凭证类型和日期后点击"保存"退出。

注意：这笔业务也可以通过制单选择时点击"合并"按钮实现合并制单，只生成一张记账凭证。

业务9　16日，仓库刘丽收到货物甲材料200公斤，单价80元，乙材料100

公斤，单价 10 元，分别验收后入材料一库、材料二库。

操作提示 1：在"库存管理"填制并审核采购入库单。

（1）在"库存管理"中，双击"入库业务"｜"采购入库单"，点击"增加"按钮，录入甲材料入库相关信息，点击"保存"后再进行审核。

（2）同样方法录入乙材料入库相关信息，点击"保存"后再进行审核。

操作提示 2：在"采购管理"办理采购结算。

（1）在"采购管理"中，双击"采购结算"｜"手工结算"，进入"手工结算"窗口。

（2）点击"选单"按钮，进入"结算选单"窗口。

（3）点击"过滤"按钮，进入"过滤条件选择——采购手工结算"对话框，点击"过滤"按钮跳过筛选界面。

（4）"结算选单"窗口出现待选发票和入库单记录，选中需要办理手工结算的记录。

（5）点击"OK 确定"按钮，系统弹出提示信息"所选单据扣税类别不同，是否继续？"，点击"是"按钮。

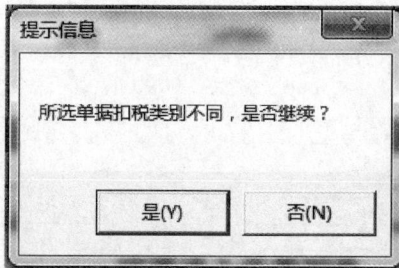

（6）系统回到"手工结算"窗口，修改选项"选择费用分摊方式——按数量"，点击"分摊"按钮。

结算汇总								
单据类型	存货编号	存货名称	单据号	结算数量	发票数量	合理损耗数量	非合理损耗数量	非合
采购发票	0101	甲材料	6745T		200.00			
采购入库单			0000000003	200.00				
			合计	200.00	200.00	0.00	0.00	
采购发票	0102	乙材料	8745T		100.00			
采购入库单			0000000004	100.00				
			合计	100.00	100.00	0.00	0.00	

选择费用分摊方式：○ 按金额 ● 按数量　　□ 相同供应商

费用名称	发票号	开票日期	对应仓库	对应存货	供货单位	代垫单位	规格型号
运输费	784058	2015-01-15			北京联想	北京联想	
合计	---	---	---	---			

（7）系统弹出分摊计算提示，点击"是"。费用分摊完毕提示，点击"确定"按钮。

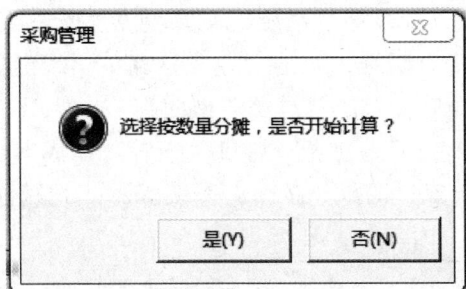

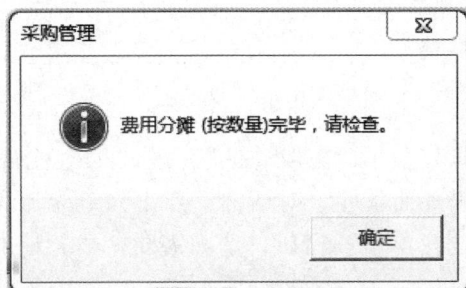

（8）拖动滚动条，查看费用分摊结果，无误后点击"结算"按钮，系统提示"完成结算"。

操作提示3：在"存货核算"系统记账并生成入库记账凭证。

（1）在"存货核算"系统，双击"业务核算"｜"正常单据记账"，系统弹出"过滤条件选择"窗口，点击"过滤"跳过。

（2）进入"正常单据记账列表"窗口，查看入库成本已经分摊的采购运费。选中要记账的单据，点击"记账"按钮。系统提示"记账成功"。

					正常单据记账列表					
选择	存货名称	规格型号	存货代码	单据类型	仓库名称	收发类别	数量	单价	金额	计划单价
Y	甲材料			采购入库单	材料一库	材料入库	200.00	80.93	16,186.00	
Y	乙材料			采购入库单	材料二库	材料入库	100.00	10.93	1,093.00	
小计							300.00		17,279.00	

记录总数：2

（3）双击"财务核算"｜"生成凭证"，进入"生成凭证"窗口。单击"选择"按钮，系统弹出"查询条件"对话框，点击"确定"按钮。

（4）系统弹出"选择单据"窗口，选中需要生成凭证的单据，点击"确定"按钮。

选择单据

输出　单据　全选　全消　确定　取消

□ 记销其关采购入库单自动选择全部销其单工单据（包括入库单、发票、付款单），非本月采购入库单按蓝字报销单制单

选择	记账日期	单据日期	单据类型	单据号	仓库	收发类别	
1	2015-01-31	2015-01-16	采购入库单	0000000001	材料一库	材料入库	汪刚
1	2015-01-31	2015-01-16	采购入库单	0000000002	材料二库	材料入库	汪刚

共2条单据

（5）系统弹出"生成凭证"窗口，选中需要生成凭证的单据，点击"确定"按钮。

选择	单据类型	单据号	摘要	科目类型	科目编码	科目名称	借方金额	贷方金额	借方数量	贷方数量	存货编码	存货名称	部门编码	部门名称
1	采购入库单	0000000001	采购入库单	存货	1403	原材料	16,186.00		200.00		0101	甲材料	5	仓库
				对方	140101	生产用物资采购		16,186.00		200.00	0101	甲材料	5	仓库
		0000000002		存货	1403	原材料	1,093.00		100.00		0102	乙材料	5	仓库
				对方	140101	生产用物资采购		1,093.00		100.00	0102	乙材料	5	仓库
合计							17,279.00	17,279.00						

（6）修改凭证类型，点击"生成"，生成入库的记账凭证，点击"保存"退出。

■ **暂估入库**

业务 10 29 日，仓库刘丽收到北京迅杰公司提供的乙材料 200 公斤，验收入库。

操作提示：在"库存管理"填制并审核采购入库单。

（1）在"库存管理"中，双击"入库业务"｜"采购入库单"，点击"增加"按钮，录入甲入库相关信息。

	存货编码	存货名称	规格型号	主计量单位	数量	本币单价	本币金额
1	0102	乙材料		公斤	200.00		
2							
3							
4							
5							
6							
7							
8							
9							
10							
11							
12							
13							
14							
15							
16							
17							
18							
19							
20							
21							
22							
合计					200.00		

采购入库单

入库单号 0000000005
订单号
供货单位 北京迅杰
到货日期
入库类别 材料入库

入库日期 2015-01-29
到货单号
部门 财务部
业务类型 普通采购
审核日期 2015-01-31

仓库 材料二库
业务号
业务员 刘丽
采购类型 本地采购
备注

制单人 汪刚　　　审核人 汪刚

（2）保存采购入库单后再进行"审核"。

注意：发票未到，这张采购入库单不填写单价。

业务 11 到了月底，发票仍未收到，确定该笔货物暂估成本为单价 100 元，进行暂估记账处理。

操作提示 1：在"存货核算"中录入暂估入库成本并生成凭证。

（1）在"存货核算"中，双击"业务核算"｜"暂估成本录入"，进入"采购入库单成本成批录入查询"窗口，点击"确定"跳过。

（2）进入"暂估成本录入"窗口，输入暂估单价"10"，点击"保存"退出。

操作提示2：在"存货核算"系统记账并生成入库记账凭证。

（1）在"存货核算"系统，双击"业务核算"｜"正常单据记账"，系统弹出"过滤条件选择"窗口，点击"过滤"跳过。

（2）进入"正常单据记账列表"窗口，选中要记账的单据，点击"记账"按钮。系统提示"记账成功"。

正常单据记账列表									
选择	日期	单据号	存货编码	存货名称	规格型号	存货代码	单据类型	仓库名称	收发类别	数量
Y	2015-01-29	0000000005	0102	乙材料			采购入库单	材料二库	材料入库	200.00
小计										200.00

记录总数：1

（3）双击"财务核算"｜"生成凭证"，进入"生成凭证"窗口。单击"选择"按钮，系统弹出"查询条件"对话框，点击"确定"按钮。

（4）系统弹出"选择单据"窗口，选中需要生成凭证的单据，点击"确定"按钮。

选择单据

打印　查找　输出　单据　全选　全消　确定　取消

记销其余入库单自动选择其余汇单据(包括入库单、发票、付款单),非本月采购入库单按蓝字报销单制单　据一览表

选择	记账日期	单据日期	单据类型	单据号	仓库	收发类别
	2015-01-31	2015-01-29	采购入库单	0000000005	材料二库	材料入库

共1条单据

（5）系统弹出"生成凭证"窗口，选中需要生成凭证的单据，点击"确定"按钮。

凭证类别　收 收款凭证

选择	单据类型	单据号	摘要	科目类型	科目编码	科目名称	借方金额	贷方金额	借方数量	贷方数量	存货编码	存货名称	部门编码	部门名称
1	采购入库单	0000000005	采购入库单	存货	1403	原材料	2,000.00		200.00		0102	乙材料	102	财务部	50
				应付暂估	140101	生产用物		2,000.00		200.00	0102	乙材料	102	财务部	50
合计							2,000.00	2,000.00						

（6）修改凭证类型，点击"生单"按钮，生成入库的记账凭证，点击"保存"退出。

注意：本账套采用"月初回冲"方式，下月初，系统自动生成"红字回冲单"，自动计入存货明细账，回冲上月的暂估入库业务。

暂估入库次月业务。

注意：

● 需要先对1月份进行结账才能进行次月处理。

● 结账顺序为先结业务模块（采购、销售、库存），再结财务模块（存货核算、应收、应付），最后结总账模块。

操作提示1：到票时，在采购管理系统中填制采购发票。

操作提示2：在采购管理系统中手工结算。

操作提示3：在存货核算系统执行结算成本处理，生成记账凭证。

执行"业务核算" | "结算成本处理"命令，选择单据，点击"暂估"按钮，完成退出。

填制凭证

文件(F) 制单(E) 查看(V) 工具(T) 帮助(H)

输出 ↻ 插分 删分 流量 备查 退出

上张凭证

已生成

转 账 凭 证

转 ___ 字 0001   制单日期：2015.02.01   审核日期：   附单据数：   1

摘 要	科目名称	借方金额	贷方金额
红字回冲单	原材料	200000	
红字回冲单	材料采购/生产用物资采购		200000

票号
日期   数量
                单价   合 计   200000   200000

备注 项 目
    客 户   部 门   个 人
                        业务员

记账   审核   出纳   制单 汪刚

填制凭证

文件(F) 制单(E) 查看(V) 工具(T) 帮助(H)

输出 ↻ 插分 删分 流量 备查 退出

已生成

转 账 凭 证

转 ___ 0002   制单日期：2015.02.01   审核日期：   附单据数：   1

摘 要	科目名称	借方金额	贷方金额
蓝字回冲单	原材料	220000	
蓝字回冲单	材料采购/生产用物资采购		220000

票号
日期   数量
                单价   合 计   220000   220000

备注 项 目
    客 户   部 门   个 人
                        业务员

记账   审核   出纳   制单 汪刚

实训十四 销售及出库业务处理

【实验目的】

掌握企业销售和收款循环中销售管理、应收款核算与管理、销售出库等相关工作。

【实验内容】

1. 普通销售业务处理。
2. 代垫费用的处理。
3. 现结业务处理。
4. 开票直接发货业务处理。
5. 销售退回业务的处理。

【实验准备】

引入"实训十三 采购及入库业务处理"账套备份数据。

【实验资料】

北京华润公司1月份发生销售有关业务如下:

■ **普通销售业务(先发货后开票)**

1. 2日,销售二部宋佳向哈尔滨飞机制造厂销售A产品13 000件,无税单价150元,增值税331 500元,价税合计2 281 500元,仓库根据订单向哈尔滨飞机制造厂发出其所订货物。

2. 2日,销售二部宋佳开出No. 200104增值税专用发票。

3. 3日,财务部陈亮收到哈尔滨飞机制造厂的No. 090112转账支票,金额2 281 500元,归还货款。

■ **代垫费用的处理**

4. 3日,销售二部宋佳以现金垫付哈尔滨飞机制造厂运费800元。客户尚未支付此笔款项。

■ **现结业务**

5. 3日,销售三部孙健向北京希望学校销售B产品5 000件,无税单价16

元，合计 80 000 元，货物从仓库发出。

6. 3 日，开出 No.10071 销售普通发票，同时收到客户以转账支票 No.58479 支付的全部货款。

■ **开票直接发货业务**

7. 9 日，销售四部王华向上海万邦公司销售 B 产品 16 000 件，单价 16 元，增值税 43 520 元，价税合计 299 520 元，开出 No.200105 增值税专用发票。

8. 10 日，仓库发出所销 B 产品 16 000 件。

■ **销售退回业务**

9. 14 日，销售三部孙健向北京希望学校销售 B 产品因质量问题退回 50 件，单价 16 元，货物收回仓库。

10. 因该货物已经结算，开具相应红字发票一张，票号 No.200106。

【操作指导】

（一）业务处理

1. 普通销售业务（先发货后开票）。

业务 1 2 日，销售二部宋佳向哈尔滨飞机制造厂销售 A 产品 13 000 件，无税单价 150 元，增值税 331 500 元，价税合计 2 281 500 元，仓库根据订单向哈尔滨飞机制造厂发出其所订货物。

操作提示 1：在"销售管理系统"填制并审核销售发货单。

（1）双击"销售发货"｜"发货单"，进入"发货单"窗口。

（2）点击"增加"按钮，系统弹出"过滤条件选择——参照订单"对话框，点击"取消"。

（3）输入发货单信息，点击"保存"按钮，再单击"审核"按钮，保存并审核发货单后退出。

操作提示2：在"库存管理系统"中审核销售出库单。

（1）双击"出库业务"│"销售出库单"，进入"销售出库单"窗口。

（2）点击"➡"按钮，找到销售发货单审核自动生成的销售出库单。

（3）点击"保存"按钮，再单击"审核"按钮，保存并审核销售出库单后退出。

业务2 2日，销售二部宋佳开出 No. 200104 增值税专用发票。

操作提示1：在"销售管理系统"根据发货单填制并审核销售发票。

（1）双击"销售开票"｜"销售专用发票"，进入"销售专用发票"窗口。

（2）点击"增加"按钮，系统弹出"过滤条件选择——发票参照发货单"对话框，点击"过滤"按钮。

（3）系统弹出"参照生单"对话框，双击选中已经录入的发货单记录，单击"确定"按钮。

（4）系统自动根据发货单生成销售专用发票，点击"保存"按钮，再单击"审核"按钮，保存并审核销售专用发票后退出。

操作提示2：在"应收款管理系统"审核销售专用发票并生成记账凭证。

（1）双击"应收单据处理" |"应收单据审核"，打开"过滤条件"对话框，单击"确定"，进入"应收单据列表"。

（2）选中单据记录，单击"审核"按钮。

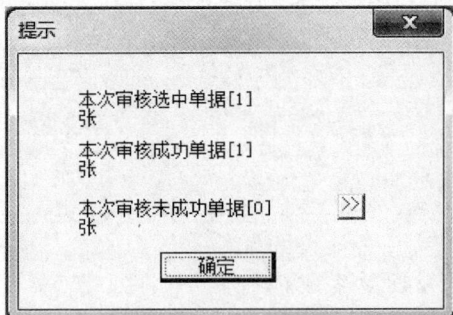

（3）执行"制单处理"命令，打开"制单查询"对话框，单击"确认"按钮后进入"销售发票制单"窗口。

制单									

销售发票制单

凭证类别　　收款凭证　▼　　　　　　　　　　　　制单日期　2015-01-31

选择标志	凭证类别	单据类型	单据号	日期	客户编码	客户名称	部门	业务员	金额
1	收款凭证	销售专…	200104	2015-01-02	004	哈尔滨…	销售二部	宋佳	2,281,5…

（4）选中需要制单的发票，单击"制单"按钮，生成记账凭证。

填制凭证

文件(F)　制单(E)　查看(V)　工具(T)　帮助(H)

已生成

转 账 凭 证

转　字 0009　　制单日期：2015.01.31　　审核日期：　　　　附单据数：1

摘　要	科目名称	借方金额	贷方金额
销售专用发票	应收账款	228150000	
销售专用发票	主营业务收入		195000000
销售专用发票	应交税费/应交增值税/销项税额		33150000
票号 日期	数量 单价	合　计　228150000	228150000

备注　项　目　　　　　　　　　　　　部　门
　　　客　户　哈飞　　　　　　　　　业务员　宋佳　　　　　个　人

记账　　　　　审核　　　　　出纳　　　　　制单　汪刚

操作提示3：在"存货核算系统"对销售出库单记账并生成记账凭证。

（1）双击"业务核算"│"正常单据记账"，系统弹出"过滤条件选择"，单击"过滤"按钮，打开"正常单据记账列表"窗口。

未记账单据一览表									

正常单据记账列表

记录总数：1

选择	日期	单据号	存货编码	存货名称	规格型号	存货代码	单据类型	仓库名称	收发类别	数量
Y	2015-01-02	200104	0401	A产品			专用发票	产成品库	产成品出库	13,000.00
小计										13,000.00

（2）选中需要记账的单据，点击"记账"按钮，系统提示"记账成功"。单击"确定"退出。

（3）双击"财务核算"｜"生成凭证"，系统弹出"生成凭证"窗口，单击"选择"按钮，打开"查询条件"对话框。

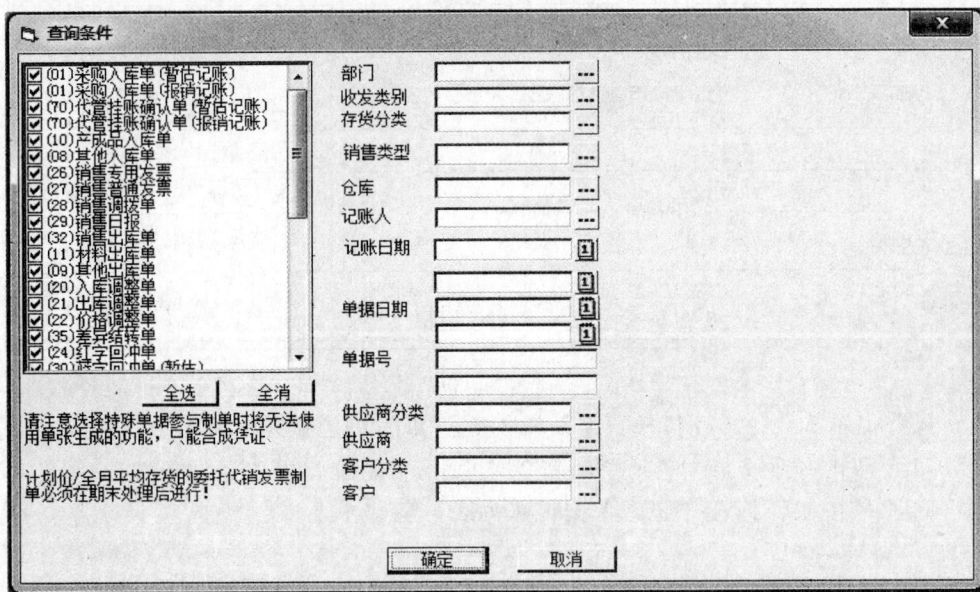

（4）单击"确定"按钮后，系统打开"选择单据"对话框。选中需要生成凭证的单据，单击"确定"按钮。

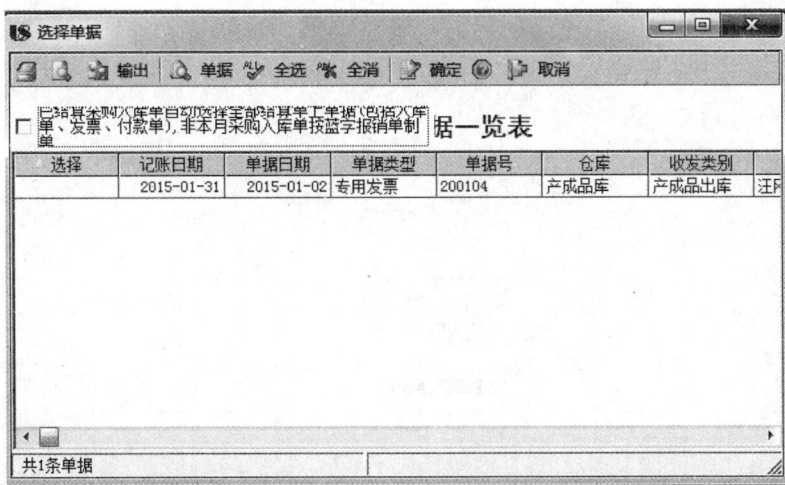

（5）系统弹出"生成凭证"窗口，检查相关信息后单击"生成"按钮。

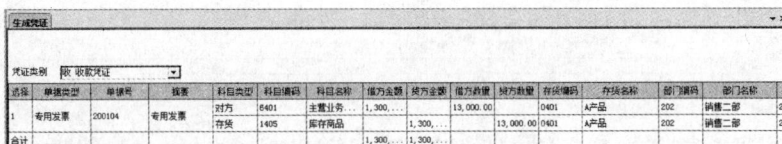

（6）修改凭证类型后保存记账凭证。

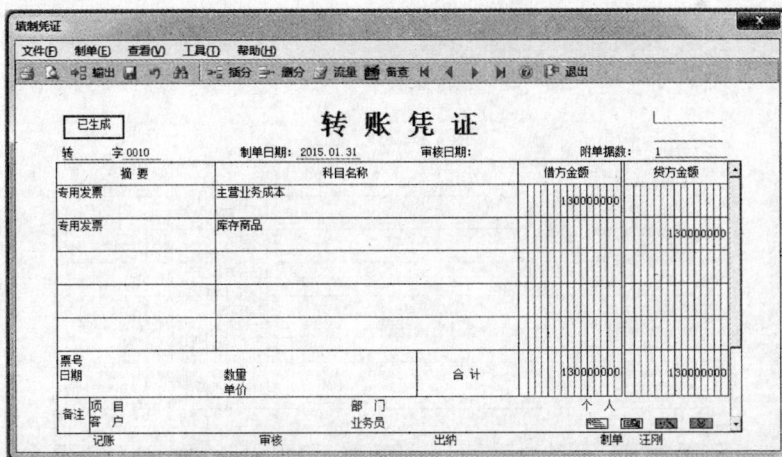

业务3 23 日，财务部陈亮收到哈尔滨飞机制造厂的 No. 090112 转账支票，金额 2 281 500 元，归还货款。

操作提示：在"应收款管理系统"输入收款单并生成记账凭证。

（1）双击"收款单据处理"｜"收款单据录入"，进入"收款单"录入窗口，录入收款业务信息。

（2）单击"审核"按钮，选择"立即制单"，生成记账凭证。

■ 代垫费用的处理

业务4 3日，销售二部宋佳以现金垫付哈尔滨飞机制造厂运费800元。客户尚未支付此笔款项。

操作提示 1：在"销售管理系统"输入并审核代垫费用单。

（1）双击"代垫费用"｜"代垫费用单"，进入"代垫费用单"录入窗口，点击"增加"按钮，录入代垫费用业务信息。

（2）点击"审核"按钮，对代垫费用单进行审核。

操作提示 2：在"应收款管理系统"审核代垫费用单并确认应收款。

（1）双击"应收单据处理"｜"应收单据审核"，在"应收单据过滤条件"窗口直接点击"确定"，系统弹出"应收单据列表"。

（2）选中需要审核的单据对应的记录，点击"审核"按钮，对代垫费用单形成的其他应收单进行审核，系统提示"审核成功"。

（3）双击"制单处理"命令，打开"制单查询"对话框，选择"应收单制单"选项，单击"确定"进入"应收单制单"窗口。

| 消息中心 | 制单 |

应收单制单

凭证类别　收款凭证　▼　　　　　　　　　　　　　制单日期　2015-01-31

选择标志	凭证类别	单据类型	单据号	日期	客户编码	客户名称	部门	业务员	金额
1	收款凭证	其他应收单	0000000001	2015-01-23	004	哈尔滨…	销售二部	宋佳	800.00

（4）选中要制单的记录，点击"制单"按钮，修改凭证类型和业务日期，点击"保存"退出。

填制凭证

文件(F)　制单(E)　查看(V)　工具(T)　帮助(H)

已生成

付 款 凭 证

付　　0003　　　制单日期：2015.01.31　　　审核日期：　　　　　附单据数：　1

摘要	科目名称	借方金额	贷方金额
其他应收单	应收账款	80000	
其他应收单	库存现金		80000
票号日期	数量 单价	合计 80000	80000
备注 项目 客户 哈飞	部门 业务员 宋佳	个人	
记账	审核	出纳	制单 汪刚

■ **现结业务**

业务 5 3 日，销售三部孙健向北京希望学校销售 B 产品 5 000 件，无税单价 16 元，货物从仓库发出。

操作提示 1：在"销售管理系统"中填制并审核销售发货单。

（1）双击"销售发货"｜"发货单"，进入"发货单"窗口。

（2）点击"增加"按钮，系统弹出"过滤条件选择——参照订单"对话框，点击"取消"。

（3）输入发货单信息，点击"保存"按钮，再单击"审核"按钮，点击"保存"并审核发货单后退出。

操作提示2：在"库存管理系统"中审核销售出库单。

（1）双击"出库业务"｜"销售出库单"，进入"销售出库单"窗口。

（2）点击"➡"按钮，找到销售发货单审核自动生成的销售出库单。

（3）点击"保存"按钮，再单击"审核"按钮，保存并审核销售出库单后退出。

业务 6 　3 日，开出 No. 10071 销售普通发票，同时收到客户以转账支票 No. 58479 支付的全部货款。

操作提示 1：在"销售管理系统"根据发货单填制并审核销售发票。

（1）双击"销售开票"｜"销售普通发票"，进入"销售普通发票"窗口。点击"增加"按钮，系统弹出"过滤条件选择——发票参照发货单"对话框，点击"过滤"按钮。

（2）系统弹出"参照生单"对话框，双击选中已经录入的发货单记录，单击"确定"按钮。

（3）系统自动根据发货单生成销售普通发票，修改发票号等信息后，点击"保存"按钮。

（4）点击"现结"按钮，录入现结的信息，点击"确定"保存，发票左上方出现"现结"字样。

（5）单击"复核"按钮，对发票进行复核。

操作提示2：在"应收款管理系统"审核销售发票并生成记账凭证。

（1）双击"应收单据处理"｜"应收单据审核"，打开"应收单过滤条件"对话框，选中"包含已现结发票"选项，单击"确定"按钮。

（2）进入"应收单据列表"，选中单据记录，单击"审核"按钮。

记录总数：1										
选择	审核人	单据日期	单据类型	单据号	客户名称	部门	业务员	制单人	币种	汇率
Y		2015-01-03	销售普...	10071	北京希望学校	销售三部	孙建	汪刚	人民币	1.00000000
合计										

（3）执行"制单处理"命令，打开"制单查询"对话框，选中"现结制单"，点击"确认"按钮。

（4）进入"销售发票制单"窗口，选中需要制单的发票。

选择标志	凭证类别	单据类型	单据号	日期	客户编码	客户名称	部门	业务员	金额
1	收款凭证	现结	0000000003	2015-01-03	001	北京希...	销售三部	孙建	80,000.00

（5）单击"制单"按钮，生成记账凭证，点击"保存"退出。

操作提示 3：在"存货核算系统"对销售出库单记账并生成记账凭证。

（1）双击"业务核算"｜"正常单据记账"，系统弹出"过滤条件选择"，单击"过滤"按钮，打开"正常单据记账列表"窗口。

（2）选中需要记账的单据，点击"记账"按钮，系统提示"记账成功"。单击"确定"按钮退出。

（3）双击"财务核算"｜"生成凭证"，系统弹出"生成凭证"窗口，单击"选择"按钮，打开"查询条件"对话框。单击"确定"按钮后，系统打开"选择单据"对话框。选中需要生成凭证的单据，单击"确定"按钮。

（4）系统弹出"生成凭证"窗口，检查相关信息后单击"生成"按钮。

生成凭证

凭证类别 收 收款凭证

选择	单据类型	单据号	摘要	科目类型	科目编码	科目名称	借方金额	贷方金额	借方数量	贷方数量	存货编码	存货名称	部门编码	部门名称	
1	普通发票	10071	普通发票	对方	6401	主营业务…	50,000.00		5,000.00		0402	B产品	203	销售三部	20
				存货	1405	库存商品		50,000.00		5,000.00	0402	B产品	203	销售三部	20
合计							50,000.00	50,000.00							

（5）修改凭证类型后保存记账凭证。

填制凭证

文件(F)　制单(E)　查看(V)　工具(T)　帮助(H)

输出　插分　删分　流量　备查　退出

转 账 凭 证

已生成

转　字 0011　　制单日期：2015.01.31　　审核日期：　　　　附单据数：1

摘　要	科目名称	借方金额	贷方金额
普通发票	主营业务成本	5000000	
普通发票	库存商品		5000000

票号
日期　　　数量　　　　　　合　计　　5000000　　5000000
　　　　　单价

备注　项目　　　　　　部门
　　　客户　　　　　　业务员　　　　　　　　　个人

记账　　　　　审核　　　　　出纳　　　　　制单 汪刚

■ 开票直接发货业务

业务7　9日，销售四部王华向上海万邦公司销售 B 产品 16 000 件，单价 16 元，增值税 43 520 元，价税合计 299 520 元，开出 No. 200105 增值税专用发票。

操作指导1：在"销售管理"中填制并复核销售专用发票。

（1）双击"销售开票"｜"销售专用发票"，进入"销售专用发票"窗口。点击"增加"按钮，系统弹出"过滤条件选择——发票参照发货单"对话框，点击"过滤"按钮。单击"确定"按钮，跳过"参照生单"对话框。

（2）逐项录入发票信息后，点击"保存"按钮。

（3）点击"复核"按钮，对发票进行复核。

操作提示2：在"应收款管理系统"审核销售专用发票并生成记账凭证。

（1）双击"应收单据处理"｜"应收单据审核"，打开"过滤条件"对话框，单击"确定"按钮，进入"应收单据列表"。

（2）选中单据记录，单击"审核"按钮。

（3）执行"制单处理"命令，打开"制单查询"对话框，单击"确认"后进入"销售发票制单"窗口。

（4）选中需要制单的发票，单击"制单"按钮，生成记账凭证。

业务 8　10 日，仓库发出所销 B 产品 16 000 件。

操作提示 1：在"销售管理"中查询销售发货单。

双击"销售发货"｜"发货单"，查询自动生成的发货单。

操作提示 2：在"库存管理"中查询销售出库单。

（1）双击"出库业务"｜"发货单"，查询自动生成的销售出库单。

（2）点击"审核"按钮，对销售出库单进行审核出库。

操作提示 3：在"存货核算系统"对销售出库单记账并生成记账凭证。

（1）双击"业务核算"｜"正常单据记账"，系统弹出"过滤条件选择"，单击"过滤"按钮，打开"正常单据记账列表"窗口。

选择	日期	单据号	存货编码	存货名称	规格型号	存货代码	单据类型	仓库名称	收发类别	数量
Y	2015-01-09	200105	0402	B产品			专用发票	产成品库	产成品出库	16,000.00
小计										16,000.00

（2）选中需要记账的单据，点击"记账"按钮，系统提示"记账成功"。单击"确定"按钮退出。

（3）双击"财务核算"｜"生成凭证"，系统弹出"生成凭证"窗口，单击"选择"按钮，打开"查询条件"对话框。单击"确定"按钮后，系统打开"选择单据"对话框。选中需要生成凭证的单据，单击"确定"按钮。

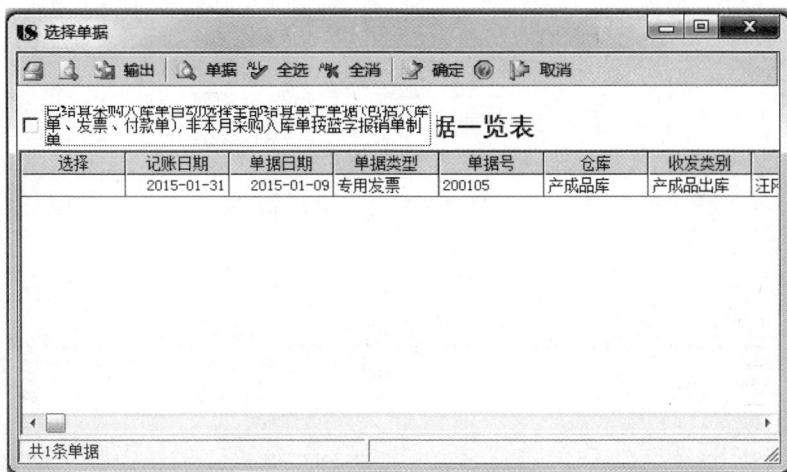

（4）系统弹出"生成凭证"窗口，检查相关信息后单击"生成"按钮。

（5）修改凭证类型后保存记账凭证。

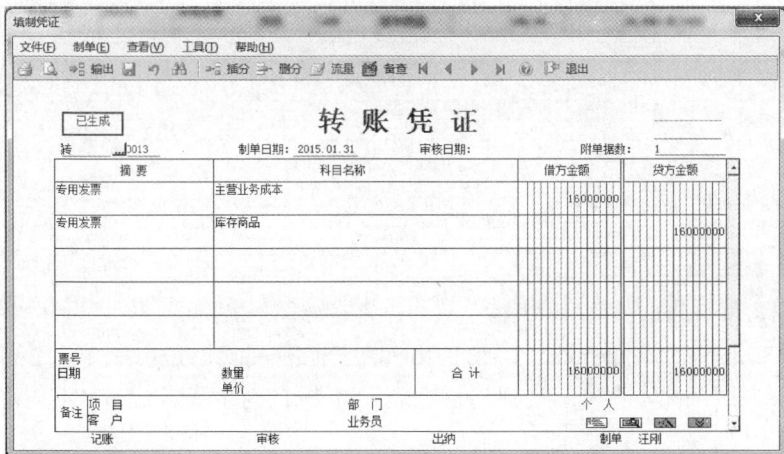

■ 销售退回业务

业务9　14日，销售三部孙健向北京希望学校销售 B 产品因质量问题退回 50 件，单价 16 元，货物，收回仓库。

操作提示1：在"销售管理"填制并审核退货单。

（1）双击"销售发货"｜"退货单"，进入"退货单"窗口。

（2）点击"增加"按钮，系统弹出"过滤条件选择——参照订单"对话框，点击"取消"按钮。

（3）输入退货单信息，点击"保存"按钮，再单击"审核"按钮，保存并审核退货单后退出。

退货单

	仓库名称	货物编码	存货名称	规格型号	主计量	数量	报价	含税单价	无税单价	无税金
1	产成品库	0402	B产品		件	-50.00	0.00	18.72	16.00	
2										
合计						-50.00				

退货单号 0000000004　　退货日期 2015-01-14　　业务类型 普通销售
销售类型 外地销售　　订单号　　发票号
客户简称 希望学校　　销售部门 销售三部　　业务员 孙健
发运方式　　币种 人民币　　汇率 1
税率 17.00　　备注

制单人 汪刚　　审核人 汪刚

操作提示2：在"库存管理系统"中审核销售退货单。

（1）双击"出库业务"｜"销售出库单"，进入"销售出库单"窗口。

（2）点击"➡"按钮，找到销售退货单审核自动生成的销售出库单。

（3）单击"审核"按钮，保存并审核销售出库单后退出。

业务 10　因该货物已经结算，开具相应红字发票一张，票号 No.200106。

操作提示 1：在"销售管理系统"根据发货单填制并审核销售发票。

（1）双击"销售开票"｜"销售专用发票"，进入"销售专用发票"窗口。

（2）点击"增加"按钮，系统弹出"过滤条件选择——发票参照发货单"对话框，点击"过滤"按钮。

（3）系统弹出"参照生单"对话框，双击选中已经录入的发货单记录，单击"确定"按钮。

（4）系统自动根据发货单生成销售普通发票，点击"保存"按钮，再单击"审核"按钮，保存并审核销售普通发票后退出。

操作提示2：在"应收款管理系统"审核销售专用发票并生成记账凭证。

（1）双击"应收单据处理"｜"应收单据审核"，打开"过滤条件"对话框，单击"确定"按钮，进入"应收单据列表"。

（2）选中单据记录，单击"审核"按钮。

（3）执行"制单处理"命令，打开"制单查询"对话框，单击"确认"后进入"销售发票制单"窗口。

制单

销售发票制单

凭证类别 [收款凭证 ▼]   制单日期 [2015-01-31] ⬚

选择标志	凭证类别	单据类型	单据号	日期	客户编码	客户名称	部门	业务员	金额
1	收款凭证	销售普...	200106	2015-01-14	001	北京希...	销售三部	孙建	-936.00

（4）选中需要制单的发票，单击"制单"按钮，生成红字记账凭证。

填制凭证

文件(F) 制单(E) 查看(V) 工具(T) 帮助(H)

🖨 🔍 ⇥输出 🖫 ↻ 🔍 ⇥拆分 ➗拆分 🗑删分 🔷流量 🔍备查 ◁ ◀ ▶ ▷ ⇥ 🔷退出

转 账 凭 证

[已生成]

转 ___0014   制单日期：2015.01.31   审核日期：   附单据数： 1

摘 要	科目名称	借方金额	贷方金额
销售普通发票	应收账款	936 00	
销售普通发票	主营业务收入		800 00
销售普通发票	应交税费/应交增值税/销项税额		136 00
票号 日期	数量 单价	合 计	936 00 936 00

备注 项 目   部 门   个 人
      客 户 希望学校   业务员 孙建

记账   审核   出纳   制单 汪刚

操作提示3：在"存货核算系统"对销售出库单记账并生成记账凭证。

（1）双击"业务核算"｜"正常单据记账"，系统弹出"过滤条件选择"对话框，单击"过滤"按钮，打开"正常单据记账列表"窗口。

未记账单据一览表
单据联查

正常单据记账列表

记录总数：1

选择	日期	单据号	存货编码	存货名称	规格型号	存货代码	单据类型	仓库名称	收发类别	数量
1	2015-01-14	200106	0402	B产品			普通发票	产成品库	产成品出库	-50.00
小计										-50.00

（2）选中需要记账的单据，点击"记账"按钮，系统弹出"未记账单据一览表"对话框，手工输入退货产品单价，点击"确定"按钮。系统提示"记账成功"。

（3）双击"财务核算"｜"生成凭证"，系统弹出"生成凭证"窗口，单击"选择"按钮，打开"查询条件"对话框。

（4）单击"确定"按钮后，系统打开"选择单据"对话框。选中需要生成凭证的单据，单击"确定"按钮。

（5）系统弹出"生成凭证"窗口，检查相关信息后单击"生成"按钮。

（6）修改凭证类型后保存红字记账凭证。

实训十五　购销存其他业务处理

【实验目的】

掌握购销存其他出库、入库业务的处理以及期末处理与结账原理和操作。

【实验内容】

1. 材料出库业务。
2. 产成品入库业务。
3. 购销存系统期末处理及结账。

【实验准备】

引入"实训十四　采购及出库业务处理"账套备份数据。

【实验资料】

一、其他出入库业务

■ 材料出库业务

1. 14 日，制造车间向仓库领用甲材料 4 000 公斤，用于生产 A 产品，乙材料 9 000 公斤，用于生产 B 产品。

■ 产成品入库业务

2. 28 日，制造车间产品完工，A 产品 3 000 件，单位成本 100 元；B 产品 9 500 件，单位成本 10 元。

二、期末处理及结账

1. 依次对销售管理、采购管理、库存管理、应收款管理、应付款管理进行月末结账。
2. 对存货核算进行月末处理并结账。

【操作指导】

■ **材料出库业务**

业务1　14日，制造车间向仓库领用甲材料4 000公斤，用于生产A产品，乙材料9 000公斤，用于生产B产品。

操作提示1：在"库存管理"中填制并审核材料出库单。

（1）双击"出库业务"｜"材料出库单"，进入"材料出库单"窗口。录入材料出库信息，并保存。

（2）单击"审核"按钮，分别审核两张材料出库单后退出。

操作提示 2：在"存货核算"中对材料出库单记账并生成出库记账凭证。

（1）双击"业务核算"｜"正常单据记账"，系统弹出"过滤条件选择"窗口，单击"过滤"按钮，打开"正常单据记账列表"窗口。

	消息中心	未记账单据一览表								
				正常单据记账列表						
记账总数：2										
选择	日期	单据号	存货编码	存货名称	规格型号	存货代码	单据类型	仓库名称	收发类别	数
Y	2015-01-14	0000000001	0101	甲材料			材料出库单	材料一库	材料出库	4,00
Y	2015-01-14	0000000002	0102	乙材料			材料出库单	材料二库	材料出库	9,00
小计										13,00

（2）选中需要记账的单据，点击"记账"按钮，系统提示"记账成功"。

（3）双击"财务核算"｜"生成凭证"，系统弹出"生成凭证"窗口，单击"选择"按钮，打开"查询条件"对话框。单击"确定"按钮后，系统打开"选择单据"对话框。选中需要生成凭证的单据，单击"确定"按钮。

	选择单据								_ □ ×
	🖨 🔍 📥 输出 🔍 单据 ⌐ 全选 ⌐ 全消 ✏ 确定 ◎ ▶ 取消								
□ 已结算采购入库单自动选择全部结算单上单据(包括入库单、发票、付款单),非本月采购入库单按蓝字报销单制单				据一览表					
选择	记账日期	单据日期	单据类型	单据号	仓库	收发类别	记		
1	2015-01-31	2015-01-14	材料出库单	0000000001	材料一库	材料出库	汪刚		
1	2015-01-31	2015-01-14	材料出库单	0000000002	材料二库	材料出库	汪刚		

（4）系统弹出"生成凭证"窗口，录入相关项目大类和项目信息，检查相关信息后单击"生成"按钮。

选择	单据类型	单据号	摘要	科目类型	科目编码	科目名称	借方金额	贷方金额	借方数量	贷方数量	存货编码	存货名称	部门编码	部
1	材料出库单	0000000001	材料出库单	对方	500101	直接材料	320,00…		4,000.00		0101	甲材料	402	制造车
				存货	1403	原材料		320,00…		4,000.00	0101	甲材料	402	制造车
		0000000002		对方	500101	直接材料	90,000.00		9,000.00		0102	乙材料	402	制造车
				存货	1403	原材料		90,000.00		9,000.00	0102	乙材料	402	制造车
合计							410,00…	410,00…						

凭证类别　收 收款凭证

消息中心　生成凭证

（5）修改凭证类型后保存记账凭证。

转 账 凭 证

已生成　转　0016　制单日期：2015.01.31　审核日期：　附单据数：1

摘要	科目名称	借方金额	贷方金额
材料出库单	生产成本/直接材料	32000000	
材料出库单	原材料		32000000
		合计 32000000	32000000

备注　项　目　A产品　部门　个人
客　户　　业务员
记账　　审核　　出纳　　制单 汪刚

转 账 凭 证

已生成　转　0017　制单日期：2015.01.31　审核日期：　附单据数：1

摘要	科目名称	借方金额	贷方金额
材料出库单	生产成本/直接材料	9000000	
材料出库单	原材料		9000000
		合计 9000000	9000000

备注　项　目　B产品　部门　个人
客　户　　业务员
记账　　审核　　出纳　　制单 汪刚

■ **产成品入库业务**

业务2　28 日，制造车间产品完工入库，A 产品 3 000 件，单位成本 100 元；
B 产品 9 500 件，单位成本 10 元。

操作提示1：在"库存管理"中填制并审核产成品入库单。

（1）双击"入库业务"│"产成品入库"，进入"产成品入库单"窗口。录入产成品入库信息，并保存。

（2）单击"审核"按钮，审核产成品入库单后退出。

操作提示2：在"存货核算"中对产成品入库单记账并生成入库记账凭证。

（1）双击"业务核算"│"正常单据记账"，系统弹出"过滤条件选择"窗口，单击"过滤"按钮，打开"正常单据记账列表"窗口。

（2）选中需要记账的单据，点击"记账"按钮，系统弹出"未记账单据一览表"窗口，手工输入产品入库单位成本，点击"确定"按钮，系统提示"记账成功"。

（3）双击"财务核算"｜"生成凭证"，系统弹出"生成凭证"窗口，单击"选择"按钮，打开"查询条件"对话框。单击"确定"按钮后，系统打开"选择单据"对话框。选中需要生成凭证的单据，单击"确定"按钮。

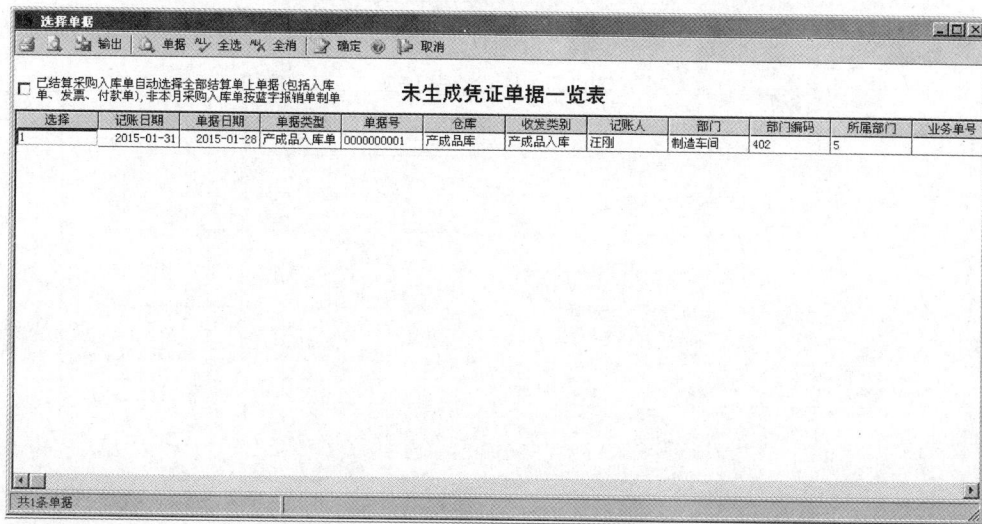

选择单据

🔲 已结算采购入库单自动选择全部结算单上单据(包括入库单、发票、付款单)，非本月采购入库单按蓝字预销单制单

未生成凭证单据一览表

选择	记账日期	单据日期	单据类型	单据号	仓库	收发类别	记账人	部门	部门编码	所属部门	业务单号
1	2015-01-31	2015-01-28	产成品入库单	0000000001	产成品库	产成品入库	汪刚	制造车间	402	5	

共1条单据

（4）系统弹出"生成凭证"窗口，录入相关项目大类和项目信息，检查后单击"生成"按钮。

生成凭证

凭证类别 收 收款凭证

选择	单据类型	单据号	摘要	科目类型	科目编码	科目名称	借方金额	贷方金额	借方数量	贷方数量	存货编码	存货名称	部门编码	部
1	产成品入库单	0000000001	产成品入库单	存货	1405	库存商品	600,00...			6,000.00	0401	A产品	402	制造车
				对方	500101	直接材料		600,00...	6,000.00		0401	A产品	402	制造车
				存货	1405	库存商品	95,000.00			9,500.00	0402	B产品	402	制造车
				对方	500101	直接材料		95,000.00	9,500.00		0402	B产品	402	制造车
合计							695,00...	695,00...						

生成凭证

凭证类别 收 收款凭证

供应商编码	供应商名称	客户编码	客户名称	单据日期	线索号	币种	汇率	外币金额	项目大类	项目大类	项目编码	项目名称
				2015-01-28								
				2015-01-28				00	产品核算	101	A产品
				2015-01-28								
				2015-01-28				00	产品核算	102	B产品

（5）修改凭证类型后保存记账凭证。

三、期末处理及结账

1. 依次对销售管理、采购管理、库存管理模块进行月末结账。

（1）执行"销售管理"｜"月末结账"。

（2）执行"采购管理"｜"月末结账"。

月末结账

为保证采购系统的暂估余额表和存货核算系统的暂估余额表数据一致，建议在月末结账前将未填单价、金额的采购入库单填上单价、金额

会计月份	起始日期	截止日期	是否结账	选择标记
1	2015-01-01	2015-01-31	已结账	选中
2	2015-02-01	2015-02-28	未结账	
3	2015-03-01	2015-03-31	未结账	
4	2015-04-01	2015-04-30	未结账	
5	2015-05-01	2015-05-31	未结账	
6	2015-06-01	2015-06-30	未结账	
7	2015-07-01	2015-07-31	未结账	
8	2015-08-01	2015-08-31	未结账	
9	2015-09-01	2015-09-30	未结账	
10	2015-10-01	2015-10-31	未结账	
11	2015-11-01	2015-11-30	未结账	
12	2015-12-01	2015-12-31	未结账	

结账　取消结账　退出　帮助

（3）执行"库存管理"｜"月末结账"。

结账处理

会计月份	起始日期	结束日期	已经结账
1	2015-01-01	2015-01-31	否
2	2015-02-01	2015-02-28	否
3	2015-03-01	2015-03-31	否
4	2015-04-01	2015-04-30	否
5	2015-05-01	2015-05-31	否
6	2015-06-01	2015-06-30	否
7	2015-07-01	2015-07-31	否
8	2015-08-01	2015-08-31	否
9	2015-09-01	2015-09-30	否
10	2015-10-01	2015-10-31	否
11	2015-11-01	2015-11-30	否
12	2015-12-01	2015-12-31	否

结账　取消结账　帮助　退出

2. 对存货核算进行月末处理并结账。

（1）执行"存货核算"｜"期末处理"，系统弹出"期末处理"对话框，选择需要进行处理的仓库，点击"确定"按钮。

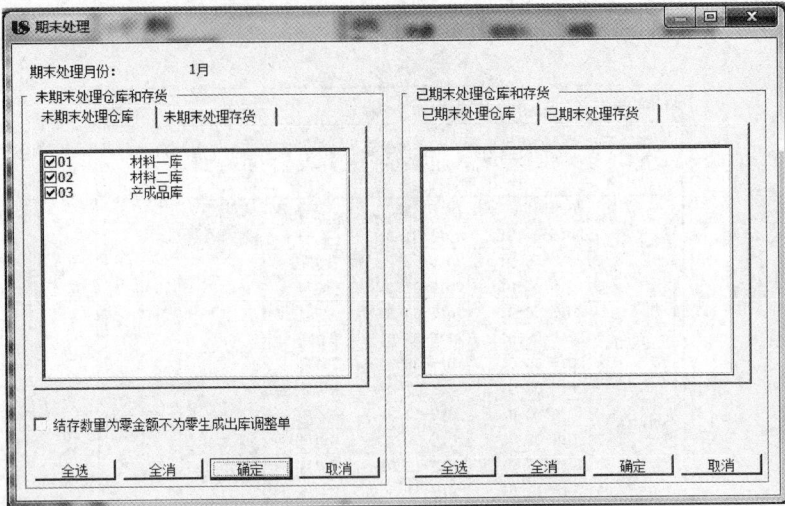

（2）系统提示"期末处理完毕！"。

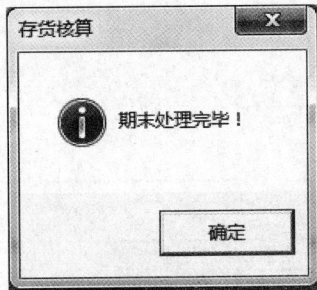

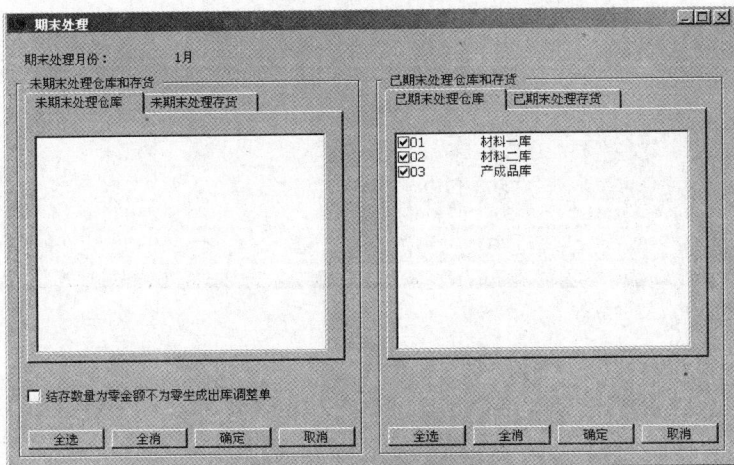

（3）执行"存货核算"｜"业务核算"｜"月末结账"。

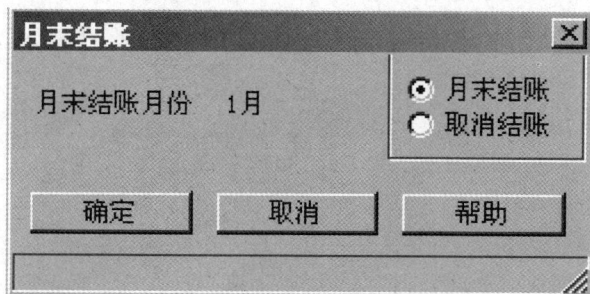

月末结账

月末结账月份　1月

⦿ 月末结账
◯ 取消结账

确定　　　取消　　　帮助

附录1 综合实训

循环一 核算型财务应用综合实训

一、系统管理实训资料

【实训目的】

1. 理解系统管理在整个系统中的作用及基础设置的重要性。
2. 学会新增操作员、为操作员设置权限。
3. 学会建立新账套。

【实训要求】

以系统管理员 admin 身份登录系统管理。

【实训内容】

1. 增加操作员：

001 于主管　002 李会计　003 王会计

2. 建立账套信息。

- 账套号：系统默认的账套号
- 账套名称：西北奥信科技有限公司
- 单位名称：西北奥信科技有限公司，简称"奥信"
- 启用日期：2015 年 1 月 1 日
- 税号：20151234567
- 企业类型：工业
- 行业性质：2007 新会计制度科目，并"按行业性质预置会计科目"
- 账套主管：001 于主管
- 基础信息：选择存货、供应商、客户均分类，有外币核算

- 编码方案：

  科目编码方案：4－2－2－2

  部门编码级次：2－2

  收发类别级次：1－2

  客户分类和供应商分类编码都为：2

  存货分类编码级次：1－2－2－3

  结算方式的编码级次：1－2

  其他编码系统默认

- 小数位数：默认

- 模块启用：总账、应收款管理、应付款管理、固定资产系统、薪资管理系统。

  启用日期：2015年1月1日

3. 分配权限。

- 操作员002李会计：拥有"共用目录设置"、"总账"、"应收"、"应付"、"固定资产"、"薪资管理"中所有权限。

- 操作员王会计：拥有"共用目录设置"、"出纳签字"、"出纳管理"中的所有权限。

4. 账套备份。

5. 修改账套信息：在系统管理中以账套主管身份注册，修改税号为：2015987654321。

二、系统初始化实训资料

【实训目的】

学习在账套中进行基础档案设置。

【实训要求】

以账套主管"002于主管"身份进入"企业应用平台"操作。

【实训内容】

1. 部门档案。

部门编码	部门名称
01	总经理办公室
02	财务部

部门编码	部门名称
03	营业中心
0301	业务一部
0302	业务二部
04	制造中心
0401	一车间
0402	二车间

2. 职员档案。

人员编码	人员姓名	人员类别	所属部门	性别	是否业务员
101	张关	在职	总经理办公室	男	是
201	于主管	在职	财务部	男	是
202	李会计	在职	财务部	男	是
203	王会计	在职	财务部	男	是
301	王力	在职	业务一部	男	是
302	李莉	在职	业务二部	女	是

3. 客户分类：批发、零售、专柜、代销。

4. 客户档案。

客户编码	客户简称	所属分类	税号	开户银行	账号	信用额度	信用期限
DHGS	大华公司	批发	21151234568	工行	1501		
XXKJ	欣欣科技	批发	20151234569	中行	1502	10 万	30 天
JYGS	精益公司	专柜	20150123456	建行	1503	15 万	60 天
LQFZ	利群发展	代销	20150987654	招行	1504		

5. 供应商分类：原料供应商、成品供应商。

6. 供应商档案。

供应商编码	供应商名称	供应商分类	税号
XWGS	兴旺公司	原料供应商	31012345678
HDGS	宏达公司	原料供应商	31032145876
MXKJ	美星科技	成品供应商	31087654321
ALKJ	奥利科技	成品供应商	31098765322

7. 存货分类。

存货分类编码	存货名称
1	原材料
101	主机
10101	芯片
10102	硬盘
102	显示器
103	键盘
104	鼠标
2	产成品
201	计算机
3	外购商品
301	打印机
302	传真机
4	应税劳务

8. 计量单位组：无换算关系。

9. 计量单位。

计量单位编号	计量单位名称	所属计量单位组
01	盒	无换算关系
02	台	无换算关系
03	只	无换算关系
04	千米	无换算关系

10. 存货档案。

存货编码	存货名称	所属分类	计量单位	税率（%）	存货属性
001	P3芯片	芯片	盒	17	外购，生产耗用
002	16G硬盘	硬盘	盒	17	外购，生产耗用，销售
003	17寸显示器	显示器	台	17	外购，生产耗用，销售
004	键盘	键盘	只	17	外购，生产耗用，销售
005	鼠标	鼠标	只	17	外购，生产耗用，销售
006	计算机	计算机	台	17	自制，销售
007	惠普打印机	打印机	台	17	外购，销售
008	运输费	应税劳务	千米	17	外购，销售，应税劳务

11. 外币及汇率。

币符：USD

固定汇率：6.322

调整汇率：6.100

12. 会计科目。

指定科目：1001 库存现金为现金总账科目

　　　　　1002 银行存款为银行存款总账科目

总账科目	明细科目	辅助账类型
银行存款	工行存款	日记账、银行账
	中行存款	日记账、银行账
其他应收款	应收职工款	个人往来
	应收单位款	客户往来
应收账款		客户往来
预收账款		客户往来
应付账款		供应商往来
预付账款		供应商往来
应缴税费	应交增值税——进项税额	
	应交增值税——销项税额	
应付职工薪酬	工资	
	福利费	
生产成本	直接材料	项目核算
	直接人工	项目核算
	制造费用	项目核算
制造费用	一车间	
	二车间	
管理费用	招待费	部门核算
	差旅费	部门核算
	工资	部门核算
	折旧费	部门核算
	电话费	部门核算

13. 凭证类别：记账凭证，无限制。

14. 结算方式：现金结算、支票结算、汇票结算。

15. 本企业开户行：工行中央广场分理处，账号为 123456654321。

16. 仓库档案。

仓库编码	仓库名称	计价方式
01	原料仓库	移动平均
02	成品仓库	移动平均
03	外购品仓库	移动平均

17. 收发类别。

入库类别		出库类别	
1 正常入库		3 正常出库	
101 采购入库		301 销售出库	
102 产成品入库	收发标志：收	302 生产领用	收发标志：发
103 调拨入库		303 调拨出库	
2 非正常入库		4 非正常出库	
201 盘盈入库		401 盘盈出库	
202 其他入库		402 其他出库	

18. 采购类型：普通采购，入库类别为"采购入库"。

19. 销售类型：经销、代销，出库类别为"销售出库"。

20. 录入总账会计科目余额。

会计科目	科目余额	余额方向
银行存款——工行	借	40 000
应收账款——大华公司	借	25 000
——精益公司	借	76 560
其他应收款——张关	借	3 800
材料采购	借	80 000
原材料	借	1 004 000
库存商品	借	2 544 000
短期借款	贷	20 000
应付账款——兴旺公司	贷	165 000
本年利润	贷	3 478 000
坏账准备	贷	10 000
实收资本	贷	100 360

21. 备份以上资料：在 C 盘建立文件夹名称为"基础数据"。

三、总账系统日常及期末业务资料

【实训目的】

1. 掌握用友 ERP - U8 总账系统相关内容。

2. 实训掌握总账系统初始化、凭证处理、月末处理等内容。

【实训要求】

1. 引入备份资料"账套基础数据"。

2. 以"002 李会计"进行凭证填制，查询操作。

3. 以"003 王会计"进行出纳签字及出纳管理。

4. 以"001 于主管"进行凭证审核、主管签字、记账、对账、查询、结账等操作。

【实训内容】

1. 选项参数设置。

选项卡	参数设置
凭证	制单序时控制 支票控制 可以使用应收、应付系统的受控科目 自动填补凭证断号 出纳凭证必须经出纳签字 凭证编号方式采用系统编号 外币核算采用固定汇率
账簿	账簿打印位数：每页打印行数按软件默认的标准设定 明细账查询权限控制到科目 明细账打印按年排页
会计日历	会计日历为 1 月 1 日 ~ 12 月 31 日
其他	数量小数位和单价小数位设为 2 位 部门、个人、项目按编码方式排序

2. 建立项目档案。

项目大类	生产成本，普通项目
项目级次	1 ~ 2
核算科目	生产成本——直接材料 410101 　　　　——直接人工 410102 　　　　——制造费用 410103
项目分类	1 研发项目 2 组装项目
项目目录（维护）	101　WID 计算机　研发项目 102　MAC 计算　研发项目

3. 日常业务资料。

（1）业务一，填制凭证。

● 1 月 4 日，从银行提取现金 10 000 元，支票号：ZZ2015104。

借：库存现金　　　　　　　　　　　　　　　　　　　　10 000.00

　　贷：银行存款——工行存款　　　　　　　　　　　　　　　　10 000.00

● 1 月 5 日，总经理办公室张关报销差旅费 3 600 元，交还现金 200 元。

借：管理费用——差旅费（总经理办公室）　　　　　　　3 600.00

　　库存现金　　　　　　　　　　　　　　　　　　　　200.00

　　贷：其他应收款（倪雪）　　　　　　　　　　　　　　　　　3 800.00

● 1 月 7 日，业务一部支付业务招待费 1 200 元，转账支票号：ZZ2015205。

借：管理费用——招待费　　　　　　　　　　　　　　　1 200.00

　　贷：银行存款——工行存款　　　　　　　　　　　　　　　　1 200.00

● 1 月 13 日，收到大华公司转账支票 1 张，面值为 10 000 元，用于归还以前所欠部分货款。

借：银行存款——工行存款　　　　　　　　　　　　　　10 000.00

　　贷：应收账款（大华公司）　　　　　　　　　　　　　　　　10 000.00

● 1 月 14 日，归还欠兴旺公司部分货款 10 000 元，转账支票号：ZZ2015101。

借：应付账款（兴旺公司）　　　　　　　　　　　　　　10 000.00

　　贷：银行存款——工行存款　　　　　　　　　　　　　　　　10 000.00

● 1 月 16 日，向精益公司售出电脑 25 台，单价 5 500 元，货税款尚未收到（适用税率 17%）。

借：应收账款（精益公司）　　　　　　　　　　　　　　160 875.00

　　贷：主营业务收入　　　　　　　　　　　　　　　　　　　　137 500.00

　　　　应交税费——应交增值税——销项税　　　　　　　　　　23 375.00

● 1 月 20 日，收到投资人投资资金 10 000 美元，支票号：WZZ2015001。

借：银行存款——中行存款（外币金额为 10 000.00） 63 220.00

　　贷：实收资本　　　　　　　　　　　　　　　　　63 220.00

● 1 月 28 日，该公司管理部门固定每月底报销电话费用，故统一报销凭证中都为管理费用，但明细分属不同部门，以辅助项快速录入方式填制该凭证。总经理办公室 400 元；财务部 500 元；业务一部 900 元，业务二部 700 元。

● 1 月 28 日，计提 1 月份各部门工资。

借：生产成本——直接人工/WIN 计算机　　　　　　 5 000.00

　　　　　　——直接人工/MAC 计算机　　　　　　 3 550.00

　　管理费用——工资/总经理办公室　　　　　　　 4 000.00

　　　　　　——工资/财务部　　　　　　　　　　 3 500.00

　　　　　　——工资/业务一部　　　　　　　　　 2 300.00

　　　　　　——工资/业务二部　　　　　　　　　 2 500.00

　　贷：应付职工薪酬——工资　　　　　　　　　　20 850.00

【操作提示】在总账系统中，执行"财务会计—总账—凭证—填制凭证"。

（2）业务二，出纳签字。

● 出纳"003 王会计"对出纳凭证进行签字。

【操作提示】在总账系统中，执行"财务会计—总账—凭证—出纳签字"。

（3）业务三，审核凭证并记账。

● 由账套主管"001 于主管"对凭证进行审核签字、主管签字盖章、记账。

【操作提示】在总账系统中，执行"财务会计—总账—凭证—审核凭证"；

　　　　　　　在总账系统中，执行"财务会计—总账—凭证—主管签字"；

　　　　　　　在总账系统中，执行"财务会计—总账—凭证—记账"。

（4）业务四，总账查询操作。

● 查询下列账簿：

①现金日记账；

②银行日记账（人民币、外币）；

③总账；

④余额表；

⑤明细账；

⑥序时账；

⑦多栏账；

⑧辅助账（客户往来、供应商往来、个人往来、部门、项目）。

4. 总账期末业务资料。

● 自动转账：

①1 月 31 日，计提短期借款利息，按短期借款期末余额的 0.2% 计提当月借款利息；

②计提职工福利费，按"生产成本——直接人工"、"管理费用——工资"当月发生额的 14% 计提当月职工福利费。

③对上述两笔业务进行审核、记账。

A. 计提利息：

借：财务费用 40.00

　　贷：应付利息 40.00

B. 计提福利费：

借：生产成本——直接人工/WIN 计算机 700.00

　　　　　　　　　　　　MAC 计算机 497.00

　　管理费用——工资/总经理办公室 560.00

　　管理费用——工资/财务部 490.00

　　管理费用——工资/业务一部 322.00

　　管理费用——工资/业务二部 350.00

　　贷：应付职工薪酬——福利费 2 919.00

【操作提示】在总账期末业务中，进行"转账定义——自定义转账"定义，然后执行"转账生成"，生成结转凭证并保存；对转账生成凭证，在"总账——凭证"中分别进行审核、记账。

● 汇兑损益结转：1 月 31 日，结转当月美元汇兑损益，汇兑损益科目为"财务费用"，期末调整汇率为 6.100，自动生成记账凭证。并进行出纳签字、审核、记账。

借：财务费用 2 220.00

　　贷：银行存款——中行存款 2 220.00

【操作提示】在总账期末业务中，执行"转账定义——汇兑损益"，然后执行"转账生成——汇兑损益结转"，生成结转凭证并保存；对转账生成凭证，在"总账——凭证"中分别进行出纳签字、审核、记账。

● 期间损益结转：1 月 31 日，期间损益结转，本年利润科目为"本年利润4 103"。

【操作提示】在总账期末业务中，执行"转账定义——期间损益"，然后执行"转账生成——期间损益结转"，生成结转凭证并保存；对转账生成凭证，在"总账——凭证"中对分别进行审核、记账。

● 对账。

● 月末结账（注意，如果同时启用了其他系统，其他系统未结账，总账不可以结账）。

5. 备份数据。

C 盘新建"总账系统数据"文件夹进行保存。

四、UFO 报表系统资料

【实训目的】

掌握用友 UFO 报表的设置及应用。

【实训要求】

引入备份数据"总账系统数据"，以操作员 001 于主管进入操作。

【实训内容】

1. 根据总账资料套用模板生成资产负债表及利润表。

2. 自定义报表格式如下：

管理费用明细表

单位名称：西北奥信　　　　　　2015 年 1 月　　　　　　　　　　单位：元

项目	招待费	差旅费	工资	折旧费	电话费	合计
总经理办公室						
财务部						
业务一部						
业务二部						
合计						

审核人：　　　　　　　　　　　　　　　　　　　制表人：

循环二　管理型财务应用综合实训

五、薪资管理系统案例资料

【实训目的】

掌握用友 ERP－U8 管理软件中有关薪资管理的相关内容。

【实训要求】

引入备份资料"账套基础数据"。

以操作员"001 于主管"身份进行操作。

【实训内容】

1. 建立工资账套资料。

（1）启用工资账套日期：2015 年 1 月 1 日。

（2）新建工资账套资料。工资类别个数为多个，不核算计件工资；核算币种为人民币 RMB；要求代扣个人所得税；不进行扣零处理；人员编码长度 3 位。

2. 基础信息资料。

（1）人员档案、部门档案共享基础数据资料。

代发银行：中国工商银行，账号长度 6。

（2）工资类别：管理人员工资（选择所有部门）、生产人员工资（选择制造中心）。

（3）工资项目。

项目名称	类型	长度	小数位数	增减项
基本工资	数字	8	2	增项
奖金	数字	8	2	增项
岗位工资	数字	8	2	增项
应发合计	数字	10	2	增项
事假扣款	数字	8	2	减项
病假扣款	数字	8	2	减项
扣款合计	数字	10	2	减项
实发合计	数字	10	2	增项
工资代扣税	数字	10	2	减项
事假天数	数字	8	2	其他
病假天数	数字	8	2	其他

（4）打开管理人员工资类别。

管理人员工资项目计算公式：

工资项目	定义公式
事假扣款	事假天数 * 40
病假扣款	病假天数 * 20

（5）修改所得税扣税基数为 3 500 元。在"设置—选项"中选择"扣税设置—税率设置"，将税率基数修改为 3 500 元。

3．业务处理。

（1）人员工资数据录入（进入具体工资类别）。

在"系统菜单—工资类别—打开工资类别"菜单选择"管理人员工资类别"后，在"系统菜单—业务处理—工资变动"中录入管理人员类工资表，如下所示。

姓名	基本工资	岗位工资	奖金	病假天数	病假扣款	事假天数	事假扣款	扣公积金
张关	2 500	280	300					100
于主管	2 800	290	300	1	20			100
李会计	3 200	295	300			2	80	100
王会计	2 900	200	300					80
王力	3 800		600	1	20			150
李莉	3 800		600			1	40	150

（2）查询银行代发（进入具体类别）。

（3）打印工资报表（进入具体类别）：重算工资并打印工资表及工资条。

（4）工资分摊。

分摊类别	分摊机构	借方科目	贷方科目	分摊比例
工资	总经理办公室、财务部、业务一部、业务二部	管理费用——工资 660203	应付职工薪酬——工资 221101	100%
	一车间、二车间	生产成本——直接人工（WIN 计算机）500102		
福利费	总经理办公室、财务部、业务一部、业务二部	管理费用——工资 660203	应付职工薪酬——福利费 221102	14%
	一车间、二车间	生产成本——直接人工（WIN 计算机）500102		

并生成相关凭证如下。

工资分摊凭证：

借：管理费用——工资——总经理办公室   3 080.00

   ——工资——财务部   10 585.00

   ——业务一部   4 400.00

   ——业务二部   4 400.00

　　　　贷：应付职工薪酬　　　　　　　　　　　　　　22 465.00

计提福利费凭证：

借：管理费用——工资——总经理办公室　　　　　　　431.20

　　管理费用——工资——财务部　　　　　　　　　　1 481.90

　　管理费用——业务一部　　　　　　　　　　　　　616.00

　　管理费用——业务二部　　　　　　　　　　　　　616.00

　　　　贷：应付职工薪酬　　　　　　　　　　　　　3 145.10

4. 月末处理。

结账，将"病假天数"、"事假天数"、"病假扣款"、"事假扣款"设为清零项。

六、固定资产系统案例资料

【实训目的】

掌握用友 ERP – U8 财务管理软件中固定资产的日常处理及折旧计提等业务。

【实训要求】

以操作员"001 于主管"身份进行操作。

【实训内容】

1. 启用固定资产系统。

主要折旧方法：平均年限法（二）。

折旧分配周期：1 个月。

资产类别编码长度：2 – 1 – 1 – 2。

自动编号：类别编号 + 序号，序号长度 3 位。

与总账系统进行对账科目：1601 固定资产，1602 累计折旧。

在对账不平情况下允许固定资产月末结账。

2. 基础设置。

（1）选项修改：选择"业务发生后立即制单"、"月末结账前一定要完成制单登账业务"，并录入固定资产缺省入账科目"1601"，累计折旧缺省入账科目"1602"。

（2）固定资产类别：01. 房屋建筑物；02. 专用设备；03. 运输设备；04. 办公设备。

（3）使用状况：默认系统设置。

（4）增减类别：默认系统设置。

（5）部门档案及对应折旧科目。

部门	折旧科目
01 总经理办公室	660204 管理费用——折旧
02 财务部	660204 管理费用——折旧
0301 业务一部	660204 管理费用——折旧
0302 业务二部	660204 管理费用——折旧
0401 一车间	5101 制造费用——一车间
0402 二车间	5101 制造费用——二车间

3. 录入原始卡片。

在"系统菜单—设置—卡片—录入原始卡片"菜单中录入下面的卡片资料。

名称	类别	规格	部门	使用年限（月）	开始使用日期	原值	累计折旧	残值率
办公楼	01	2 000 平方米	多部门	360	2013 – 12 – 20	730 000.00	23 116.67	5%
小型机	02	8 – S5Y	一车间	120	2013 – 11 – 01	100 000.00	10 291.67	5%
程控交换机	02	IBM – 9	二车间	120	2014 – 06 – 01	20 000.00	950.00	5%
奥迪车	03	ST2000	总经理办公室	120	2014 – 11 – 01	250 000.00	1 979.17	5%
电脑	04	MAC	业务一部	120	2014 – 06 – 11	9 000.00	450.00	5%
合计						1 109 000.00	36 787.51	

注：（1）原始卡片增加方式均为直接购入的方式，使用状况均为在用，各卡片折旧方法均为"平均年限法（二）"。

（2）办公楼各部门的使用比例为：总经理办公室10%，财务部10%，业务一部10%，业务二部10%，生产一部30%，生产二部30%。

4. 日常业务。

（1）固定资产增加。

● 当月28日外购惠普传真机一台，价值2 852元，总经理办公室使用，使用年限5年，平均年限法，净残值率10%。

借：固定资产　　　　　　　　　　　　　　　　　　2 852.00

　　贷：银行存款——工行存款　　　　　　　　　　　　2 852.00

● 当月29日购进组装设备一台，价值为8 000元，型号SY50，属于专用设备，一车间使用，使用年限8年，净残值率5%。

借：固定资产　　　　　　　　　　　　　　　　8 000.00

　　贷：银行存款——工行存款　　　　　　　　　　8 000.00

【操作提示】日常操作—资产增加，在"系统菜单—设置—卡片—资产增加"菜单中录入新增资产。

（2）计提折旧。

相关凭证：

借：制造费用——一车间　　　　　　　　　　　1 369.59

　　　　　　——二车间　　　　　　　　　　　　736.24

　　管理费用——总经理办公室　　　　　　　　　2 171.81

　　　　　　——财务部　　　　　　　　　　　　192.64

　　　　　　——业务一部　　　　　　　　　　　263.69

　　　　　　——业务二部　　　　　　　　　　　192.64

　　贷：累计折旧　　　　　　　　　　　　　　4 926.61

【操作提示】在"系统菜单—处理—计提本月折旧"菜单中行进操作。

（3）固定资产减少。

当月29日将奥迪车出售，收回230 000元，支票结算，并生成凭证。

借：累计折旧　　　　　　　　　　　　　　　　3 958.34

　　固定资产清理　　　　　　　　　　　　　246 041.66

　　　贷：固定资产　　　　　　　　　　　　　250 000.00

借：银行存款　　　　　　　　　　　　　　　230 000.00

　　贷：固定资产清理　　　　　　　　　　　　230 000.00

【操作提示】日常操作—资产减少（在"系统菜单—设置—卡片—资产减少"菜单中操作）。

（4）查询原值及累计折旧一览表。

5. 结账。

结账时，先应把总账中的凭证审核、记账后，固定资产系统才能结账。

七、应收系统业务资料

【实训目的】

掌握用友 ERP－U8 应收系统相关内容。

【实训要求】

引入备份资料"账套基础数据"。

以操作主管"001 于主管"身份进入系统操作。

【实训内容】

1. 应收系统基础设置。

● 设置应收系统中的常用科目（进入应收系统）。

（1）基本科目设置：应收科目为"应收账款1122"，预收科目为"预收账款2203"，销售收入科目为"主营业务收入6001"，应交增值税科目为"应交增值税——销项税额22210102"。

（2）结算方式科目设置：现金结算对应"库存现金1001"，支票结算、汇票结算对应"银行存款100201"。

（3）调整应收系统的选项：将坏账处理方式设置为"应收账款余额百分比法"。

（4）设置坏账准备期初：坏账准备科目"坏账准备1231"，期初余额10 000元，提取比例0.5%。

（5）设置期初余额：2014年12月20日销售二部向大华公司销售计算机4台，应收款25 000元；向精益公司销售计算机10台，应收款76 560元。均已开具专用销售发票。

2. 日常业务。

（1）业务一。

● 2014年1月2日，业务二部向欣欣科技销售计算机10台，无税单价6 000元，增值税10 200元，价税合计70 200元，开出增值税专用发票，票号2015222，货款未收。

【操作提示】

在应收系统中，执行"应收单据处理—应收单据录入"选择"销售发票"；

在应收系统中，进入"应收单据处理—应收单据审核"；

在应收系统中，根据发票生成凭证，进入"制单处理"，选择发票制单（生成凭证时可做合并制单）。

（2）业务二。

● 收到预付款：2015年1月5日，收到利群发展以汇票（HP00112015）方式支付的预付货款30 000元。财务部门据此生成相应凭证。

【操作提示】

在应收系统中，录入收款单。进入"应收单据处理—收款单据录入"；

在应收系统中，审核收款单。进入"收款单据处理—收款单据审核"；

在应收系统中，根据收款单生成凭证，进入"制单处理"，选择结算单制单。

（3）业务三，收到应收款。

● 2015 年 1 月 26 日，收到精益公司以支票方式支付的货款 50 000 元，用于冲减其所欠的货款。

【操作提示】

在应收系统中，录入收款单，进入"收款单据处理—收款单据录入"；

在应收系统中，审核收款单，进入"收款单据处理—收款单据审核"；

在应收系统中，核销应收款，进入"核销—自动核销"。

（4）业务四，坏账处理。

● 坏账发生时：2015 年 1 月 27 日收到通知大华公司破产，其所欠款项 25 000 元无法收回，做坏账处理。

【操作提示】

在应收系统中，进入"坏账处理—坏账发生"。

● 坏账收回：2015 年 1 月 28 日收到大华公司已做坏账的货款 25 000 元，做坏账收回处理。

【操作提示】

在应收系统中，录入收款单，进入"收款单据处理—收款单据录入"；

在应收系统中，坏账回收处理，进入"坏账处理—坏账收回"。

● 计提本年度的坏账准备。

【操作提示】在应收系统中，进入"坏账处理—计提坏账准备"。

（5）业务五，财务核算。

● 将上述业务中未生成凭证的单据生成相应的凭证。

【操作提示】

在应收系统中，进入"制单处理"分别进行："收付款单制单"、"坏账处理制单—坏账发生"、"坏账处理制单—坏账收回"。

八、应付系统业务资料

【实训目的】

掌握用友 ERP – U8 应付系统系统相关内容。

【实训要求】

以账套主管"001 于主管"身份进入相关系统操作。

【实训内容】

1. 设置应付系统常用科目（进入应付系统）。

● 基本科目设置：应付科目为"应付账款2202"，预付科目为"预付账款1123"，采购科目为"材料采购1409"，应交增值税科目为"应交增值税——进项税额22210101"。

● 结算方式科目设置：现金结算对应科目"库存现金1001"，支票结算、汇票结算对应科目为"银行存款100201"。

● 设置期初余额：2014年12月28日，业务一部从兴旺公司采购键盘100个，价税合计16 500元，发票已收到，款未付。

2. 日常业务。

（1）业务一，采购业务。

2015年1月5日，业务一部王力从美星科技采购鼠标100只，不含税单价80元，价税合计9 360元，收到采购专用发票，票号ZY210101。

【操作提示】

在应付系统中，录入采购发票并审核，进入"应付单据处理—应付单据录入"；

在应付系统中，录入付款单并审核，进入"付款单据处理—付款单据审核"；

在应付系统中，核销应付款，进入"核销—手工核销"。

（2）业务二，付款结算。

● 2015年1月26日，以支票方式支付给兴旺公司货款165 000元。

【操作提示】

在应付系统中，录入付款单，进入"付款单据处理—付款单据录入"；

在应付系统中，审核付款单，进入"付款单据处理—付款单据审核"，并立即制单，生成付款凭证。

在应付系统中，核销应付款，进入"核销—自动核销"。

（3）业务三，财务核算。

● 将上述业务中未生成凭证的单据生成相应的凭证。

【操作提示】在应付系统中，进入"制单处理"分别进行："发票制单"、"收付款单制单"。

循环三　财务业务一体化应用综合实训

九、供应链期初设置资料

【实训目的】

掌握用友ERP-U8供应链管理中自动转账相关科目的设置，以及各环节期初余额的录入。

【实训要求】

1. 引入备份数据"账套基础数据"。

2. 以操作员"001 于主管"身份启用"采购管理"、"销售管理"、"库存管理"、"存货核算"系统，启用日期 2015 年 1 月 1 日，并进入相关系统分别进行操作。

【实训内容】

1. 设置基础科目。

● 根据存货大类分别设置存货科目（进入存货系统）。

存货分类	对应科目
原材料	原材料（1403）
产成品	库存商品（1405）
外购商品	库存商品（1405）

● 根据收发类别确定各存货的对方科目（进入存货系统）。

收发类别	对应科目	暂估科目
采购入库	材料采购（1401）	材料采购（1401）
产成品入库	生产成本（500101）	
盘盈入库	待处理财产损益（1901）	
销售出库	主营业务成本（6401）	

● 设置应收系统中的常用科目（进入应收系统）。

（1）基本科目设置：应收科目为"应收账款 1122"，预收科目为"预收账款 2203"，销售收入科目为"主营业务收入 6001"，应交增值税科目为"应交增值税——销项税额 22210102"。

（2）结算方式科目设置：现金结算对应"库存现金 1001"，支票结算、汇票结算对应"银行存款 100201"。

（3）调整应收系统的选项：将坏账处理方式设置为"应收账款余额百分比法"。

（4）设置坏账准备期初：坏账准备科目"坏账准备 1231"，期初余额 10 000 元，提取比例 0.5%。

● 设置应付系统常用科目（进入应付系统）。

基本科目设置：应付科目为"应付账款 2202"，预付科目为"预付账款 1123"，采购科目为"材料采购 1409"，应交增值税科目为"应交增值税——进项税额 22210101"。

结算方式科目设置：现金结算对应科目"库存现金 1001"，支票结算、汇票结算对应科目为"银行存款100201"。

2. 期初余额录入。

● 期初采购入库单的录入。

2014年12月25日，收到兴旺公司提供的16G硬盘100盒，单价800元，已验收入库，至今未收到发票。

【操作提示】启用采购系统，录入采购入库单，并进行期初记账。

● 期初发货单的录入。

2014年12月28日业务一部向精益公司出售计算机10台，报价6 500元，由成品仓库发货。

【操作提示】启用销售系统，录入发货单，并审核。

● 存货核算系统仓库期初余额录入。

仓库名称	存货名称	数量	结存单价
原料仓库	P3 芯片	700	1 200
	16G 硬盘	200	820
成品仓库	计算机	380	4 800
外购品仓库	惠普打印机	400	1 800

【操作提示】启用存货核算系统，录入期初余额，进行期初记账，对账。

● 库存管理系统期初余额录入（数量资料同上表）。

【操作提示】启用库存管理，录入并审核库存，与存货系统进行对账。

● 应收账款期初余额录入。

应收账款科目的期初余额涉及大华公司的余额25 000元。

【操作提示】启用应收系统，录入期初余额（应收单）；与总账系统对账。

● 应付账款期初余额的录入。

应付账款的期初余额涉及兴旺公司的余额为165 000元。

【操作提示】启用应付系统，录入期初余额（应付单）；与总账系统对账。

十、采购管理系统业务资料

【实训目的】
掌握用友 ERP－U8 采购系统相关内容。

【实训要求】
以操作员"001 于主管"身份进入相关系统操作。

【实训内容】

（1）业务一。

● 2015 年 1 月 5 日向奥利科技购买鼠标 300 只，单价 50 元/只，验收入原材料仓库，同时收到专用发票一张，票号 ZZ00101，立即以支票（票号 ZZ20150120）支付货款。

【操作提示】

进入库存管理系统，填制并审核采购入库单；

进入采购管理系统中，填制采购专用发票，并做现结处理；

进入采购管理系统中，采购结算（自动结算）。

（2）业务二。

● 2015 年 1 月 6 日向奥利科技公司购买硬盘 200 只，单价为 800 元/盒，验收入原料仓库。同时收到专用发票一张，票号为 ZY20151233。另外，在采购的过程中，发生一笔运费 200 元，税率 7%，收到相应的运费发票一张，票号为 2015001。

【操作提示】

进入库存管理系统，填制并审核采购入库单；

进入采购管理系统，填制采购专用发票；

进入采购管理系统，填制运费发票；

进入采购管理系统，采购结算（手工结算）。

（3）业务三。

● 2015 年 1 月 9 日，收到兴旺公司提供的上月已验收入库 16G 硬盘 100 盒的专用发票一张，票号为 2015020，发票单价 820 元。

【操作提示】

在采购管理系统中，填制采购发票（拷贝采购入库单）；

在采购管理系统中，进行采购结算；

在存货核算系统中，执行成本结算处理；

在存货核算系统中，生成凭证（红冲单，蓝冲单）。

（4）业务四。

● 2015 年 1 月 28 日，收到奥利科技提供的打印机 100 台，入外购品仓库。发票未收到，由于到了月底，因此，该批货物暂估成本 65 000 元。

【操作提示】

在库存管理系统中，填制并审核采购入库单；

在存货核算系统中，录入暂估入库成本（没有进行期初记账）；

在存货核算系统中，进行正常单据记账；

在存货核算系统中，生成凭证（暂估记账）。

（5）业务五。

● 2015 年 1 月 10 日，收到美星科技提供的 17 寸显示器，数量 202 套，单价 1 150 元，验收入原材料仓库。

● 2015 年 1 月 11 日，仓库反映有 2 台显示器有质量问题，要求退回给供应商。

● 2015 年 1 月 11 日，收到美星科技开具的专用发票一张，其发票号为 ZY20150130。

【操作提示】

收到货物时，在库存管理系统中填制入库单；

退货时，在库存管理系统中填制红字入库单；

收到发票时，在采购管理系统中填制采购发票；

在采购管理系统中，执行采购结算。

十一、销售管理系统业务资料

【实训目的】

掌握用友 ERP – U8 销售管理系统相关内容。

【实训要求】

以操作主管 "001 于主管" 身份进入相关系统操作。

【实训内容】

（1）业务一。

● 2015 年 1 月 17 日，业务二部向利群发展贸易公司出售惠普打印机 5 台，报价 2 300 元，成交价为报价的 90%，货物从外购品仓库发出。

● 2015 年 1 月 18 日，根据上述业务发货单开具专用发票一张，票号 ZY0022015。

【操作提示】

在销售管理系统中，填制并审核销售发货单。

在销售管理系统中，根据发货单填制并复核销售发票。

（2）业务二。

● 2015 年 1 月 17 日，业务二部向欣欣科技贸易公司出售计算机 10 台，报价为 6 400 元，货物从成品仓库发出。

● 2015 年 1 月 17 日，根据上述发货单开具专用发票一张，票号为 ZY0032015。同时收到客户以支票 ZZ20150117 所支付的全部货款。

【操作提示】

在销售管理系统中，填制并审核销售发货单；

在销售管理系统中，根据发货单填制销售发票，执行现结功能，复核销售发票。

（3）业务三。

● 2015 年 1 月 17 日，业务二部向利群发展贸易公司出售计算机 10 台，报价为 6 400 元，货物从成品仓库发出。

● 2015 年 1 月 17 日，业务二部向利群发展出售惠普打印机 5 台，货物从外购品仓库发出。

● 2015 年 1 月 17 日，根据上述两张发货单开具专用发票一张，票号 ZY0042015。

【操作提示】

在销售管理系统中，填制并审核两张销售发货单；

在销售管理系统中，根据上述两张发货单填制并复核销售发票。

（4）业务四。

● 2015 年 1 月 18 日业务二部向大华公司出售惠普打印机 20 台，报价为 2 300 元，货物从外购品仓库发出。

● 2015 年 1 月 19 日应客户要求，对上述所发出的商品开具两张专用销售发票，第一张发票 ZY0042015 中所列示数量为 15 台，第二张发票 ZY0052015 所列示的数量为 5 台。

【操作提示】

在销售管理系统中，填制并审核销售发票；

在销售管理系统中，分别根据发货单填制并复核两张销售发票。

（5）业务五。

● 2015 年 1 月 18 日，业务二部在向大华公司销售商品时，发生了一笔代垫安装费 500 元。

【操作提示】

在销售管理系统中，增设费用项目为"安装费"；

在销售管理系统中，填制并审核代垫费用单。

（6）业务六。

● 2015 年 1 月 25 日，业务二部销售给利群发展的计算机 10 台，单价为 6 500 元，从成品仓库发出。

● 2015 年 1 月 26 日，业务二部销售给新月公司的计算机因质量问题退回 1 台，单价为 6 500 元，收回成品仓库。

● 2015 年 1 月 26 日，开具相应的专用发票（ZY0092015）一张，数量为 9 台。

【操作提示】

发货时，在销售管理系统中填制并审核发货单；

退货时，在销售管理系统中填制并审核退货单；

在销售管理系统中，填制并复核销售发票。

十二、库存管理系统业务资料

【实训目的】

掌握用友 ERP – U8 库存管理系统相关内容。

【实训要求】

以账套主管"001 于主管"身份进入相关系统操作。

【实训内容】

（1）业务一，产成品入库。

● 2015 年 1 月 15 日，成品仓库收到当月加工的 10 台计算机，作为产成品入库。

● 2015 年 1 月 16 日，成品仓库收到当月加工的 20 台计算机，作为产成品入库。

● 2015 年 1 月 17 日，收到财务部门提供的完工产品成本，其中计算机的总成本为 144 000 元，立即进行成本分配。

【操作提示】

在库存管理系统中，填制并审核产成品入库单；

在库存管理系统中，查询收发存汇总表；

在存货核算系统中，进行产成品成本分配；

在存货核算系统中，进行单据记账。

（2）业务二，材料领用。

● 2015 年 1 月 15 日，一车间向原材料仓库领用 P3 芯片 100 盒，16G 硬盘 100 只，用于生产装配。

【操作提示】

在库存系统中，填制并审核材料出库单（单价建议为空）。

（3）业务三，调拨业务。

● 2015 年 1 月 20 日将原料仓库中的 50 只键盘调拨到外购品仓库。

【操作提示】

在库存管理系统中，填制并审核调拨单；

在库存管理系统中，审核其他入库单；

在库存管理系统中，审核其他出库单；

在存货核算系统中，执行特殊单据记账。

（4）业务四，盘点业务。

● 2015 年 1 月 25 日，对原料仓库的所有存货进行盘点，盘点后，发现多出键盘一个。经确认，该键盘的成本为 80 元/只。

【操作提示】

盘点前，在库存管理系统中，填制盘点单；

盘点后，在库存管理系统中，修改盘点单，录入盘点数量，确定盘点金额；

在库存管理系中，审核盘点单；

在存货核算系统中，对出入库单进行记账。

附录 2 部分实训参考数据

实训三 总账系统日常业务处理

记账凭证对照表

制单日期	凭证编号	摘要	借方金额合计	贷方金额合计	制单人	审核人	系统名	备注	审核
2015-01-03	收 - 0001	收到款项	2,281,500.00	2,281,500.00	赵红	汪刚			2015
2015-01-03	收 - 0002	销售商品	80,000.00	80,000.00	赵红	汪刚			2015
2015-01-06	收 - 0003	收到款项	58,500.00	58,500.00	赵红	汪刚			2015
2015-01-10	收 - 0004	汇票托收	351,000.00	351,000.00	赵红	汪刚			2015
2015-01-14	收 - 0005	贴现	299,520.00	299,520.00	赵红	汪刚			2015
2015-01-31	收 - 0006	坏账收回	99,600.00	99,600.00	赵红	汪刚			2015
2015-01-01	付 - 0001	提现备用	5,000.00	5,000.00	赵红	汪刚			2015
2015-01-03	付 - 0002	垫付费用	800.00	800.00	赵红	汪刚			2015
2015-01-13	付 - 0003	支付货款	11,700.00	11,700.00	赵红	汪刚			2015
2015-01-14	付 - 0004	采购材料	34,250.00	34,250.00	赵红	汪刚			2015
2015-01-21	付 - 0005	外购固定资产	2,500.00	2,500.00	赵红	汪刚			2015
2015-01-02	转 - 0001	销售商品	2,281,500.00	2,281,500.00	赵红	汪刚			2015
2015-01-02	转 - 0002	结转已销产品成本	1,300,000.00	1,300,000.00	赵红	汪刚			2015
2015-01-03	转 - 0003	结转已销产品成本	50,000.00	50,000.00	赵红	汪刚			2015

凭证共 31张   □ 已审核 31 张   □ 未审核 0 张   ○ 凭证号排序   ○ 制单日期排序

查询凭证

文件(F) 制单(E) 查看(V) 工具(T) 帮助(H)

收 款 凭 证

收　字 0001   制单日期：2015.01.03   审核日期：2015.01.31   附单据数：1

摘 要	科目名称	借方金额	贷方金额
收到款项	银行存款/工行存款	228150000	
收到款项	应收账款		228150000
票号　202 - 090112 日期　2015.01.03	数量 单价　　　　合计	228150000	228150000

备注　项目　　　　　部门　　　　　　　个人
客户　　　　　业务员

记账　汪刚　　　审核　汪刚　　　出纳　陈真　　　制单　赵红

查询凭证

文件(F)　制单(E)　查看(V)　工具(T)　帮助(H)

输出　修改　明细　摘分　删分　流量　备查　退出

收　款　凭　证

收　　字 0002　　　　制单日期：2015.01.03　　　审核日期：2015.01.31　　　附单据数：　1

摘　要	科目名称	借方金额	贷方金额
销售商品	银行存款/工行存款	8000000	
销售商品	主营业务收入/B产品		8000000
票号　202 - 58479			
日期　2015.01.03	数量 单价	合计　8000000	8000000
备注	项　目 客　户	部　门 业务员	个　人

记账　汪刚　　　　审核　汪刚　　　　出纳　陈亮　　　　制单　赵红

查询凭证

文件(F)　制单(E)　查看(V)　工具(T)　帮助(H)

输出　修改　明细　摘分　删分　流量　备查　退出

收　款　凭　证

收　　字 0003　　　　制单日期：2015.01.06　　　审核日期：2015.01.31　　　附单据数：　1

摘　要	科目名称	借方金额	贷方金额
收到款项	银行存款/工行存款	5850000	
收到款项	预收账款		5850000
票号　7 - 9890116			
日期　2015.01.06	数量 单价	合计　5850000	5850000
备注	项　目 客　户	部　门 业务员	个　人

记账　汪刚　　　　审核　汪刚　　　　出纳　陈亮　　　　制单　赵红

查询凭证

文件(F) 制单(E) 查看(V) 工具(T) 帮助(H)

输出 修改 明细 摘分 删分 流量 备查 退出

收 款 凭 证

收　字 0004　　　　制单日期: 2015.01.10　　　审核日期: 2015.01.31　　　附单据数: 1

摘　要	科目名称	借方金额	贷方金额
承兑票据收款	银行存款/工行存款	35100000	
汇票托收	应收票据		35100000

票号　302 - 991225
日期　2015.01.10　　　数量　单价　　　　合 计　　35100000　　35100000

备注　项　目　　　　　　　部　门　　　　　　个　人
　　　客　户　　　　　　　业务员

记账　汪刚　　　审核　汪刚　　　出纳　陈英　　　制单　赵红

查询凭证

文件(F) 制单(E) 查看(V) 工具(T) 帮助(H)

输出 修改 明细 摘分 删分 流量 备查 退出

收 款 凭 证

收　字 0005　　　　制单日期: 2015.01.14　　　审核日期: 2015.01.31　　　附单据数: 1

摘　要	科目名称	借方金额	贷方金额
贴现	银行存款/工行存款	28164864	
贴现	财务费用	1787136	
贴现	应收票据		29952000

票号　301 - 06356
日期　2015.01.14　　　数量　单价　　　　合 计　　29952000　　29952000

备注　项　目　　　　　　　部　门　　　　　　个　人
　　　客　户　　　　　　　业务员

记账　汪刚　　　审核　汪刚　　　出纳　陈英　　　制单　赵红

收　款　凭　证

查询凭证
文件(E)　制单(E)　查看(V)　工具(T)　帮助(H)

收　字 0006　　　制单日期：2015.01.31　　　审核日期：2015.01.31　　　附单据数：　1

摘　要	科目名称	借方金额	贷方金额
坏账收回	银行存款/工行存款	9960000	
坏账收回	坏账准备		9960000

票号　7 － 73971
日期　2015.01.31　　数量
　　　　　　　　　単价

合　计　9960000　9960000

备注　项　目
　　　客　户
部　门
业务员
个　人

记账　汪刚　　　审核　汪刚　　　出纳　陈亮　　　制单　赵红

付　款　凭　证

查询凭证
文件(E)　制单(E)　查看(V)　工具(T)　帮助(H)

付　字 0001　　　制单日期：2015.01.01　　　审核日期：2015.01.31　　　附单据数：　1

摘　要	科目名称	借方金额	贷方金额
提现备用	库存现金	500000	
提现备用	银行存款/工行存款		500000

票号　－
日期　　　　　　数量
　　　　　　　　　単价

合　计　500000　500000

备注　项　目
　　　客　户
部　门
业务员
个　人

记账　汪刚　　　审核　汪刚　　　出纳　陈亮　　　制单　赵红

查询凭证

文件(F)　制单(E)　查看(V)　工具(T)　帮助(H)

输出　修改　明细　插分　删分　流量　备查　退出

付 款 凭 证

付　字 0002　　　制单日期: 2015.01.03　　　审核日期: 2015.01.31　　　附单据数: 1

摘 要	科目名称	借方金额	贷方金额
垫付费用	应收账款	80000	
垫付费用	库存现金		80000

票号　　-
日期　2015.01.03　　　数量　　　　　　　合 计　　　　80000　　80000
　　　　　　　　　　　单价

备注　项目　　　　　　　　　　　　部门
　　　客户 哈飞　　　　　　　业务员 宋佳　　　　　　　　　个 人

记账 汪刚　　　　审核 汪刚　　　　出纳 陈亮　　　　制单 赵红

查询凭证

文件(F)　制单(E)　查看(V)　工具(T)　帮助(H)

输出　修改　明细　插分　删分　流量　备查　退出

付 款 凭 证

付　字 0003　　　制单日期: 2015.01.13　　　审核日期: 2015.01.31　　　附单据数: 1

摘 要	科目名称	借方金额	贷方金额
支付货款	应付账款/应付采购款	1170000	
支付货款	银行存款/工行存款		1170000

票号　　- 20113
日期　2015.01.13　　　数量　　　　　　　合 计　　1170000　　1170000
　　　　　　　　　　　单价

备注　项目　　　　　　　　　　　　部门
　　　供应商 记录纸厂　　　　业务员 陈亮　　　　　　　　　个 人

记账 汪刚　　　　审核 汪刚　　　　出纳 陈亮　　　　制单 赵红

查询凭证

文件(F)　制单(E)　查看(V)　工具(T)　帮助(H)

付 款 凭 证

付　　字 0004　　制单日期：2015.01.14　　审核日期：2015.01.31　　附单据数：　1

摘　要	科目名称	借方金额	贷方金额
采购材料	材料采购/甲材料	3425000	
采购材料	银行存款/工行存款		3425000

票号
日期　　　　－
数量　　500.00000 公斤　　合计　　3425000　　3425000
单价　　 68.50000

备注　项　目　　　　　　部　门　　　　　　个　人
　　　客　户　　　　　　业务员

记账　汪刚　　　　审核　汪刚　　　　出纳　陈亮　　　　制单　赵红

查询凭证

文件(F)　制单(E)　查看(V)　工具(T)　帮助(H)

付 款 凭 证

付　　字 0005　　制单日期：2015.01.21　　审核日期：2015.01.31　　附单据数：　1

摘　要	科目名称	借方金额	贷方金额
外购固定资产	固定资产	250000	
外购固定资产	银行存款/工行存款		250000

票号
日期　　　　－
数量　　　　　　　　　合计　　250000　　250000
单价

备注　项　目　　　　　　部　门　　　　　　个　人
　　　客　户　　　　　　业务员

记账　汪刚　　　　审核　汪刚　　　　出纳　陈亮　　　　制单　赵红

查询凭证

文件(F)　制单(E)　查看(V)　工具(T)　帮助(H)

输出　修改　明细　插分　删分　流量　备查　退出

转 账 凭 证 　　＿＿＿＿＿

转　　字 0001　　制单日期：2015.01.02　　审核日期：2015.01.31　　附单据数：　1

摘　要	科目名称	借方金额	贷方金额
销售商品	应收账款	228150000	
销售商品	主营业务收入/A产品		195000000
销售商品	应交税费/应交增值税/销项税额		33150000
票号　　　－ 200104	数量	合　计	228150000	228150000
日期　 2015.01.02	单价			
备注　项　目　　　　　　 部　门　　　　　　　　　个　人			
客　户　哈飞　　　　业务员　宋佳			

记账　汪刚　　　　审核　汪刚　　　出纳　　　　　　制单　赵红

查询凭证

文件(F)　制单(E)　查看(V)　工具(T)　帮助(H)

输出　修改　明细　插分　删分　流量　备查　退出

转 账 凭 证 　　＿＿＿＿＿

转　　字 0002　　制单日期：2015.01.02　　审核日期：2015.01.31　　附单据数：　1

摘　要	科目名称	借方金额	贷方金额
结转已销产品成本	主营业务成本/A产品	130000000	
结转已销产品成本	库存商品/A产品		130000000
票号	数量　 13000.00000 件	合　计	130000000	130000000
日期	单价　　 100.00000			
备注　项　目　　　　　　 部　门　　　　　　　　　个　人			
客　户　　　　　　　业务员			

记账　汪刚　　　　审核　汪刚　　　出纳　　　　　　制单　赵红

转 账 凭 证

转　字 0003　　制单日期：2015.01.03　　审核日期：2015.01.31　　附单据数：1

摘　要	科目名称	借方金额	贷方金额
结转已销产品成本	主营业务成本/B产品	5000000	
结转已销产品成本	库存商品/B产品		5000000

票号　—
日期　　　　　数量　5000.00000件　　合　计　5000000　5000000
　　　　　　　单价　　10.00000

备注　项　目　　　　　　　部　门　　　　　　个　人
　　　客　户　　　　　　　业务员

记账　汪刚　　　审核　汪刚　　　出纳　　　　制单　赵红

转 账 凭 证

转　字 0004　　制单日期：2015.01.05　　审核日期：2015.01.31　　附单据数：1

摘　要	科目名称	借方金额	贷方金额
材料入库	原材料/乙材料	1000000	
材料入库	材料采购/乙材料		1000000

票号　—
日期　　　　　数量　1000.00000公斤　　合　计　1000000　1000000
　　　　　　　单价　　10.00000

备注　项　目　　　　　　　部　门　　　　　　个　人
　　　客　户　　　　　　　业务员

记账　汪刚　　　审核　汪刚　　　出纳　　　　制单　赵红

查询凭证

文件(F)　制单(E)　查看(V)　工具(T)　帮助(H)

输出　修改　明细　插分　删分　流量　备查　退出

转 账 凭 证

| 转 字 0005 | 制单日期：2015.01.06 | 审核日期：2015.01.31 | 附单据数： 1 |

摘 要	科目名称	借方金额	贷方金额
采购材料	材料采购/乙材料	1000000	
采购材料	应交税费/应交增值税/进项税额	170000	
采购材料	应付账款/应付采购款		1170000

票号　-				
日期	数量　1000.00000 公斤	合 计	1170000	1170000
	单价　10.00000			

备注　项 目　　　　　　　部 门　　　　　　个 人
　　　客 户　　　　　　　业务员

| 记账 汪刚 | 审核 汪刚 | 出纳 | 制单 赵红 |

查询凭证

文件(F)　制单(E)　查看(V)　工具(T)　帮助(H)

输出　修改　明细　插分　删分　流量　备查　退出

转 账 凭 证

| 转 字 0006 | 制单日期：2015.01.08 | 审核日期：2015.01.31 | 附单据数： 1 |

摘 要	科目名称	借方金额	贷方金额
冲抵转账	预收账款	5850000	
冲抵转账	应收账款		5850000

票号　-				
日期　2015.01.08	数量	合 计	5850000	5850000
	单价			

备注　项 目　　　　　　　部 门　　　　　　个 人
　　　客 户　通达公司　　　业务员　-

| 记账 汪刚 | 审核 汪刚 | 出纳 | 制单 赵红 |

查询凭证　　　　　　　　　　　　　　　　　　　　　　　　　　　　　　　　✕

文件(F)　制单(E)　查看(V)　工具(T)　帮助(H)

输出　修改　明细　插分　膨分　流量　备查　◀　▶　退出

转 账 凭 证

转　　字 0007　　制单日期：2015.01.09　　审核日期：2015.01.31　　附单据数：　1

摘　要	科目名称	借方金额	贷方金额
销售商品	应收账款	29952000	
销售商品	主营业务收入/B产品		25600000
销售商品	应交税费/应交增值税/销项税额		4352000

票号　　－ 200105　　数量
日期　2015.01.09　　单价　　　　　合　计　　　29952000　　29952000

备注　项　目　　　　　　　部　门　　　　　　　个　人
　　　客　户　万邦证券　　业务员　王华

记账　汪刚　　　审核　汪刚　　　出纳　　　　　制单　赵红

查询凭证　　　　　　　　　　　　　　　　　　　　　　　　　　　　　　　　✕

文件(F)　制单(E)　查看(V)　工具(T)　帮助(H)

输出　修改　明细　插分　膨分　流量　备查　◀　▶　退出

转 账 凭 证

转　　字 0008　　制单日期：2015.01.09　　审核日期：2015.01.31　　附单据数：　1

摘　要	科目名称	借方金额	贷方金额
冲抵转账	应收票据	29952000	
冲抵转账	应收账款		29952000

票号　　－ 06356　　数量
日期　2015.01.09　　单价　　　　　合　计　　　29952000　　29952000

备注　项　目　　　　　　　部　门　　　　　　　个　人
　　　客　户　万邦证券　　业务员　王华

记账　汪刚　　　审核　汪刚　　　出纳　　　　　制单　赵红

转 账 凭 证

转　字 0009　　制单日期：2015.01.09　　审核日期：2015.01.31　　附单据数：1

摘　要	科目名称	借方金额	贷方金额
结转已销产品成本	主营业务成本/B产品	18000000	
结转已销产品成本	原材料/乙材料		16000000

票号
日期　　　　　　数量　16000.00000件　合 计　16000000　16000000
　　　　　　　　单价　　　10.00000

备注　项　目　　　　　　　　部　门　　　　　　个　人
　　　客　户　　　　　　　　业务员

记账　汪刚　　　审核　汪刚　　　出纳　　　　制单　赵红

转 账 凭 证

转　字 0010　　制单日期：2015.01.14　　审核日期：2015.01.31　　附单据数：1

摘　要	科目名称	借方金额	贷方金额
领用材料	生产成本/直接材料	32000000	
领用材料	生产成本/直接材料	9000000	
领用材料	原材料/甲材料		32000000
领用材料	原材料/乙材料		9000000

票号
日期　　　　　　数量　　　　　合 计　41000000　41000000
　　　　　　　　单价

备注　项　目　A产品　　　　　部　门　　　　　　个　人
　　　客　户　　　　　　　　业务员

记账　汪刚　　　审核　汪刚　　　出纳　　　　制单　赵红

查询凭证

文件(F)　制单(E)　查看(V)　工具(T)　帮助(H)

输出　修改　明细　拆分　删分　流量　备查　退出

转 账 凭 证

| 转　字 0011 | 制单日期：2015.01.15 | 审核日期：2015.01.31 | 附单据数： 1 |

摘　要	科目名称	借方金额	贷方金额
材料入库	原材料/甲材料	3425000	
材料入库	材料采购/甲材料		3425000

| 票号 日期 | - | 数量　500.00000 公斤 单价　68.50000 | 合　计 | 3425000 | 3425000 |

备注　项　目　客　户　　　　部　门　业务员　　　个　人

记账　汪刚　　　审核　汪刚　　　出纳　　　　制单　赵红

查询凭证

文件(F)　制单(E)　查看(V)　工具(T)　帮助(H)

输出　修改　明细　拆分　删分　流量　备查　退出

转 账 凭 证

| 转　字 0012 | 制单日期：2015.01.15 | 审核日期：2015.01.31 | 附单据数： |

摘　要	科目名称	借方金额	贷方金额
坏账处理	坏账准备	9960000	
坏账处理	应收账款		9960000

| 票号 日期 | - | 数量 单价 | 合　计 | 9960000 | 9960000 |

备注　项　目　客　户　　　　部　门　业务员　　　个　人

记账　汪刚　　　审核　汪刚　　　出纳　　　　制单　赵红

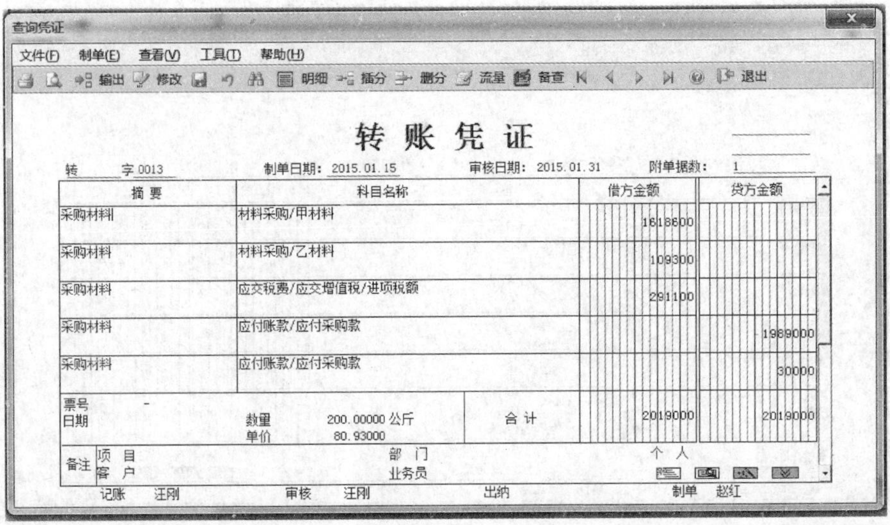

查询凭证

文件(F) 制单(E) 查看(V) 工具(T) 帮助(H)

输出 修改 明细 插分 删分 流量 备查 退出

转 账 凭 证

转 字 0013 制单日期：2015.01.15 审核日期：2015.01.31 附单据数：1

摘 要	科目名称	借方金额	贷方金额
采购材料	材料采购/甲材料	1618600	
采购材料	材料采购/乙材料	109300	
采购材料	应交税费/应交增值税/进项税额	291100	
采购材料	应付账款/应付采购款		1989000
采购材料	应付账款/应付采购款		30000
票号 - 日期	数量 200.00000 公斤 单价 80.93000 合 计	2019000	2019000
备注	项 目 客 户	部 门 业务员	个 人

记账 汪刚 审核 汪刚 出纳 制单 赵红

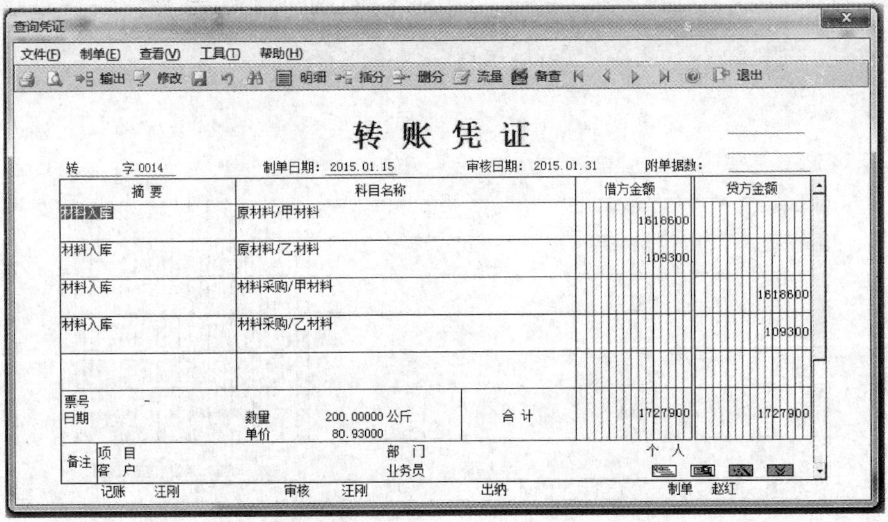

查询凭证

文件(F) 制单(E) 查看(V) 工具(T) 帮助(H)

输出 修改 明细 插分 删分 流量 备查 退出

转 账 凭 证

转 字 0014 制单日期：2015.01.15 审核日期：2015.01.31 附单据数：

摘 要	科目名称	借方金额	贷方金额
材料入库	原材料/甲材料	1618600	
材料入库	原材料/乙材料	109300	
材料入库	材料采购/甲材料		1618600
材料入库	材料采购/乙材料		109300
票号 - 日期	数量 200.00000 公斤 单价 80.93000 合 计	1727900	1727900
备注	项 目 客 户	部 门 业务员	个 人

记账 汪刚 审核 汪刚 出纳 制单 赵红

查询凭证

文件(F)　制单(E)　查看(V)　工具(T)　帮助(H)

输出　修改　明细　拆分　删分　流量　备查　退出

转 账 凭 证

转　　字 0015　　制单日期: 2015.01.28　　审核日期: 2015.01.31　　附单据数: 1

摘　要	科目名称	借方金额	贷方金额
产品完工入库	库存商品/A产品	30000000	
产品完工入库	库存商品/B产品	9500000	
产品完工入库	生产成本/其他		30000000
产品完工入库	生产成本/其他		9500000

票号
日期　　　　　　数量　　3000.00000 件　　合　计　　39500000　　39500000
　　　　　　　　单价　　100.00000

备注　项　目　　　　　　　　　部　门　　　　　　　个　人
　　　客　户　　　　　　　　　业务员

记账　汪刚　　　　审核　汪刚　　　　出纳　　　　　　制单　赵红

查询凭证

文件(F)　制单(E)　查看(V)　工具(T)　帮助(H)

输出　修改　明细　拆分　删分　流量　备查　退出

转 账 凭 证

转　　字 0016　　制单日期: 2015.01.28　　审核日期: 2015.01.31　　附单据数: 1

摘　要	科目名称	借方金额	贷方金额
固定资产减少	固定资产清理	524400	
固定资产减少	累计折旧	124600	
固定资产减少	固定资产		649000

票号
日期　　　　　　数量　　　　　　　　合　计　　649000　　649000
　　　　　　　　单价

备注　项　目　　　　　　　　　部　门　　　　　　　个　人
　　　客　户　　　　　　　　　业务员

记账　汪刚　　　　审核　汪刚　　　　出纳　　　　　　制单　赵红

查询凭证

文件(F)　制单(E)　查看(V)　工具(T)　帮助(H)

输出　修改　明细　插分　删分　流量　备查　退出

转 账 凭 证

转　　字 0017　　　制单日期: 2015.01.28　　　审核日期: 2015.01.31　　附单据数: 1

摘 要	科目名称	借方金额	贷方金额
计算工资	管理费用/工资	2635000	
计算工资	销售费用	1810000	
计算工资	制造费用/工资	505000	
计算工资	生产成本/直接人工	585000	
计算工资	应付职工薪酬		5535000
票号 日期　 -	数量　 单价	合 计　 5535000	5535000
备注	项　目　　　　　　部　门　　　　　个　人 客　户　　　　　　业务员		

记账 汪刚　　　审核 汪刚　　　出纳　　　　制单 赵红

查询凭证

文件(F)　制单(E)　查看(V)　工具(T)　帮助(H)

输出　修改　明细　插分　删分　流量　备查　退出

转 账 凭 证

转　　字 0018　　　制单日期: 2015.01.31　　　审核日期: 2015.01.31　　附单据数: 1

摘 要	科目名称	借方金额	贷方金额
暂估入库	原材料/乙材料	2000000	
暂估入库	应付账款/暂估应付账款		2000000
票号 日期　 -	数量　 2000.00000公斤 单价　　10.00000	合 计　 2000000	2000000
备注	项　目　　　　　　部　门　　　　　个　人 客　户　　　　　　业务员		

记账 汪刚　　　审核 汪刚　　　出纳　　　　制单 赵红

查询凭证

文件(F) 制单(E) 查看(V) 工具(T) 帮助(H)

输出 修改 明细 插分 删分 流量 备查 退出

转 账 凭 证

转　　字 0019　　　制单日期：2015.01.31　　　审核日期：2015.01.31　　　附单据数：　1

摘　要	科目名称	借方金额	贷方金额
计提坏账准备	坏账准备	79600	
计提坏账准备	资产减值损失		79600

票号　日期　-　数量　单价　合　计　79600　79600

备注　项　目　　　　部　门　　个　人　客　户　　　　业务员

记账　汪刚　　审核　汪刚　　出纳　　　　制单　赵红

查询凭证

文件(F) 制单(E) 查看(V) 工具(T) 帮助(H)

输出 修改 明细 插分 删分 流量 备查 退出

转 账 凭 证

转　　字 0020　　　制单日期：2015.01.31　　　审核日期：2015.01.31　　　附单据数：　1

摘　要	科目名称	借方金额	贷方金额
计提折旧	管理费用/折旧费	302575	
计提折旧	销售费用	46240	
计提折旧	制造费用/折旧费	10384	
计提折旧	累计折旧		359199

票号　日期　-　数量　单价　合　计　359199　359199

备注　项　目　　　　部　门　　个　人　客　户　　　　业务员

记账　汪刚　　审核　汪刚　　出纳　　　　制单　赵红

发生额及余额表

发生额及余额表

科目编码	科目名称	期初余额 借方	期初余额 贷方	本期发生 借方	本期发生 贷方	期末余额 借方	期末余额 贷方
1001	库存现金	8,788.32		5,000.00	800.00	12,988.32	
1002	银行存款	193,829.16		3,152,248.64	53,450.00	3,292,627.80	
1121	应收票据	351,000.00		299,520.00	650,520.00		
1122	应收账款	158,100.00		2,581,820.00	2,739,120.00	800.00	
1221	其他应收款	3,800.00				3,800.00	
1231	坏账准备		800.00	100,396.00	99,600.00		4.00
1401	材料采购			61,529.00	61,529.00		
1403	原材料	452,400.00		81,529.00	570,000.00		36,071.00
1405	库存商品	1,750,000.00		395,000.00	1,350,000.00	795,000.00	
1601	固定资产	260,860.00		2,500.00	6,490.00	258,870.00	
1602	累计折旧		47,120.91	1,246.00	3,591.99		49,466.90
1606	固定资产清理			5,244.00		5,244.00	
1701	无形资产	58,500.00				58,500.00	
	资产小计	3,237,277.48	47,920.91	6,686,032.64	5,535,100.99	4,425,830.12	85,541.90
2001	短期借款		230,000.00				230,000.00
2202	应付账款		234,000.00	11,700.00	51,890.00		274,190.00
2203	预收账款			58,500.00	58,500.00		
2211	应付职工薪酬		8,200.00		55,350.00		63,550.00
2221	应交税费		13,200.00	4,611.00	375,020.00		383,609.00
2241	其他应付款		2,100.00				2,100.00
	负债小计		487,500.00	74,811.00	540,760.00		953,449.00
4001	实收资本		2,600,000.00				2,600,000.00
4104	利润分配		119,022.31				119,022.31
	权益小计		2,719,022.31				2,719,022.31
5001	生产成本	17,165.74		415,850.00	395,000.00	38,015.74	
5101	制造费用			5,153.84		5,153.84	
	成本小计	17,165.74		421,003.84	395,000.00	43,169.58	
6001	主营业务收入				2,286,000.00		2,286,000.00
6401	主营业务成本			1,510,000.00		1,510,000.00	
6601	销售费用			18,562.40		18,562.40	
6602	管理费用			29,375.75		29,375.75	
6603	财务费用			17,871.36		17,871.36	
6701	资产减值损失				796.00		796.00
	损益小计			1,575,809.51	2,286,796.00	1,575,809.51	2,286,796.00
	合计	3,254,443.22	3,254,443.22	8,757,656.99	8,757,656.99	6,044,809.21	6,044,809.21

实训五　总账系统期末处理

查询凭证

文件(F) 制单(E) 查看(V) 工具(T) 帮助(H)

输出 修改 明细 插分 删分 流量 备查 退出

转 账 凭 证

转 字 0021　　制单日期：2015.01.31　　审核日期：2015.01.31　　附单据数：　0

摘 要	科目名称	借方金额	贷方金额
计提短期借款利息	财务费用	46000	
计提短期借款利息	应付利息		46000

票号
日期　　　数量
　　　　单价　　　　　　　　合 计　　　46000　　46000

备注　项目　　　　　　　部门　　　　　　个人
　　　客户　　　　　　　业务员

记账 赵红　　　审核 赵红　　　出纳　　　　制单 汪刚

查询凭证

文件(F) 制单(E) 查看(V) 工具(T) 帮助(H)

输出 修改 明细 插分 删分 流量 备查 退出

转 账 凭 证

转 字 0022　　制单日期：2015.01.31　　审核日期：2015.01.31　　附单据数：　0

摘 要	科目名称	借方金额	贷方金额
结转制造费用	生产成本/制造费用	515384	
结转制造费用	制造费用/工资		505000
结转制造费用	制造费用/折旧费		10384

票号
日期　　　数量
　　　　单价　　　　　　　　合 计　　　515384　　515384

备注　项目　A产品　　　　部门　　　　　　个人
　　　客户　　　　　　　业务员

记账 赵红　　　审核 赵红　　　出纳　　　　制单 汪刚

查询凭证

文件(F)　制单(E)　查看(V)　工具(T)　帮助(H)

输出　修改　明细　插分　删分　流量　查查　退出

转 账 凭 证

转　字 0023　- 0001/0002　制单日期: 2015.01.31　　审核日期: 2015.01.31　附单据数: 0

摘　要	科目名称	借方金额	贷方金额
期间损益结转	本年利润		71052849
期间损益结转	主营业务收入/A产品	195000000	
期间损益结转	主营业务收入/B产品	33600000	
期间损益结转	主营业务成本/A产品		130000000
期间损益结转	主营业务成本/B产品		21000000
票号 日期	数量 单价　　　　合计	22860000	22860000
备注	项目 客户　　　　部门 业务员　　　出纳	个人	

记账　赵红　　　审核　赵红　　　出纳　　　　制单　汪刚

查询凭证

文件(F)　制单(E)　查看(V)　工具(T)　帮助(H)

输出　修改　明细　插分　删分　流量　查查　退出

转 账 凭 证

转　字 0023　- 0002/0002　制单日期: 2015.01.31　　审核日期: 2015.01.31　附单据数: 0

摘　要	科目名称	借方金额	贷方金额
期间损益结转	销售费用		1856240
期间损益结转	管理费用/工资		2835000
期间损益结转	管理费用/折旧费		302575
期间损益结转	财务费用		1833136
期间损益结转	资产减值损失		79800
票号 日期	数量 单价　　　　合计	22860000	22860000
备注	项目 客户　　　　部门 业务员　　　出纳	个人	

记账　赵红　　　审核　赵红　　　出纳　　　　制单　汪刚

转账

文件(F)　编辑(E)　查看(V)　工具(T)　帮助(H)

打印　预览　输出　保存　放弃　拆分　删分　流量　备查　│◀　◀　▶　▶│　⊘　退出

已生成

转 账 凭 证

转　字 0024　　制单日期：2015.01.31　　审核日期：　　　　附单据数：　0

摘要	科目名称	借方金额	贷方金额
计算所得税	所得税费用	17763162	
计算所得税	应交税费/应交所得税		17763162

票号 日期	数量 单价	合 计	17763162	17763162

备注　项 目　　　　　　　　　部 门　　　　　　　个 人
　　　客 户　　　　　　　　　业务员
　　记账　　　　　审核　　　　　出纳　　　　　　　制单 汪刚

转账

文件(F)　编辑(E)　查看(V)　工具(T)　帮助(H)

打印　预览　输出　保存　放弃　拆分　删分　流量　备查　│◀　◀　▶　▶│　⊘　退出

已生成

转 账 凭 证

转　字 0025　　制单日期：2015.01.31　　审核日期：　　　　附单据数：　0

摘要	科目名称	借方金额	贷方金额
所得税转本年利润	本年利润	17763162	
所得税转本年利润	所得税费用		17763162

票号 日期	数量 单价	合 计	17763162	17763162

备注　项 目　　　　　　　　　部 门　　　　　　　个 人
　　　客 户　　　　　　　　　业务员
　　记账　　　　　审核　　　　　出纳　　　　　　　制单 汪刚

转账

文件(F)　编辑(E)　查看(V)　工具(T)　帮助(H)

🖨 🔍 ᴴ⁸ 输出 💾 ↺ 放弃 ⇥ 摘分 ⇥ 删分 📄 流量 🔳 备查 ⏮ ◀ ▶ ⏭ ⑦ 🕮 退出

转 账 凭 证

已生成

转　字 0026　　　制单日期: 2015.01.31　　审核日期:　　　　　附单据数: 0

摘 要	科目名称	借方金额	贷方金额
结转本年利润	本年利润	532894 87	
结转本年利润	利润分配/未分配利润		532894 87

| 票号
日期 | 数量
单价 | 合 计 | 532894 87 | 532894 87 |

备注　项 目　　　　　　部 门　　　　　　　　个 人
　　　客 户　　　　　　业务员

记账　　　　审核　　　　出纳　　　　制单 汪冽

结账后　发生额及余额表

| 消息中心 | **发生额及余额表** |

发生额及余额表

科目编码	科目名称	期初余额		本期发生		期末余额	
		借方	贷方	借方	贷方	借方	贷方
1231	坏账准备		800.00	100,396.00	99,600.00		4.00
1401	材料采购			61,529.00	61,529.00		
1403	原材料	452,400.00		81,529.00	570,000.00		36,071.00
1405	库存商品	1,750,000.00		395,000.00	1,350,000.00	795,000.00	
1601	固定资产	260,860.00		2,500.00	6,490.00	256,870.00	
1602	累计折旧		47,120.91	1,246.00	3,591.99		49,466.90
1606	固定资产清理			5,244.00		5,244.00	
1701	无形资产	58,500.00				58,500.00	
资产小计		3,237,277.48	47,920.91	6,686,032.64	5,535,100.99	4,425,830.12	85,541.90
2001	短期借款		230,000.00				230,000.00
2202	应付账款		234,000.00	11,700.00	51,890.00		274,190.00
2203	预收账款			58,500.00	58,500.00		
2211	应付职工薪酬		8,200.00		55,350.00		63,550.00
2221	应交税费		13,200.00	4,611.00	552,651.62		561,240.62
2231	应付利息				460.00		460.00
2241	其他应付款		2,100.00				2,100.00
负债小计			487,500.00	74,811.00	718,851.62		1,131,540.62
4001	实收资本		2,600,000.00				2,600,000.00
4103	本年利润			710,526.49	710,526.49		
4104	利润分配		119,022.31	532,894.87			651,917.18
权益小计			2,719,022.31	710,526.49	1,243,421.36		3,251,917.18
5001	生产成本	17,165.74		421,003.84	395,000.00	43,169.58	
5101	制造费用			5,153.84	5,153.84		
成本小计		17,165.74		426,157.68	400,153.84	43,169.58	
6001	主营业务收入			2,286,000.00	2,286,000.00		
6401	主营业务成本			1,510,000.00	1,510,000.00		
6601	销售费用			18,562.40	18,562.40		
6602	管理费用			29,375.75	29,375.75		
6603	财务费用			18,331.36	18,331.36		
6801	所得税费用			177,631.62	177,631.62		
损益小计				4,039,901.13	4,039,901.13		
合计		3,254,443.22	3,254,443.22	11,937,428.94	11,937,428.94	4,468,999.70	4,468,999.70

实训六　报 表 管 理

	A	B	C	D
1	货币资金表			
2	编制单位：		年 月 日	单位：元
3	项目	行次	期初数	期末数
4	现金	1	8788.32	12988.32
5	银行存款	2	193829.16	3292627.80
6	合计		202617.48	3305616.12
7	制表人：			

资产负债表

会企01表
单位：元

编制单位：　　　　　2015 年　　1 月　　31 日

资　　产	行次	期末余额	年初余额	负债和所有者权益（或股东权益）	行次	期末余额	年初余额
流动资产：				流动负债：			
货币资金	1	3,305,616.12	202,617.48	短期借款	32	230,000.00	230,000.00
交易性金融资产	2			交易性金融负债	33		
应收票据	3		351,000.00	应付票据	34		
应收账款	4	796.00	157,300.00	应付账款	35	274,190.00	234,000.00
预付款项	5			预收款项	36		
应收利息	6			应付职工薪酬	37	63,550.00	8,200.00
应收股利	7			应交税费	38	383,609.00	13,200.00
其他应收款	8	3,800.00	3,800.00	应付利息	39	460.00	
存货	9	802,098.58	2,219,565.74	应付股利	40		
一年内到期的非流动资产	10			其他应付款	41	2,100.00	2,100.00
其他流动资产	11			一年内到期的非流动负债	42		
流动资产合计	12	4,112,310.70	2,934,283.22	其他流动负债	43		
非流动资产：				流动负债合计	44	953,909.00	487,500.00
可供出售金融资产	13			非流动负债：			
持有至到期投资	14			长期借款	45		
长期应收款	15			应付债券	46		
长期股权投资	16			长期应付款	47		
投资性房地产	17			专项应付款	48		
固定资产	18	207,403.10	213,739.09	预计负债	49		
在建工程	19			递延所得税负债	50		
工程物资	20			其他非流动负债	51		
固定资产清理	21	5,244.00		非流动负债合计	52		
生产性生物资产	22			负债合计	53	953909.00	487500.00
油气资产	23			所有者权益（或股东权益）：			
无形资产	24	58,500.00	58,500.00	实收资本（或股本）	54	2,600,000.00	2,600,000.00
开发支出	25			资本公积	55		
商誉	26			减：库存股	56		
长期待摊费用	27			盈余公积	57		
递延所得税资产	28			未分配利润	58	829,548.80	119,022.31
其他非流动资产	29			所有者权益（或股东权益）合计	59	3,429,548.80	2,719,022.31
非流动资产合计	30	271147.10	272239.09				
资产总计	31	4383457.80	3206522.31	负债和所有者权益（或股东权益）总计	60	4,383,457.80	3,206,522.31

利润表

会企02表

		2015 年	1 月	单位:元
编制单位：

项　目	行数	本期金额	上期金额
一、营业收入	1	2,286,000.00	
减：营业成本	2	1,510,000.00	
营业税金及附加	3		
销售费用	4	18,562.40	
管理费用	5	29,375.75	
财务费用	6	18,331.36	
资产减值损失	7		
加：公允价值变动收益（损失以"-"号填列）	8		
投资收益（损失以"-"号填列）	9		
其中：对联营企业和合营企业的投资收益	10		
二、营业利润（亏损以"-"号填列）	11	709730.49	
加：营业外收入	12		
减：营业外支出	13		
其中：非流动资产处置损失	14		
三、利润总额（亏损总额以"-"号填列）	15	709730.49	
减：所得税费用	16	177,631.62	
四、净利润（净亏损以"-"号填列）	17	532098.87	
五、每股收益：	18		
（一）基本每股收益	19		
（二）稀释每股收益	20		

现金流量表

会企03表

		2015 年	1 月	单位:元
编制单位：

项　目	行次	本期金额	上期金额
一、经营活动产生的现金流量：			
销售商品、提供劳务收到的现金	1	3152248.64	
收到的税费返还	2		
收到其他与经营活动有关的现金	3		
经营活动现金流入小计	4	3,152,248.64	
购买商品、接受劳务支付的现金	5	46750.00	
支付给职工以及为职工支付的现金	6		
支付的各项税费	7		
支付其他与经营活动有关的现金	8	2500.00	
经营活动现金流出小计	9	49,250.00	
经营活动产生的现金流量净额	10	3,102,998.64	
二、投资活动产生的现金流量：			
收回投资收到的现金	11		
取得投资收益收到的现金	12		
处置固定资产、无形资产和其他长期资产收回的现金净额	13		
处置子公司及其他营业单位收到的现金净额	14		
收到其他与投资活动有关的现金	15		
投资活动现金流入小计	16		
购建固定资产、无形资产和其他长期资产支付的现金	17		
投资支付的现金	18		
取得子公司及其他营业单位支付的现金净额	19		
支付其他与投资活动有关的现金	20		
投资活动现金流出小计	21		
投资活动产生的现金流量净额	22		
三、筹资活动产生的现金流量：			
吸收投资收到的现金	23		
取得借款收到的现金	24		
收到其他与筹资活动有关的现金	25		
筹资活动现金流入小计	26		
偿还债务支付的现金	27		
分配股利、利润或偿付利息支付的现金	28		
支付其他与筹资活动有关的现金	29		
筹资活动现金流出小计	30		
筹资活动产生的现金流量净额	31		
四、汇率变动对现金及现金等价物的影响	32		
五、现金及现金等价物净增加额	33	3,102,998.64	
加：期初现金及现金等价物余额	34		
六、期末现金及现金等价物余额	35	3,102,998.64	

参 考 文 献

1. 王新玲、江刚主编:《会计信息系统实验教程——用友 ERP – U. 872 版》,清华大学出版社 2009 年版。

2. 李希富主编:《会计信息系统》,兰州大学出版社 2009 年版。

3. 郭新芳、张庆阁主编: 《会计信息系统》,西南财经大学出版社 2012 年版。